Hans Gerd Rötzer

Literarische Texte verstehen und interpretieren

Eine Einführung für Schülerinnen und Schüler
der Jahrgangsstufen 5 mit 10

Band III:

Erzählungen
Kurzgeschichten
Novellen
Romane
Grundbegriffe der Erzählprosa

manz

MANZ VERLAG MÜNCHEN

Herausgegeben von Dr. Hermann Bendl

Die Deutsche Bibliothek - CIP-Einheitsaufnahme

Rötzer, Hans Gerd:
Literarische Texte verstehen und interpretieren: eine Einführung für Schülerinnen und Schüler der Jahrgangsstufen 5 mit 10 / Hans Gerd Rötzer. – München: Manz.
Bd. 3. Erzählungen, Kurzgeschichten, Novellen, Romane, Grundbegriffe der Erzählprosa. – 1994

ISBN 3-7863-0645-1

Manzbuch 645

6 5 4 3 2 1 1997 96 95 94

(Die jeweils letzte Zahl bezeichnet die Auflage bzw. das Erscheinungsjahr).

Umschlagentwurf und Illustrationen: Hans Limo Lechner, Erding
Satz und Layout: DTP Wizard Erding
Gesamtherstellung: Verlag und Druckerei G.J. Manz AG, München/Dillingen

Printed in Germany

ISBN 3-7863-0645-1

Inhaltsverzeichnis

Vorwort 5

1 Einführung 7

2 Interpretationen 15

2.1 Erzählungen 15

Hannes fehlt — Ursula Wölfel 16
Die Möhre — Peter Härtling 20
Die Tochter — Peter Bichsel 26
Der Nachbar — Franz Kafka 31

Merkmale der Erzählung 42

2..2 Kurzgeschichten 43

Nasen kann man so und so sehen — Ingrid Kötter 44
Das Catch-Spiel — Richard Wilbur 48
Die drei dunklen Könige — Wolfgang Borchert 54
Saisonbeginn — Elisabeth Langgässer 60
Die Waage der Baleks — Heinrich Böll 65

Merkmale der Kurzgeschichte 76

2.3 Novellen 77

Kleider machen Leute — Gottfried Keller 78
Schachnovelle — Stefan Zweig 101

Merkmale der Novelle 118

2.4 Romane 119

Johanna — Renate Welsh 120
Das Versprechen — Friedrich Dürrenmatt 130

Merkmale des Romans 148

3 Grundbegriffe der Erzählprosa 149

Abenteuerroman (149) Auktorialer Erzähler (149) Autobiographie (150) Autor (150)

Belletristik (151) Bildungsroman (151) Biographie (151) Briefroman (151)

Chronik (152)

Dorfgeschichten (152)

Entwicklungsroman (152) Epik (153) Episch (153) Epos (153) Erlebte Rede (154) Erzähler (154) Erzählperspektive (155) Erzählprosa (156) Erzählstruktur (156) Erzählung (157) Erzählzeit / Erzählte Zeit (158) Erziehungsroman (158)

Fabel (158) Falke (159) Familienroman (159) fiktional (159) Fortsetzungsroman (160)

Gesellschaftsroman (160) Geschichte (160)

Historischer Roman (161) Höfischer Roman (161)

Ich-Erzählung (161) Innerer Monolog (162)

Jugendliteratur (162)

Kriegsroman (162) Kriminalgeschichte (163) Kurzgeschichte (164)

Leitmotiv (165)

Memoiren (166) Monolog (166) Montage (167) Motiv (167)

Novelle (168)

Phantastische Literatur (169)

Rahmenerzählung (169) Robinsonade (170) Roman (170)

Satirischer Roman (171) Schelmenroman (171) Schlüsselroman (172) Science-fiction (172) Sozialer Roman (173) Staatsroman (173) Symbol (173)

Tagebuch (174) Trivialliteratur (174)

Unterhaltungsliteratur (174) Utopie (174)

Wendepunkt (175)

Zeitroman (175)

Quellenverzeichnis 176

Vorwort

Liebe Schülerinnen und Schüler!

In diesem dritten Band der Reihe *Literarische Texte verstehen und interpretieren* behandle ich einzelne Gattungen der Erzählprosa, von der einfachen Erzählung über die Kurzgeschichte und die Novelle bis zum Roman.

Der Band hat drei Teile.

- Der erste Teil ist eine allgemeine Einführung in die Erzählprosa, als erste Übersicht gedacht. Es werden verschiedene Wege gezeigt, wie man sich einem Text nähern kann, um ihn zu erschließen.

  Ich gehe dabei auch auf Begriffe und Methoden ein, die man in der wissenschaftlichen Texterschließung verwendet. Aber keine Angst! Ich erkläre alles und gebe auch Beispiele. Denn schließlich will ich euch ja ermuntern, euch selbst mit literarischen Texten auseinanderzusetzen.

- Im zweiten Teil stelle ich euch Einzelinterpretationen vor. Diese Interpretationen sind nicht als endgültig gedacht. Ihr solltet sie als Anregungen nehmen, wie man im einzelnen vorgehen könnte.

  Ich habe auch Schülerarbeiten aufgenommen, – als Beispiele dafür, daß Texterschließung gar nicht so schwierig ist, wenn man genau liest und weiß, wo und wie man mit der Interpretation anfangen kann.

- Den Schlußteil bildet, ähnlich wie in den anderen Bänden dieser Reihe, ein kleines Lexikon über „Grundbegriffe der Erzählprosa". Dort könnt ihr nachschlagen und euch informieren.

  In der Einführung und bei den Interpretationen weise ich jeweils auf die einzelnen Begriffe hin, die im Lexikon stehen und erläutert werden. Durch das ganze Buch laufen – mit dem Zeichen ↗ – Querverweise zu diesen „Grundbegriffen der Erzählprosa". Mit Hilfe dieser Querverweise könnt ihr dort im einzelnen jeweils genauer nachlesen, was in der Einführung und bei den Interpretationen nur kurz angedeutet ist.

Und wieder bitte ich euch, mir eure Erfahrungen mit dem Buch, eure Kritik und eure Vorschläge zu schreiben. Schickt sie an die Adresse des Verlags:

Manz Verlag
Anzinger Straße 15
81671 München

oder

Postfach 80 12 80
81612 München

Ich wünsche euch, daß ihr kritische Leser werdet, daß ihr Texte genau unter die Lupe nehmt und euch eine eigene Meinung bildet.

Hans Gerd Rötzer

1 Einführung

Was ist ein *Text*?

Jeder, der zur Feder greift (oder seinen Computer einschaltet), überlegt sich normalerweise, was er schreiben will, für wen oder wofür er den Text verfaßt, wie er den Text anordnen könnte – und so weiter. Er will – zusammenfassend gesagt – seinen Gedanken und dem , was er für mitteilenswert oder erzählenswert hält, eine gewisse Ordnung geben. Dies ist in der ursprünglichen Bedeutung des Begriffes „Text“ sehr gut eingefangen. Das Wort kommt aus dem Lateinischen; es bedeutet „Gewebe“ oder „Geflecht“. Ein Text ist keine beliebige Aneinanderreihung von Sätzen; denn einem Gewebe oder Geflecht liegt ein übergeordneter Bauplan oder ein Gestaltungsmuster zugrunde. Die Sätze und ihr Inhalt sind aufeinander bezogen; sie sind ein Gefüge. In einem kurzen Text kann dieses Gefüge aus einem einzigen Stück bestehen. Längere Texte sind gegliedert: in Abschnitte, Kapitel oder Akte (beim Drama). Aber auch diese Untergliederungen sind miteinander zu einem größeren Textgefüge verbunden und aufeinander bezogen.

„Gewebe“

Untergliederung des Textbegriffes:

– formal
– inhaltlich

Jeder erkennt sofort ein Gedicht; es hat eine besondere Anordnung der Zeilen (ob gereimt oder reimlos, das ist nicht entscheidend), die es von einem Prosatext, von einem jeweils durchlaufenden gleichlangen Zeilentext unterscheidet. Dies ist aber nur eine äußerliche, eine formale Unterscheidung. Viel wichtiger ist die Untergliederung des Textbegriffs nach inhaltlichen Kriterien. Die Anleitung zur Montage einer Alarmanlage ist etwas anderes als eine Erzählung, die sich ein Autor ausgedacht hat. Beide Texte haben eine feste Gliederung und Anordnung; sie sind ein „Gewebe“. Aber: Im ersten Fall, bei der „Anleitung“, geht es darum, daß die einzelnen Montageschritte genau und *eindeutig* beschrieben werden; sonst hätte die „Anleitung“ keinen Sinn. Texte dieser Art nennt man *Gebrauchstexte*. Sie lassen keine Auschmückung, kein Wenn und Aber zu. Der Leser will eindeutig informiert werden, um die Montage richtig durchführen zu können. Im zweiten Fall, bei der Erzählung, handelt es sich um einen Text, dessen Inhalt sich der Autor ausgedacht hat. Es ist eine erfundene, eine ↗fiktionale Geschichte, mit der sich der Leser nach freiem Entschluß auseinandersetzen kann: Er kann dem Autor zustimmen oder ihm widersprechen; er kann die Geschichte anders verstehen und deuten oder andere Schwerpunkte setzen als jemand, der die Geschichte vor ihm gelesen hat und mit ihm über seine Eindrücke

Gebrauchstexte

„eindeutig“

fiktionale Texte

diskutiert. Auch fiktionale Texte beziehen sich genauso wie Gebrauchstexte auf unsere Erfahrungswelt. Aber: Sie sind nur ein Angebot, um unsere Welt zu verstehen; sie spiegeln vielleicht die Sichtweise des Autors oder seiner (erfundenen) Gestalten; der Leser kann ganz anderer Meinung sein, sich der „Welt"-Interpretation des Autors widersetzen usw.

„vieldeutig"

Auf einen Nenner gebracht: Fiktionale Texte sind *vieldeutig*; sie lassen unterschiedliche Schwerpunkte in der Beurteilung eines dargestellten „Falles" zu. Aber: Sie sind kein Gegenstand willkürlicher Deutung; das Urteil oder die Sichtweise muß im Text selbst begründet oder belegbar sein. Deshalb setzt *Verstehen und Interpretieren* genaue Lektüre, genaue Texterkundung voraus; erst dann kann ich mich mit dem Angebot des Autors, wie er etwas sieht und deutet, auseinandersetzen.

Literarische Texte

Erzählprosa

Darstellung eines wahrscheinlichen, eines möglichen Geschehens

Darstellung einer phantastischen Welt

Mischformen

Angebot des Autors an den Leser

Literarische Texte im engeren Sinne – so auch die ↗Erzählprosa – sind fiktionale Texte. Das zugrundeliegende Ereignis muß nicht wirklich geschehen sein; es wird vom Autor als ein mögliches dargestellt, über das er dem Leser seine Meinung vorträgt, vor allem durch die Gestaltung und den argumentativen Aufbau. Der Autor kann aber auch eine Phantasie-Welt oder phantastische Welt entwerfen (vgl. ↗Science-fiction), die bewußt von unseren Wirklichkeitserfahrungen abgetrennt ist oder sie außer acht läßt. Und es kann beides – die mögliche Wirklichkeit unseres Erfahrungshorizontes und die nur gedachte Unwirklichkeit einer phantastischen Welt (ähnlich wie im Märchen) – miteinander verbunden werden; ein Beispiel dafür wäre *Momo* von Michael Ende. Der literarische Text – in unserem Fall: die Erzählprosa – ist ein Angebot an den Leser, sich mit einer Geschehensfolge auseinanderzusetzen, die der Autor entworfen und gestaltet hat und der er seine Erfahrungen und Vorstellungen, d.h. sein „Weltbild" zugrundegelegt hat.

Die vier Größen des literarischen Lebens

Ein *Autor* erzählt eine Geschichte; er gestaltet einen *Text,* in dem er seine Vorstellungen und Erfahrungen über die „*Welt*" verarbeitet. Zu diesen drei Größen *Autor, Text* und „*Welt*" muß aber noch eine vierte Größe kommen, wenn man von Literatur, von literarischem Leben reden will. Diese vierte Größe ist das *Publikum*, das diese Texte liest, sich mit ihnen auseinandersetzt und ihnen dadurch Leben gibt. Ohne Publikum wäre Literatur nur ein Selbstgespräch des Autors. Nicht selten hat es lange – oft viele Jahrzehnte – gedauert, bis ein Autor sein Publikum fand, und auch umgekehrt; aber mit diesem gegenseitigen Interesse begann jeweils erst das „literarische Leben" des Textes, seine Wirkungsgeschichte.

Wechselwirkung der vier Größen

In einem einfachen Schaubild kann man die vier Größen folgendermaßen aufeinander beziehen:

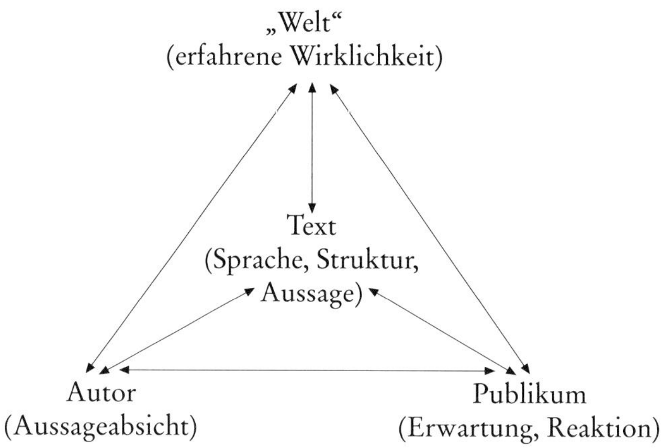

Das Schaubild verdeutlicht, daß literarisches Leben nur im Zusammenspiel der vier Größen oder Komponenten – „Welt“, Autor, Text, Publikum – möglich ist. In der Mitte des Dreiecks steht der *Text*; dies ist ein Sammelbegriff für Sprache, ↗Erzählstruktur und Aussage, d.h. für die literarische Wirklichkeitsverarbeitung. Auf den Text wirken drei Größen ein. Die obere Ecke des Dreiecks stellt die erfahrene Wirklichkeit dar. Gemeint ist damit sehr allgemein, wie wir – ob nun in der Rolle des Autors oder des Lesers – Wirklichkeit wahrnehmen, erfahren und wiedergeben. Vom Text aus gesehen, ist es die *„Welt“*, die durch den Autor in den Text Eingang findet. Auf der Grundlinie des Dreiecks werden der *Autor* bzw. seine Aussageabsicht und das *Publikum* mit seinen Erwartungen an den Autor und an den Text angeführt. Alle vier Größen sind gegenseitig aufeinander bezogen; zusammen stellen sie erst das „literarische Leben“ dar:

- Ein *Text* ist keine einfache Nachahmung der *„Welt“*; er hat eine eigene Wirklichkeit (Sprache, Bilder, Struktur, Gattungen usw.). — Text / „Welt“
- Der Autor setzt sich in dem Text mit der erfahrenen Wirklichkeit auseinander; er deutet sie, er kritisiert sie, er korrigiert sie, er entwickelt Alternativen zu ihr, er entwirft eine von ihm gestaltete Eigenwelt. Der Autor verwendet die sprachlichen und kompositorischen Mittel mit einer bestimmten Absicht auf ein mögliches Publikum hin. — Autor
- Das *Publikum* seinerseits nimmt den Text mit einer bestimmten Erwartung auf; diese Erwartung kann durch das Thema, — Publikum

durch die Gattung (↗Kurzgeschichte, ↗Novelle, ↗Roman, ↗Science-fiction), durch Werbung der Verlage oder durch Kenntnis anderer Werke des Autors beeinflußt sein. Das Publikum setzt sich mit dem Werk (Text), dem Autor und dessen Interpretation der erfahrenen Wirklichkeit („Welt") im Rahmen eigener Vorstellungen und Erwartungen auseinander. Voraussetzung für diese kritische Auseinandersetzung mit dem Text ist aber die genaue und gewissenhafte Erschließung des Textes.

Wer erzählt?

Der ↗Autor ist natürlich urheberrechtlich der Verfasser des Textes (Autor, lat. *auctor*, d.h. Urheber). Aber er braucht nicht der ↗Erzähler zu sein. Der Erzähler ist meistens eine Kunstfigur oder Instanz, die der Autor zwischen sich und den Text setzt; der Autor macht den Erzähler selbst zu einem Teil der Erzählung, z.B. in der ↗Ich-Erzählung.

Ich-Erzähler

Der Ich-Erzähler schildert die Ereignisse aus seiner Perspektive; die Art, wie er erzählt und aus den Ereignissen auswählt, gehört schon zum Bauplan der Erzählung. Der Autor kann einen klugen oder dummen Ich-Erzähler wählen, einen, der über alles Bescheid weiß und mitspielt, oder einen, der von nichts eine Ahnung hat und sich lächerlich macht. Die eingefügte Gestalt des Ich-Erzählers kann auch eine Entlastung für den Autor sein, wenn er Themen behandelt oder Meinungen vertritt, die umstritten sind. Dann ist es eben nicht der Autor, der eine Meinung vertritt, die von der Zensur beanstandet wird, sondern der (von ihm erfundene) Ich-Erzähler.

Beobachter

Der Erzähler kann aber auch außerhalb der Geschichte stehen, entweder als Beobachter, der alles von außen her betrachtet (ähnlich dem Leser), der nur wiedergibt, was er sieht, und den Kommentar zu den Ereignissen dem Leser überläßt (vgl. ↗Erzählperspektive), – oder als allwissender Lenker des ganzen Geschehens, vergleichbar einem Marionettenspieler, der alle Fäden in der Hand hält (vgl. ↗Auktorialer Erzähler).

Auktorialer Erzähler

Personaler Erzähler

Und schließlich kann er sich in die Rolle seiner Gestalten versetzen, sozusagen aus deren Bewußtsein heraus erzählen oder die Ereignisse wiedergeben (vgl. ↗Erlebte Rede, ↗ Innerer Monolog).

Mehrere Erzähler

In einem Text – gemeint sind Erzähltexte von der einfachen ↗Erzählung bis zum ↗Roman – können auch mehrere Erzähler auftauchen, die aus unterschiedlichen Einstellungen berichten, z.B. von außen her oder stellvertretend für die einzelnen Gestalten, d.h. aus deren Perspektive. Den Kombinationsmöglichkeiten sind keine Grenzen gesetzt. Das Ineinander verschiedener Erzählperspektiven ist sogar ein wichtiges Moment, um die Spannung, d.h. die Erwartung des Lesers zu steigern. Der Leser ist dann sozusagen die übergeordnete Richtinstanz; nach Anhörung der einzelnen Aussagen bildet er sich ein eigenes Urteil.

Wechsel der Erzählperspektive

Eine weitere Möglichkeit: Ein Erzähler hat von einem Gewährsmann eine Geschichte erfahren; er verbindet dessen Bericht mit seinen eigenen Erkundigungen. Dadurch entsteht eine „Tiefenstaffelung". Die einzelne Geschichte ist in eine ↗Rahmenerzählung eingebettet.

Rahmenerzählung

In einzelnen Kapiteln der Erzählung kann der Erzähler – ob nun als allwissender Lenker des Geschehens oder als distanzierter Beobachter – ganz in den Hintergrund treten und die handelnden Personen wie auf einer Bühne auftreten lassen; er protokolliert dann nur das Gespräch der Beteiligten. Bei wörtlicher Wiedergabe könnte es eine Szene auf der Bühne sein (dramatischer Dialog), bei berichteter Rede eine Zusammenfassung wichtiger (dramatischer) Abläufe.

Der Dialog als dramatische Erzählform

Was wird erzählt?

Das *Erzähltempus* ist normalerweise das Präteritum; denn der Erzähler rollt ein Geschehen, eine erfundene Geschichte auf, die zum Zeitpunkt der Niederschrift bereits Vergangenheit ist. Innerhalb dieses Vergangenheitsrahmens der Geschichte kann es aber durchaus Rückblenden in eine „Vorvergangenheit" und Vorgriffe auf Künftiges geben. Das Zeitgefüge innerhalb der Geschichte kann sehr komplex gestaltet, sehr verschlungen sein; das erhöht die Spannung. Das Augenmerk des Erzählers kann sich auf seine Gestalten, auf deren Charaktereigenschaften richten (z.B. Charakternovelle, vgl. ↗Novelle). Oder es wird die Entwicklung, der Lebensweg einzelner Gestalten nachgezeichnet (vgl. ↗Entwicklungsroman). In anderen Geschichten ist das Geschehen selbst, der dramatische Handlungsablauf der bestimmende Erzählanlaß. Und es können die Umstände, die gesellschaftlichen Hintergründe der Hauptgegenstand der Geschichte sein (z.B. ↗Sozialer Roman, ↗Staatsroman); gesellschaftliche Zwänge bestimmen das Handeln des einzelnen, er ist ihr Opfer. Meistens jedoch vermischen sich Personengestaltung, Handlung und gesellschaftliche Aspekte zu einem komplexen Gebilde.

Zeitgefüge

Charaktere

Entwicklung

Handlung

Gesellschaft

Wie wird erzählt?

Wichtig ist, wo der *Erzähler* steht; ob er als Ich-Erzähler selbst Teil des Geschehens ist, in die Handlung verstrickt ist; ob er die Ereignisse von außen her möglichst objektiv beobachtet, manchmal auch kommentiert; ob er der souveräne Lenker des Geschehens ist, der weiß, wie alles zusammenhängt und wie es abzulaufen hat; ob er sich in seine Gestalten hineinversetzt und jeweils aus de-

Erzählperspektive

ren Perspektive erzählt. Es können auch mehrere Erzähler auftreten; jeder erzählt dann aus seiner Sicht, was ihn an dem Geschehen interessiert, was er für wichtig hält, wie er die Ereignisse beurteilt.

einsträngig

mehrsträngig

Es gibt *einsträngige* und *mehrsträngige* Geschichten. In der einsträngigen Geschichte konzentriert sich der Erzähler auf eine einzelne Person oder auf ein einzelnes Ereignis (so besonders in der ↗Kurzgeschichte und in der ↗Novelle). Bei einer mehrsträngigen Erzählung (so vor allem im ↗Roman) sind mehrere Handlungsfäden (vgl. ↗Erzählstruktur) miteinander oder ineinander verwoben. Oder: Es treten mehrere Personen auf; jeder hat seine eigene Lebensgeschichte; im Verlauf der Ereignisse überschneiden sich die Wege oder laufen parallel oder treffen sich in einem entscheidenden Moment.

Zeitgerüst

Erzählzeit

Erzählte Zeit

Die ↗*Erzählzeit*, d.h. die Zeit, die der Erzähler benötigt, um die Geschichte zu erzählen, oder der Leser, um sie zu lesen, ist etwas anderes als die *erzählte Zeit*, d.h. der Zeitraum, über den sich das Geschehen erstreckt. Ein Beispiel: In Kafkas Erzählung *Der Nachbar* erstreckt sich das Geschehen über mehrere Wochen oder auch Monate. Der Text selbst ist in wenigen Minuten zu lesen. Eine Erzählung ist kein minutiöses, zeitgleiches Protokoll eines Ereignisablaufes. Der Autor/Erzähler wählt aus der Gesamtheit der erzählten Zeit wichtige Momente aus, über die er ausführlich berichtet; andere Zeitabschnitte rafft er zusammen oder überspringt sie; d.h. der Autor/Erzähler verfügt in der Erzählzeit frei über die erzählte Zeit. Wie er über die Erzählzeit verfügt, das ist Teil seiner Erzählstrategie (vgl. ↗Erzählstruktur). Ein Gleichlauf beider Zeiten kommt eigentlich nur im genau protokollierten Gespräch, in Dialog-Szenen vor.

Erzählverlauf

linear

mehrere Zeitebenen

Die einfachste Erzählform ist die *lineare Abfolge der Ereignisse*, d.h. ein zeitliches Nacheinander (z.B. im Märchen oder in einzelnen ↗ Kurzgeschichten); die Erzählung fängt mit dem Anfang an und hört mit dem Ende auf. Das muß nicht so sein. Eine Geschichte kann auch mit dem Ende anfangen und die ganze Vorgeschichte allmählich nachholen, so daß dem Leser erst am Ende der Lektüre der ganze Sachverhalt dessen, was er auf den ersten Seiten gelesen hat, richtig klar wird (so z.B. in der Detektiv- oder ↗Kriminalgeschichte). Dies erzeugt Spannung und Neugier. Eine andere Möglichkeit: Die Erzählung fängt mittendrin an. Der Leser durchschaut nicht alles, er ist verwirrt. Erst allmählich steigt er durch die jeweils nachgeholten Vorgeschichten in die Zusammenhänge ein. Und von einem gewissen Punkt ab im Geschehensverlauf läuft die Geschichte dann linear zu Ende.

Erstes Beispiel: In Jeremias Gotthelfs Novelle *Die schwarze Spinne* (1842) trifft sich eine ländliche Gesellschaft, um eine Kindstaufe zu feiern. Man setzt sich zusammen, unterhält sich, und dabei kommt die Sprache auch auf den uralten, geheimnisvollen Fensterpfosten, den man beim Umbau des Hauses hatte stehen lassen. Man fragt sich, welche Bewandtnis es mit ihm habe; und der Großvater, von allen aufgefordert, erzählt die Geschichte von der schwarzen Spinne, die in diesem Pfosten eingeschlossen sei. Erzählrahmen und Binnengeschichte sind aufeinander bezogen; die Erzählung des Großvaters, auch eine Taufgeschichte, ist als Mahnung an die zuhörende Taufgesellschaft gedacht.

Erzählrahmen

Die Geschichte in der Geschichte

Zweites Beispiel: Goethes Novellensammlung *Unterhaltungen deutscher Ausgewanderten* (1795) hat eine Rahmenhandlung (vgl. ↗Rahmenerzählung). Eine adlige Gesellschaft ist auf der Flucht vor den französischen Revolutionstruppen. Da der Streit über die Ziele der Französischen Revolution die kleine Gruppe der Flüchtlinge in zwei Lager zu spalten droht, verbietet die Baronin, weiter darüber zu sprechen. Man solle sich lieber gegenseitig mit Erzählungen erfreuen.

Rahmenhandlung

In beiden Beispielen ist der Abstand zwischen dem Autor und dem Erzählten mehrfach gestaffelt; er hat mehrere Erzähler dazwischengeschaltet. Dies ist – neben der ↗Ich-Erzählung – ein häufiger Erzähl-„Trick“, um die Verantwortung für das Erzählte auf den zusätzlich eingeführten Erzähler zu übertragen.

Jeder Autor schreibt anders. Der eine kommt ohne Umschweife sofort zur Sache; Szene fügt sich an Szene wie in einer dramatischen Abfolge. Der andere holt weit aus, verweilt bei Einzelheiten, liebt Stimmungsbilder. Der eine bevorzugt die Verben – alles ist in vorwärtsdrängender Bewegung –. Der andere schmückt seine Erzählung wortreich mit Adjektiven aus; er fängt Stimmungen ein. Dies mag bisweilen am Erzählgegenstand liegen, meistens ist es aber die „persönliche Note“ des Autors. Der eine Autor beschränkt sich auf die Fakten, erzählt kurz und prägnant. Der andere Autor überzieht seine Geschichte mit einem Netz oder Geflecht von „Signalen“, die immer wieder auftauchen, bestimmten Situationen oder Personen zugewiesen sind, sozusagen als eine Art „Erkennungsmelodie“ (vgl. ↗Motiv, ↗Leitmotiv, ↗Symbol).

Erzählstil

dramatisch / ausladend

Wortwahl: verbal / nominal

Fakten / Leitmotive

Der eine Autor hält sich mit seiner eigenen Meinung sehr zurück, er will den Leser nicht beeinflussen, nicht bevormunden. Der andere Autor läßt von Anfang an keinen Zweifel daran, wie er das Geschehen beurteilt.

Meinungsfreiheit für den Leser / Bevormundung durch den Autor

Zu all diesen Gesichtspunkten eines jeweils individuellen Erzählstils läßt sich in einer Einleitung nur Vorläufiges als eine Art Anregung zur genaueren Lektüre sagen. Erst im Detail erkennt man die charakteristischen Besonderheiten einzelner Autorinnen und Autoren, ihre Vorzüge und ihre Schwachstellen; denn *Verstehen und Interpretieren* setzt den Mut zu einer kritischen Auseinandersetzung voraus. Zum literarischen Gespräch gehört auch der kritische Einwand oder Widerspruch. Aus der Antike ist der Spruch überliefert: „Manchmal schläft auch Homer". Er meint, man müsse nicht alles, nur weil es von Homer stamme, auch für genial, für einmalig halten. Dieser Hinweis soll euch Mut geben, euch mit den Schriftstellern und ihren Werken *eigenständig* auseinanderzusetzen; ihr sollt nicht fremde Meinungen nachbeten, sondern selbst – nach gewissenhafter Lektüre – zu einem eigenen, am Text belegbaren Urteil kommen. Dies gilt auch für die Interpretationen, die ich euch in diesem Band anbiete.

Der Leser als Partner

Wozu wird erzählt?

Der römische Schriftsteller Horaz meinte, die Dichter verbänden in ihren Werken das Nützliche mit dem Vergnüglichen, ihre Absicht sei es, die Leser zu belehren *und* sie zugleich zu unterhalten. Daran hat sich in zwei Jahrtausenden wenig geändert. Die Unterhaltung ist der Anreiz zur Lektüre; sie ist sehr wichtig, aber sie reicht allein nicht aus. Eine Leserin oder ein Leser, die oder der etwas auf sich hält, möchte auch ernst genommen werden; hinter dem unterhaltsamen Anreiz muß noch mehr stecken. Dies unterscheidet die ↗Trivialliteratur oder ↗Unterhaltungsliteratur von der kritischen Erzählliteratur, für die kein Thema tabu ist. Jede Autorin und jeder Autor – davon darf man wohl ausgehen – möchte über den Unterhaltungscharakter ihrer bzw. seiner Texte hinaus auch etwas mitteilen. Diese „Mitteilung" verkleiden sie in eine Geschichte. Und dem Leser ist es überlassen, diese Mitteilung aufzuschlüsseln. Damit sind wir wieder bei dem Thema dieser Reihe gelandet: Literarische Texte verstehen und interpretieren. Die nun folgenden Beispiele einer Auseinandersetzung mit literarischen Texten sollen euch Anregungen zur eigenständigen Weiterarbeit geben.

2 Interpretationen

2.1 Erzählungen

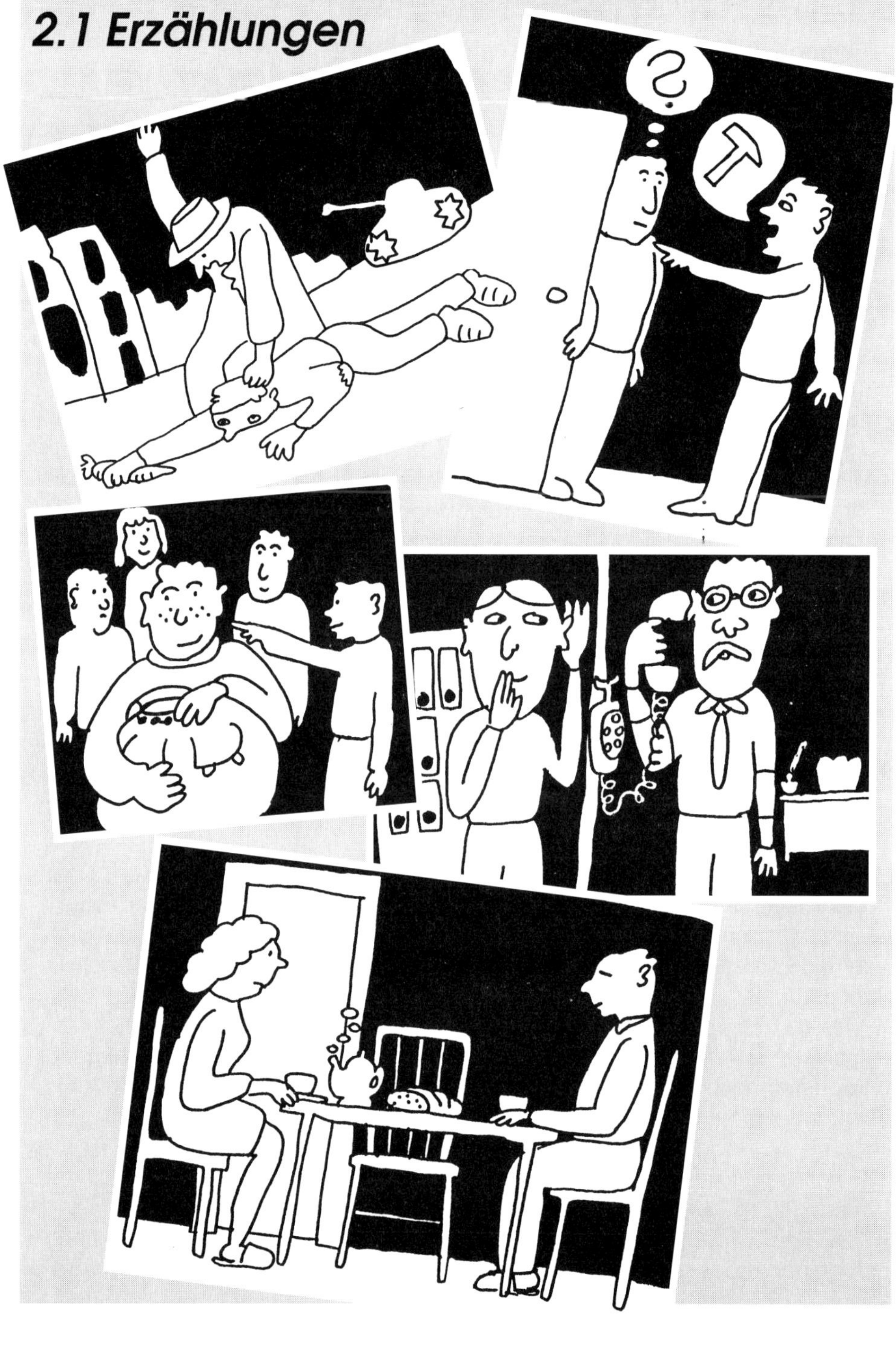

Hannes fehlt

Ursula Wölfel

Sie hatten einen Schulausflug gemacht. Jetzt war es Abend, und sie wollten mit dem Autobus zur Stadt zurückfahren. Aber einer fehlte noch. Hannes fehlte. Der Lehrer merkte es, als er die Kinder zählte.
„Weiß einer etwas von Hannes?“ fragte der Lehrer.
Aber keiner wußte etwas.
Sie sagten: „Der kommt noch.“
Sie stiegen in den Bus und setzten sich auf ihre Plätze.
„Wo habt ihr ihn zuletzt gesehen?“ fragte der Lehrer.
„Wen?“ fragten sie. „Den Hannes? Keine Ahnung. Irgendwo. Der wird schon kommen.“
Draußen war es jetzt kühl und windig, aber hier im Bus hatten sie es warm. Sie packten ihre letzten Butterbrote aus.
Der Lehrer und der Busfahrer gingen die Straße zurück.
Einer im Bus fragte: „War der Hannes überhaupt dabei? Den hab ich gar nicht gesehen.“
„Ich auch nicht“, sagte ein anderer.
Aber morgens, als sie hier ausstiegen, hatte der Lehrer sie gezählt, und beim Mittagessen im Gasthaus hatte er sie wieder gezählt, und dann noch einmal nach dem Geländespiel. Da war Hannes also noch bei ihnen.
„Der ist immer so still“, sagte einer. „Von dem merkt man gar nichts.“
„Komisch, daß er keinen Freund hat“, sagte ein anderer, „ich weiß noch nicht einmal, wo er wohnt.“
Auch die anderen wußten das nicht.
„Ist doch egal“, sagten sie.
Der Lehrer und der Busfahrer gingen jetzt den Waldweg hinauf. Die Kinder sahen ihnen nach.
„Wenn dem Hannes jetzt etwas passiert ist?“ sagte einer.
„Was soll dem passiert sein?“ rief ein anderer. „Meinst du, den hätte die Wildsau gefressen?“
Sie lachten. Sie fingen an, sich über die Angler am Fluß zu unterhalten, über den lustigen alten Mann auf dem Aussichtsturm und über das Geländespiel. Mittenhinein fragte einer: „Vielleicht hat er sich verlaufen? Oder er hat sich den Fuß verstaucht und kann nicht weiter. Oder er ist bei den Kletterfelsen abgestürzt?“
„Was du dir ausdenkst!“ sagten die anderen.
Aber jetzt waren sie unruhig. Einige stiegen aus und liefen bis zum Waldrand und riefen nach Hannes. Unter den Bäumen war es schon ganz dunkel. Sie sahen auch die beiden Männer nicht mehr. Sie froren und gingen zum Bus zurück.
Keiner redete mehr. Sie sahen aus den Fenstern und warteten. In der Dämmerung war der Waldrand kaum noch zu erkennen.
Dann kamen die Männer mit Hannes. Nichts war geschehen. Hannes hatte sich einen Stock geschnitten, und dabei war er hinter den anderen zurückge-

blieben. Dann hatte er sich etwas verlaufen.
Aber nun war er wieder da, nun saß er auf seinem Platz und kramte im Rucksack.
Plötzlich sah er auf und fragte: „Warum seht ihr mich alle so an?"
„Wir? Nur so", sagten sie.
Und einer rief: „Du hast ganz viele Sommersprossen auf der Nase!"
Sie lachten alle, auch Hannes.
Er sagte: „Die hab ich doch schon immer."

[Ursula Wölfel, *Die grauen und die grünen Felder*, Anrich Verlag, Mülheim a.d. Ruhr 1970, S. 29–31]

Wo ist die Erzählung veröffentlicht?

Die ↗Erzählung *Hannes fehlt* erschien 1970 in dem Sammelband *Die grauen und die grünen Felder* von Ursula Wölfel; er hatte den Untertitel *Wahre Geschichten*. Im Vorwort schrieb die Autorin:

> Diese Geschichten sind wahr, darum sind sie unbequem: Sie erzählen von den Schwierigkeiten der Menschen, miteinander zu leben, und wie Kinder in vielen Ländern diese Schwierigkeiten erfahren, Juanita in Südamerika, Sintajehu in Afrika, Manni, Corinna, Karsten und viele andere bei uns.
>
> Wahre Geschichten haben nicht immer ein gutes Ende. Sie stellen viele Fragen, und jeder soll die Antworten selbst finden.
>
> Diese Geschichten zeigen eine Welt, die nicht immer gut ist, aber veränderbar.

In diesem Vorwort sagt die Autorin einiges über ihre Erzählabsicht und über den Inhalt der Geschichten:

- „Wahre Geschichten" sind kein Tatsachenbericht, keine Zeitungsmeldung. Die Bezeichnung „wahr" meint nur, daß ihr Inhalt auf Alltagserfahrungen zurückgeht, daß sie so oder so ähnlich sich immer wiederholen können. Das Problem oder der Konflikt, der in diesen Geschichten dargestellt wird, – er ist „wahr".
- In der Wirklichkeit läuft nicht immer alles so zufriedenstellend oder einfach ab, wie man es sich wünscht oder gerne hätte. Der Alltag besteht aus widersprüchlichen Erfahrungen, mit denen man sich auseinandersetzen muß, um Lösungen zu finden.
- Von diesen Lösungsversuchen handeln die Erzählungen des Sammelbandes *Die grauen und die grünen Felder*. Sie sind Anregungen, wie das menschliche Miteinander verändert und verbessert werden könnte: „Sie stellen viele Fragen, und jeder soll die Antworten selbst finden."

Auch erfundene Geschichten (vgl. ↗ fiktional) können in dem Sinne wahr sein, daß sie Situationen, Gefühle und „Schwierigkeiten" darstellen und durchspielen, die dem Leser nicht fremd sind oder ihn zumindestens nachdenklich machen.

Über die Autorin

Ursula Wölfel wurde 1922 in Duisburg-Hamborn geboren. Nach dem Studium war sie Lehrerin; sie unterrichtete bis 1959 an Sonderschulen. Seitdem ist das Schreiben ihr Hauptberuf. Ihre Kinder- und Jugendbücher wurden vielfach ausgezeichnet und in die Auswahlliste zum Deutschen Jugendbuchpreis aufgenommen, den sie bereits 1962 für ihr Kinderbuch *Feuerschuh und Windsandale* erhalten hatte. Ursula Wölfel gehört zur Generation der „realistischen" Kinder- und Jugendbuchautorinnen. Sie spielt keine heile Welt vor; sie setzt sich mit Schwierigkeiten auseinander, die Kinder und Jugendliche untereinander und mit den Erwachsenen haben.
Neben Alltagsgeschichten stehen Erzählungen über die Lebensbedingungen in der Dritten Welt. Die Themen und Stoffe stammen nicht nur aus der Gegenwart, sondern auch aus der Geschichte. Ursula Wölfel will mit ihren Büchern zum Nachdenken anregen. Sie deutet jeweils den Weg an. Die Lösung aber, die über das Erzählte hinausgeht, sollen ihre Leserinnen und Leser selbst in die Hand nehmen.

Was wird erzählt?

Die Erzählung beginnt mit einer Situation, die ihr vielleicht auch schon bei einer Klassenfahrt erlebt habt: Der Bus soll zur Stadt zurückfahren, aber ein Schüler fehlt noch. Der Lehrer bemerkt dies, als er die Schüler zählt. Darauf macht er sich mit dem Busfahrer auf den Weg, um Hannes zu suchen. Währenddessen warten die anderen Kinder im Bus. Nach kurzer Zeit kommen der Busfahrer und der Lehrer mit Hannes zurück, der hinter den anderen zurückgeblieben war und sich etwas verlaufen hatte. Nun kann man beruhigt heimfahren.
Im Text heißt es gegen Ende: „Nichts war geschehen." Aber stimmt das wirklich? Es fällt auf, daß im Text kaum etwas darüber zu erfahren ist, wie und wo der Lehrer und der Busfahrer den Hannes gefunden haben, daß aber die Gespräche der Schüler im Bus ausführlich wiedergegeben werden.

Wie wird erzählt?

Der ↗Erzähler (vgl. auch ↗Erzählperspektive) hält sich aus der Geschichte heraus. Er beobachtet das Geschehen von außen her und gibt die Gespräche der Schüler in wörtlicher Rede wieder. Er greift nicht kommentierend ein. Die Deutung ist den Lesern überlassen. Aber die Anordnung der Ereignisse, wie sich zum Beispiel die Mitschüler immer mehr Gedanken über Hannes machen, kann auch schon ein Kommentar sein, zumindest ein Hinweis, wie die Erzählung zu verstehen ist. Hannes hatte schon immer Sommersprossen auf der Nase. Das war nur vorher niemandem aufgefallen. Und um die Sommersprossen geht es auch gar nicht. Was ist mit dem Schluß wohl gemeint?

Gliederung

A *Kurz vor der Heimfahrt:* Der Lehrer bemerkt, daß ein Schüler noch fehlt. Keinem aus der Klasse war es aufgefallen: „War der Hannes überhaupt dabei? Den hab ich gar nicht gesehen.“	
B *Die Suche nach Hannes:* Der Lehrer und der Busfahrer gehen die Straße zurück, um Hannes zu suchen.	*Gespräche der Schüler im Bus:* Die Klassenkameraden sprechen über Hannes. Sie merken, daß sie kaum etwas über ihn wissen. Sie werden nachdenklich.
C *Wieder vollzählig:* Der Lehrer und der Busfahrer kommen mit Hannes zurück. Alle schauen ihn an. Einer bemerkt sogar, daß Hannes ganz viele Sommersprossen auf der Nase hat.	

Äußeres und inneres Geschehen

Den Hauptteil der Erzählung nehmen die Gespräche der Mitschüler über Hannes ein; sie sind der eigentliche Inhalt der Erzählung:

I
Zunächst: Niemandem ist es aufgefallen, daß Hannes fehlt. Man kennt ihn kaum. Man fragt sich, ob er überhaupt dabeiwar: „Der ist immer so still.“ – „Von dem merkt man gar nichts.“ usw.

II
Dann: Langsam, während der Lehrer und der Busfahrer nach Hannes suchen, werden die Schüler doch nachdenklich. Sie machen sich Sorgen, ob dem Hannes vielleicht etwas passiert sei. Sie sammeln ihre Eindrücke über ihn. Keiner kennt ihn so richtig, keiner hat sich bisher um ihn gekümmert.

III
Schließlich: Hannes ist wieder da. Die Blicke richten sich auf ihn: „Warum seht ihr mich alle so an?“ Die Mitschüler nehmen ihn plötzlich wahr.

In dieser kurzen Zeit, während die Mitschüler auf Hannes warteten, hat sich etwas in ihrem Verhältnis zu ihm geändert. Nach außen hin ist wenig geschehen: Der Bus kann abfahren. Aber vielleicht wird jetzt doch der eine oder andere mit Hannes reden.

Rückfragen und Aufgaben:

1. *Warum ist es für das Verständnis dieser Erzählung so wichtig, zwischen äußerem und innerem Geschehen zu unterscheiden?*

2. *Während der Lehrer und der Busfahrer nach Hannes suchen, sprechen die Schüler im Bus über Hannes.*
   - *Wie charakterisieren sie Hannes?*
   - *Was ist aus den Gesprächen über ihr Verhältnis zu Hannes zu entnehmen?*

3. *Die Erzählung endet mit den Bemerkungen über die Sommersprossen, die Hannes schon immer hat. Was bedeuten diese Bemerkungen? Worum geht es?*

Die Möhre — Peter Härtling

Erzählverlauf
Der Erzähler führt in die Geschichte ein. Sie ist wahr, sie ist wirklich passiert. Er charakterisiert sie: traurig.
Zeit: Sie spielt gegen Ende des Zweiten Weltkrieges.

Der Erzähler spricht sein Publikum (Adressaten) an: Kinder, die den Krieg nicht mehr erlebt haben.
Er nennt den Helden seiner Geschichte: Otto.

Beschreibung des Zimmers, in dem die Flüchtlingsfamilie hausen mußte.

Situation in den letzten Kriegstagen vor dem

Das ist eine Geschichte, die wirklich passiert ist. Es ist eine Geschichte, von der man nicht sagen kann, sie sei schön oder sie sei besonders lehrreich. Die Geschichte ist eher traurig. Sie spielt nämlich im Krieg, genauer gesagt, am Ende des letzten Krieges. Ihr könnt nicht mehr viel vom Krieg wissen. Manchmal seht ihr im Fernsehen Bilder von kämpfenden Soldaten, auch von toten Soldaten, von flüchtenden Frauen und Kindern. So war es damals in Deutschland, und Kindern geht es im Krieg immer besonders schlecht, obwohl sie weniger Angst haben als Erwachsene. Denn Kinder können, wenn sie spielen, den Krieg vergessen. Der Junge, von dem ich euch erzähle, hieß Otto. Heute hat er selber Kinder und denkt manchmal daran, daß es gut ist, daß seine Kinder gar nicht wissen, wie Krieg ist. Aber diese Geschichte hat er ihnen auch erzählt, denn es ist seine Geschichte.
Otto war mit seinen Geschwistern und seiner Mutter auf der Flucht, er kam in einen kleinen Ort, wo sie lange suchen mußten, bis sie ein Zimmer fanden, in dem sie wohnen konnten. Da wohnten sie zu fünft fast ein Jahr. In dem Zimmer gab es keine Betten, so breiteten sie Decken auf dem Boden aus, legten sich darauf, und da sie oft sehr müde waren, schliefen sie gut.
In dem kleinen Ort wartete man auf die russischen Soldaten und hatte große Angst. Eine ganze Nacht

lang hörte man Gewehr- und Kanonenschüsse, dann war es mit einem Mal sehr still. Niemand traute sich auf die Straße, wenigstens niemand von den Erwachsenen. Die Kinder waren frecher, und ein paar liefen durch das ausgestorbene Städtchen. Unter ihnen war Otto. Sie stiegen auf stehengelassene Autos und Lastwagen, fanden Gewehre, faßten sie aber nicht an, weil sie fürchteten, sie könnten geladen sein. Sie entdeckten einen Panzer, den sie „eroberten" und in dem sie sich einnisteten.

Als es Mittag war, hörten sie Lärm, Rufe, das Kettengeklirr von rollenden Panzern, und sie sahen, wie die russischen Soldaten die Dorfstraße herunterkamen, allen voran ein Pferdewagen, auf dem ein Soldat stand, der die kleinen Pferdchen mit Peitschenknallen antrieb. Otto bewunderte den Soldat, der auf dem holpernden, schwingenden Wagen wie ein Tänzer aussah. Die Kinder kletterten aus dem Panzer heraus. Sie hatten Angst, aber die Soldaten winkten ihnen zu, aus einem Lastwagen warf einer weißes Brot herunter, dann noch eines, noch eines, und so konnten die Kinder Brot mit nach Hause bringen. Ottos Mutter schimpfte schrecklich, als er mit dem Brot nach Hause kam. Sie hatte ihm nicht erlaubt, auf die Straße zu gehen, aber am Ende waren alle froh, daß er das Brot mitgebracht hatte.

Vom Brot, genauer gesagt, vom Brot, das die Leute *nicht* hatten, will ich eigentlich erzählen, vom Hunger. Ihr könnt gar nicht wissen, was Hunger ist. Obwohl es auf der Erde noch viele Leute gibt, die immer Hunger haben. Der Hunger fängt ganz langsam an, macht den Bauch hohl und schwer. Man hat das Gefühl, man sei satt, sehr satt, aber nur eine Weile, dann beginnt der Hunger wehzutun. Es sind Schmerzen, die überall stecken, in den Beinen wie im Kopf, vor allem im Kopf, denn man weiß – hat man eine Weile Hunger gehabt – nicht mehr, was man vor lauter Hunger tun soll. Hunger macht einen verrückt. Die Kinder beginnen vor sich hinzuweinen, die Mütter sind hilflos. Als Otto einmal zwei Tage lang Hunger gehabt hatte, gab ihm seine Mutter einen Schnürsenkel, auf dem er kauen konnte. Das half zwar nicht gegen den Hunger, aber Otto dachte sich aus, was der Schnürsenkel alles sein könnte: ein Stück Fleisch, Brot, Nudeln, was ihm eben einfiel.

Einmarsch der russischen Armee. Der Gegensatz zwischen der Angst der Erwachsenen und dem Spiel der Kinder.

Einmarsch der russischen Soldaten in das Dorf.

Warum haben die Kinder nun Angst vor den Soldaten? Hat man ihnen etwas über sie erzählt?
Jeder ist über die geschenkten Brote glücklich.

Pause im Erzählverlauf. Der Erzähler spricht sein Publikum wieder unmittelbar an. Er versucht zu erklären, was Hunger ist. Sinn dieses Einschubs: Das Publikum auf den weiteren Verlauf von Ottos Geschichte vorzubereiten, auf den konkreten Fall.

Wie Ottos Mutter versucht, ihre Kinder den Hunger vergessen zu lassen.

Die anderen Leute in dem Dorf, die keine Flüchtlinge waren und etwas besaßen. Ihre Gleichgültigkeit gegenüber den Flüchtlingen.

Der konkrete Fall.

a) Der Hausbesitzer und sein Garten.

b) Die Gelegenheit: die Soldaten feiern ein Fest.

c) Otto, vom Hunger getrieben, schleicht sich in den Garten des Hausbesitzers.

d) Gerade als er die erste Möhre herausgezogen hat, überrascht ihn der Hausbesitzer, der ihn beobachtet hat. Er muß die Möhre zurückgeben. Der Hausbesitzer schlägt ihn.

e) Otto versteht das Verhalten des Hausbesitzers nicht. Wußte der Mann nicht, was Hunger ist?

Schluß: Gegenwart. Otto kann sich auch heute als Erwachsener das Verhalten des Mannes noch nicht erklären.

In dem Dorf gab es Leute, die nicht hungerten, weil sie Gärten hatten, in denen Gemüse wuchs, oder weil sie Vorräte in ihren Kellern hatten. Bei denen bettelten die Kinder, aber sie bekamen selten etwas, denn für diese Leute waren es fremde Kinder, die von irgendwo hierher gekommen waren.

Der Besitzer des großen Hauses, in dem Otto wohnte, hatte einen solchen Garten. Das Haus stand auf einem Felsvorsprung, war hoch gebaut, und unterhalb des Felsens, in den ein Treppchen geschlagen war, lag an einem Bach, umgeben von einem hohen Stacheldrahtzaun, der Garten. In ihm wuchsen Radieschen, Kohlrabi, Spinat, Salat und eine große Menge Möhren.

An einem späten Abend, als die russischen Soldaten gerade im Hof des Hauses ein Fest feierten, sangen, tranken und tanzten, verließ Otto das Zimmer, schlich sich über den Hof zu dem Treppchen am Felsen, stieg langsam, immer wieder um sich blickend, ob niemand in der Nähe sei, in den Garten. Schon von oben roch er das frische Grün der Karotten. Der Hunger krampfte seinen Bauch zusammen. Er duckte sich, und als er im Garten unten war, legte er sich auf die Erde, zog sich mit den Armen langsam vor bis zu den Karotten. Eine riß er aus der Erde. Es ging leicht. Sie war groß und wunderschön rot. Die Spucke floß ihm im Mund zusammen. In dem Augenblick, als er sie putzen wollte, packte ihn eine Hand im Nacken, die andere Hand schlug mit furchtbarer Gewalt auf ihn ein. Es war der Hausbesitzer, der ihn anscheinend schon lange verfolgt hatte. Immer wieder schlug ihn der Mann. Am Ende drückte er sein Gesicht in die Erde und schrie: Friß das! Otto merkte gar nicht, daß er weinte. Er stand auf. Alles tat ihm weh. Er stand vor dem Mann. Der Mann sagte: Gib die Möhre her! Otto hielt sie fest. Der Mann sagte noch einmal: Gib die Möhre her! Otto schüttelte den Kopf. Da riß ihm der Mann die Möhre aus der Hand und sagte: Ich möchte dich hier nicht noch einmal sehen.

An diesem Abend kam Otto spät und vom Schmutz überzogen in das Zimmer zurück. Seine Mutter schimpfte ihn aus. Er sagte nicht, was geschehen war. Er fragte sich nur immerfort, warum ihm der Mann nicht wenigstens die eine Möhre gegeben hat-

te, denn der Mann mußte wissen, welchen Hunger er hatte.
Das fragt er sich bis heute. Sicher war es Diebstahl. Sicher war es nicht richtig. Aber was hätte Otto tun sollen?

[Hans-Joachim Gelberg (Hg.), *Geh und spiel mit dem Riesen, Erstes Jahrbuch der Kinderliteratur*, Verlag Beltz und Gelberg, Weinheim und Basel 1971, S. 319–320]

Der Erzähler gibt die Frage, was Otto denn hätte tun sollen, an sein Publikum weiter.

Erzählsituation

Die Erzählung *Die Möhre* erschien 1971 als Originalbeitrag in dem *Ersten Jahrbuch der Kinderliteratur „Geh und spiel mit dem Riesen“* (Verlag Beltz und Gelberg, Weinheim und Basel). Sie steht in der siebten Abteilung „Montag, Dienstag, jeder Tag“. Eingeleitet wird diese Abteilung mit den Worten: „Kindsein ist mies. Laß mich in Ruh! Eintritt verboten für nackte Füße. Papa ist dagegen. Ich bin ich, wer bist du?“

Peter Härtling (geb. 1933), einer der bekanntesten Kinder- und Jugendbuchautoren (*Das war der Hirbel, Oma, Ben liebt Anna*), hat auch Romane für Erwachsene verfaßt. Peter Härtling hat die Erzählung *Die Möhre* so geschrieben, als wäre sie gar nicht zum Lesen gedacht, sondern als wäre sie eine Geschichte, die vor einem Zuhörerkreis erzählt wird. Der Autor spricht sein Publikum an. Es sind Kinder von heute, die den Krieg nicht erlebt haben und auch nicht die Not der Nachkriegszeit. Deshalb muß er, damit die Geschichte auch richtig verstanden wird, einiges vorweg erklären: die Not der Flüchtlinge, die noch weniger hatten als die Einheimischen; das Mißtrauen vieler Menschen den Flüchtlingen gegenüber, die sie wie Eindringlinge betrachteten und behandelten; was Hunger ist.

Die eigentliche Erzählung besteht aus zwei Geschichten:

1. Russische Soldaten schenken den Kindern Brot.
2. Der Hausherr, bei dem die Flüchtlinge wohnen, gönnt dem kleinen hungrigen Otto nicht einmal eine Möhre aus seinem Garten.

Beide Geschichten sind aber aufeinander bezogen. Die „feindlichen“ Soldaten und der Hausherr verhalten sich jeweils anders, als es das übliche Vorurteil erwarten läßt.

Erzählstruktur

Die Erzählung spielt auf zwei Zeitebenen (vgl. ↗Erzählstruktur). In der Einleitung und im Schluß wendet sich der ↗Erzähler unmittelbar an sein Publikum. Die Handlung des Hauptteils liegt Jahre zurück, „am Ende des letzten Krieges“.

Der Erzähler und sein Publikum	Die Ereignisse „am Ende des letzten Krieges“
Der Erzähler informiert sein Publikum über die Zeit, in der die Geschichte handelt. Er nennt auch den Helden seiner Geschichte, der damals noch ein Junge war. →	
	Otto und seine Familie finden auf der Flucht eine Bleibe; sie richten sich notdürftig ein. ↓
	Die russischen Soldaten nehmen den Ort ein. ↓
	Sie schenken den Kindern Brot.
← Der Erzähler wendet sich wieder unmittelbar an sein Publikum: „Vom Brot, genauer gesagt, vom Brot, das die Leute nicht hatten, will ich eigentlich erzählen, vom Hunger. Ihr könnt gar nicht wissen, was Hunger ist, wie Hunger ist.“ →	
	Die Einheimischen, „die nicht hungerten“ geben den bettelnden Flüchtlingskindern nur „selten etwas“. ↓
	Der Garten des Hausbesitzers, bei dem Otto und seine Familie wohnt. ↓
	„An einem späten Abend“: Die russischen Soldaten feiern ein Fest. Otto nutzt die Gelegenheit; er holt sich aus Hunger eine Möhre aus dem Garten des Hausbesitzers. ↓
	Der Hausbesitzer erwischt ihn, schlägt ihn und reißt ihm die Möhre aus der Hand: „Ich möchte dich hier nicht noch einmal sehen.“
← Der Erzähler gibt Ottos Fragen an sein Publikum weiter: – „Er fragte sich nur immerfort, warum ihm der Mann nicht wenigstens die eine Möhre gegeben hatte,“... – „Sicher war es nicht richtig. Aber was hätte Otto tun sollen?“	

Erzählzeit und erzählte Zeit

Um die Geschichte *Die Möhre* zu lesen oder vorzulesen, benötigt man höchstens zehn Minuten; dies ist die ➚Erzählzeit. Aber der Zeitraum, über den die Geschichte läuft, ist länger, – mindestens ein Jahr. Und wenn man den Hinweis des Erzählers hinzunimmt, daß Otto heute selber Kinder hat, dann kommt man noch auf etliche Jahre mehr. Die Zeit, über die berichtet wird, d.h. die erzählte Zeit, ist wesentlich länger als die Erzählzeit. Der ➚Autor wählt aus dem Gesamtverlauf wichtige Einzelheiten aus, die er genauer darstellt; andere Zeitabschnitte, die ihm nicht so wichtig erscheinen, rafft er zusammen oder übergeht sie. Durch die Auswahl einzelner Szenen aus dem Gesamtverlauf setzt der Autor Schwerpunkte; was er für wichtig hält, stellt er ausführlicher dar:

- Wie die Soldaten den Kindern Brot schenken.
- Wie Otto von dem Hausbesitzer geschlagen wird, als er sich aus Hunger eine Möhre aus dessen Garten nimmt.

Die „feindlichen“ Besatzungssoldaten haben mehr Mitleid mit den hungernden Flüchtlingskindern als die Einheimischen.

Der Titel

Die Möhre ist kein teures Gemüse; sie wächst in jedem Garten. Daß sie zum Titel der Erzählung wird, muß einen anderen Grund haben. Die Besatzungssoldaten schenken den hungernden Kindern Brot, der Hausbesitzer gönnt dem Flüchtlingskind nicht einmal eine Möhre. Es geht nicht um die Möhre, sondern um die Hartherzigkeit derer, die nicht teilen wollen, die nicht einmal von dem, was sie im Überfluß haben, etwas abgeben wollen. Der Hausbesitzer sieht in den Flüchtlingen, die bei ihm einquartiert wurden, Eindringlinge. Es kümmert ihn nicht, warum sie fliehen mußten und in welcher Not sie sind. Er denkt nur an sich. Der Mundraub – mehr ist es nicht – dient ihm nur als Vorwand, um den angestauten Groll über die Zwangseinquartierung, über die lästigen Untermieter, abzureagieren. Die Möhre steht für etwas anderes; sie ist ein ➚Symbol. Auch die Erzählung selbst bezieht sich nicht ausschließlich auf diesen einen berichteten Fall; sie steht stellvertretend für viele ähnliche Situationen zu allen Zeiten und bei allen Völkern.

Erzählabsicht

Der Erzähler interpretiert die Geschichte nicht. Er will, daß seine Zuhörer sich selbst Gedanken machen. Er gibt die Frage des erwachsenen Otto an sein Publikum weiter. Damit seine jugendlichen Zuhörer sich auch eine möglichst objektive Meinung bilden können, schiebt er in den Erzählverlauf mehrere Informationen ein. Er berichtet nicht nur über den „Diebstahl“, sondern erzählt auch von Ottos Flucht, wie sie in dem Dorf unterkamen, von den Leuten im Dorf, vom Einmarsch der russischen Soldaten, wie die Mutter verzweifelt die Kinder vom Hunger ablenken wollte. Dies ist alles wichtig, um über Ottos „Diebstahl“ richtig urteilen zu können. Die Zuhörer sollen zu einer Antwort provoziert werden.

Die Geschichte ist ein Angebot zur Diskussion. Deshalb hat der Autor einiges ausgespart. Z.B. beschreibt er nur, was der Hausbesitzer getan hat. Das Urteil darüber erwartet er von seinen Zuhörern. Wie kann jemand angesichts der Not eines Mitmenschen so hartherzig sein? Was hat ihn so verhärtet? Die Soldaten, vor denen sich die Leute fürchteten, haben den Kindern Brot gegeben. Warum?

Rückfragen und Aufgaben:

1. *Was ist an dieser Erzählung beispielhaft? Lassen sich die Fragen, die sie stellt, auch auf andere Situationen aus eurer eigenen Gegenwart übertragen?*

2. *Die Erzählung handelt von einem Einzelfall. Wo sind die Grenzen, die eine Verallgemeinerung verbieten?*

3. *Ottos Verhalten wird sehr genau begründet. Gilt dies auch für das Verhalten des Hausbesitzers?*

4. *Härtling geht ausführlich darauf ein, wie unterschiedlich Kinder und Erwachsene auf bestimmte Situationen reagieren. Lies die Geschichte einmal daraufhin durch.*

Die Tochter — Peter Bichsel

Abends warteten sie auf Monika. Sie arbeitete in der Stadt, die Bahnverbindungen sind schlecht. Sie, er und seine Frau, saßen am Tisch und warteten auf Monika. Seit sie in der Stadt arbeitete, aßen sie erst um halb acht. Früher hatten sie eine Stunde früher gegessen. Jetzt warteten sie täglich eine Stunde am gedeckten Tisch, an ihren Plätzen, der Vater oben, die Mutter auf dem Stuhl nahe der Küchentür, sie warteten vor dem leeren Platz Monikas. Einige Zeit später dann auch vor dem dampfenden Kaffee, vor der Butter, dem Brot, der Marmelade. Sie war größer gewachsen als sie, sie war auch blonder und hatte die Haut, die feine Haut der Tante Maria. „Sie war immer ein liebes Kind", sagte die Mutter, während sie warteten.

In ihrem Zimmer hatte sie einen Plattenspieler, und sie brachte oft Platten mit aus der Stadt, und sie wußte, wer darauf sang. Sie hatte auch einen Spiegel und verschiedene Fläschchen und Döschen, einen Hocker aus marokkanischem Leder, eine Schachtel Zigaretten.

Der Vater holte sich seine Lohntüte auch bei einem Bürofräulein. Er sah dann die vielen Stempel auf einem Gestell, bestaunte das sanfte Geräusch der Rechenmaschine, die blondierten Haare des Fräuleins, sie sagte freundlich „Bitte schön", wenn er sich bedankte.

Über Mittag blieb Monika in der Stadt, sie aß eine Kleinigkeit, wie sie sagte,

in einem Tearoom. Sie war dann ein Fräulein, das in Tearooms lächelnd Zigaretten raucht.
Oft fragten sie sie, was sie alles getan habe in der Stadt, im Büro. Sie wußte aber nichts zu sagen.
Dann versuchten sie wenigstens, sich genau vorzustellen, wie sie beiläufig in der Bahn ihr rotes Etui mit dem Abonnement aufschlägt und vorweist, wie sie den Bahnsteig entlanggeht, wie sie sich auf dem Weg ins Büro angeregt mit Freundinnen unterhält, wie sie den Gruß eines Herrn lächelnd erwidert. Und dann stellten sie sich mehrmals vor in dieser Stunde, wie sie heimkommt, die Tasche und ein Modejournal unter dem Arm, ihr Parfüm; stellten sich vor, wie sie sich an ihren Platz setzt, wie sie dann zusammen essen würden.
Bald wird sie sich in der Stadt ein Zimmer nehmen, das wußten sie, und daß sie dann wieder um halb sieben essen würden, daß der Vater nach der Arbeit wieder seine Zeitung lesen würde, daß es dann kein Zimmer mehr mit Plattenspieler gäbe, keine Stunde des Wartens mehr. Auf dem Schrank stand eine Vase aus blauem schwedischem Glas, eine Vase aus der Stadt, ein Geschenkvorschlag aus dem Modejournal.
„Sie ist wie deine Schwester", sagte die Frau, „sie hat das alles von deiner Schwester. Erinnerst du dich, wie schön deine Schwester singen konnte?"
„Andere Mädchen rauchen auch", sagte die Mutter.
„Ja", sagte er, „das habe ich auch gesagt."
„Ihre Freundin hat kürzlich geheiratet", sagte die Mutter.
Sie wird auch heiraten, dachte er, sie wird in der Stadt wohnen.
Kürzlich hatte er Monika gebeten: „Sag mal etwas auf französisch." – „Ja", hatte die Mutter wiederholt, „sag mal etwas auf französisch." Sie wußte aber nichts zu sagen.
Stenografieren kann sie auch, dachte er jetzt. „Für uns wäre das zu schwer", sagten sie oft zueinander.
Dann stellte die Mutter den Kaffee auf den Tisch. „Ich habe den Zug gehört", sagte sie.

[Peter Bichsel, *Eigentlich möchte Frau Blum den Milchmann kennenlernen*, Walter Verlag, Olten 1964, S. 55–57]

Der Erzählrahmen

Der Schweizer Schriftsteller Peter Bichsel, Jahrgang 1935, gilt seit dem Erscheinen seines Erzählbandes *Eigentlich möchte Frau Blum den Milchmann kennenlernen* (1964), aus dem die Erzählung *Die Tochter* stammt, als ein Meister der kleinen Form. Er selbst nennt sich einen „Wenigschreiber". In einer Besprechung seines Kürzest-Geschichten-Bandes *Zur Stadt Paris* (1993) heißt es, Bichsel schreibe „Bonsai-Geschichten". Dies ist eine sehr treffende Charakteristik; denn Bichsel ist ein sparsamer Schriftsteller im doppelten Sinn. Er schreibt wenig; und was er schreibt, das verdichtet er auf kleinstem Raum. Seine Erzählungen sind mit dem japanischen Bonsai-Bäumchen zu vergleichen. Sie sind voll ausgebildete literarische Gewächse, aber eben im Kleinformat, d.h. sie sind verdichtet.

Die Erzählung *Die Tochter* beginnt mit dem Satz: „Abends warteten sie auf Monika." Sie endet mit der Bemerkung: „Dann stellte die Mutter den Kaffee auf den Tisch. ‚Ich habe den Zug gehört', sagte sie." Dieser eine Abend steht für viele Abende. In diesen einen Abend des ängstlichen, vielleicht auch vergeblichen Wartens, ist die ganze Erfahrung der vielen Abende vorher eingefügt. Während des Wartens an diesem Abend wird die Vorgeschichte der vielen Abende vorher noch einmal aufgerollt.

Die Tochter, die im Titel steht, taucht nicht auf; aber sie ist die Gestalt, auf die sich alles konzentriert. Um sie kreisen die Gedanken der wartenden Eltern.

Die Eltern

Die Eltern wohnen auf dem Land; die Tochter arbeitet in der Stadt. Da die Bahnverbindungen schlecht sind, kann die Tochter erst gegen halb acht zu Hause sein. Die Eltern sind gewohnt, um halb sieben zu essen. Seit die Tochter in der Stadt arbeitet, warten sie jeden Tag eine Stunde auf sie, – am gedeckten Tisch und in Gedanken an sie. Alles läuft weiter in der alten Ordnung ab. Aber wäre es nicht sinnvoller, wenn die Eltern sich auf die neue Essenszeit einstellten, statt unruhig auf die Tochter zu warten? Oder hängen sie so sehr an ihren eigenen Gewohnheiten, daß sie sich nicht mehr umstellen können oder wollen? Während sie warten, reden sie über die Tochter, – vielleicht jeden Tag das gleiche. Aus den Gesprächen der Eltern ist zu entnehmen, daß ihnen das Verhalten der Tochter und ihre Art, sich zu kleiden und zu geben, fremd sind. Sie wissen wenig darüber, was die Tochter in der Stadt macht. Aus den kärglichen Mitteilungen der Tochter versuchen sie, sich ein Bild von ihrer Arbeit und ihrem Leben in der Stadt zu machen. Ein wirkliches Gespräch, ein Gedankenaustausch zwischen den Eltern und der Tochter findet nicht (mehr) statt. Aber vielleicht können die Eltern bald wieder ihre alte Ordnung ungestört leben, wenn die Tochter ganz in die Stadt zieht. In den Gesprächen der Eltern über die Tochter vermischt sich das Gefühl der allmählichen Entfremdung mit einem gewissen Stolz über die Tochter. Aber es bleiben viele Fragen unbeantwortet. Das Bild, das sich die Eltern über ihre Tochter machen, ist aus Vermutungen zusammengesetzt. In den Gesprächen über die Tochter spiegelt sich auch, wie sich die Eltern das moderne, ihnen fremde Leben in der Stadt vorstellen.

Monika

Wer ist Monika? Wie sieht sie aus? Was denkt sie und wie lebt sie? Was für einen Job hat sie in der Stadt? Die Antworten auf diese Fragen muß sich der Leser aus den Gesprächen der Eltern und den kurzen Mitteilungen des ↗Erzählers selbst geben.

Was aus dem Text zu erfahren ist:

- Monika arbeitet in der Stadt.
- „Sie war größer gewachsen als sie [Eltern], sie war auch blonder und hatte die Haut, die feine Haut der Tante Maria."
- Die Mutter: „Sie war immer ein liebes Kind".
- Sie hat Schallplatten, sie schminkt sich, sie raucht. In ihrem Zimmer steht ein „Hocker aus marokkanischem Leder".
- Der Vater stellt sich die Arbeit der Tochter so vor wie in dem Büro, wo er seine Lohntüte abholt. Das „Bürofräulein" dort ist sein Ersatzbild für die Tätigkeit der Tochter.
- Monika erzählt den Eltern, daß sie mittags in einem „Tearoom" eine Kleinigkeit ißt: „Sie war dann ein Fräulein, das in Tearooms lächelnd Zigaretten raucht." Wer diesen Satz denkt oder sagt – die Eltern oder der Erzähler – bleibt offen. Vielleicht ist es die klischeehafte Wunschvorstellung des Vaters in Erinnerung an das Bürofräulein im Lohnbüro.
- Von Monika selbst erfahren die Eltern kaum etwas über ihre Arbeit im Büro: „Sie wußte aber nichts zu sagen." Faßt sie ihre Tätigkeit nur als „Job" auf, um Geld zu verdienen? Während die Eltern unter Beruf und Arbeit etwas ganz anderes verstehen?
- Die Eltern malen sich aus, wie für Monika der Tag ablaufen könnte. Eben ganz anders als auf dem Lande: „wie sie beiläufig in der Bahn ihr rotes Etui mit dem Abonnement aufschlägt und vorweist, wie sie den Bahnsteig entlanggeht, wie sie sich auf dem Weg ins Büro angeregt mit Freundinnen unterhält, wie sie den Gruß eines Herrn lächelnd erwidert." Nur: Ob Monikas Arbeitstag nicht auch aus Routine besteht, ob die tägliche Bahnfahrt nicht eine zusätzliche Belastung ist, – darüber wird nichts gesagt. Die Vorstellungen der Eltern konzentrieren sich auf den Hauptpunkt, daß die Tochter – „die Tasche und ein Modejournal unter dem Arm, ihr Parfüm" – zum gemeinsamen Abendessen heimkommt. Die Eltern registrieren bewundernd das andere, das moderne Leben, das ihre Tochter nun führt – zumindest in den Vorstellungen der Eltern –; aber sie wünschen sich insgeheim, daß alles wieder so sei wie früher, als die Tochter noch nicht in die Stadt fuhr. Kennen die Eltern ihre Tochter überhaupt noch? Wäre es nicht besser, wenn sie darüber nachdenken würden, daß jeder Mensch sein eigenes Leben führen muß, daß es falsch ist von den Eltern, sich ihr Bild von den Kindern zu machen? Aber: Auch Monika könnte etwas gesprächiger sein. Das würde manches zurechtrücken.
- Monika hat vor, sich in der Stadt ein Zimmer zu nehmen. Die Eltern haben schon nach einem „Geschenkvorschlag aus dem Modejournal" eine Vase gekauft. Sie möchten mit dem Geschenk dem Geschmack ihrer Tochter entsprechen. Es ist für die Eltern eine zwiespältige Situation. Sie bewundern das ihnen fremde Leben der Tochter in der Stadt und sie möchten mit ihrem Geschenk diesem modernen Lebensstil ihrer Tochter entsprechen; sie denken aber auch daran, „daß sie dann wieder um halb sieben essen würden", daß sie dann wieder zu ihren alten Gewohnheiten zurückkehren könnten.

- Es klingt wie eine Entschuldigung, was die Mutter sagt: „Andere Mädchen rauchen auch". Der Vater stellt sich vor, daß die Tochter bald heiraten wird. Im Grunde sprechen auch die Eltern nicht miteinander; jeder macht sich so seine eigenen Gedanken.
- Zu dem „Bildungs"-Bild, das sich die Eltern von ihrer Tochter machen, gehört auch, daß sie eine Fremdsprache beherrsche. Die Eltern bitten sie, „etwas auf französisch" zu sagen: „Sie wußte aber nichts zu sagen". Unklar bleibt mit dieser Formulierung, ob sie nichts sagen *wollte,* weil sie keinen Zusammenhang sah, oder ob sie nichts sagen *konnte.* So trösten sich die Eltern damit, daß sie stenografieren kann: „Für uns wäre das zu schwer".

Die Aufzählung zeigt, daß die Gedanken und Bemerkungen der Eltern und auch des Erzählers keiner festen Anordnung folgen, daß sie eine protokollarische Wiedergabe all dessen sind, was den Eltern, während sie auf ihre Tochter warten, in den Sinn kommt. Es sind Wünsche und Vermutungen, die mehr über die Eltern, über die Einstellung zu ihrer Tochter, als über die Tochter selbst aussagen.

Worum geht es in dem Text?

Der Erzähler hält sich aus der Geschichte, die er erzählt, ziemlich heraus. Er läßt vor allem die Eltern sprechen oder faßt Beobachtungen referierend zusammen; er urteilt nicht. Je nachdem wie man den Schwerpunkt setzt, könnte man sagen:

- es geht um die abwesende Tochter; oder
- es geht um das Verhältnis der Eltern zu ihrer Tochter und um die Wunschvorstellungen, die sie haben.

Beiden Aspekten gemeinsam ist das gestörte zwischenmenschliche Verhältnis: man spricht voneinander, aber nicht miteinander; man baut sich Vorstellungen über die Mitmenschen auf – z.B. die Eltern über ihre Kinder – . Es ist aber auch die andere Seite zu beachten, daß die Angesprochenen – in Bichsels Erzählung ist es die Tochter – nicht allzu gesprächsbereit sind. Auf beiden Seiten hätte sich einiges zu ändern.

In diesem Einzelfall *Die Tochter* steckt aber noch mehr:

- Die Eltern leben auf dem Land in einer für sie überschaubaren Ordnung, an der sie festhalten wollen. Die Tochter bricht aus dieser Ordnung aus; sie arbeitet in der Stadt. Themen, die in dieser Erzählung angeschnitten werden, sind der Unterschied zwischen „Stadt und Land" und der Unterschied in den Lebensvorstellungen zwischen Eltern und Kindern.
  Es wäre aber sicherlich falsch, den Unterschied zwischen „Stadt und Land" nur wörtlich zu nehmen. Es ist allgemein der Unterschied zwischen verschiedenen Lebensgewohnheiten, zwischen dem starren Festhalten an dem Althergebrachten und der Auseinandersetzung mit neuen Lebenswirklichkeiten. Der Generationenkonflikt – die Erwartung der Eltern und die verweigerte Einlösung dieser Erwartung durch die Kinder – ist dann nur einer von mehreren Aspekten.

– Was bisweilen vergessen wird: Auch die Eltern haben Vorstellungen, die überprüft werden müßten. Für Monikas Eltern in der Erzählung *Die Tochter* richten sich die Wunschbilder, wie Monika in der Stadt lebt und wie sie ihre Zukunft gestalten wird, nach Vorgaben aus der Werbung, nach dem Motto: Was man hat, das ist man.

Rückfragen und Aufgaben:

1. *Trifft folgende Aussage über die Erzählung zu?*
   „Es ist dies eine Geschichte von gestörter Kommunikation, von Entfremdung, von Einsamkeit in der Familie, von Flucht aus der Wirklichkeit in eine traumhafte Vorstellung, eine Geschichte, wie sie das Leben – wohl gar nicht so selten – schreibt".
   [Karl Stocker, Vom Lesen zum Interpretieren, *Scriptor Verlag, Frankfurt 1988, S. 130]*

2. *Wie beurteilst du Monikas Verhalten ihren Eltern gegenüber?*

3. *Was sollte sich in dem Verhältnis zwischen Eltern und Tochter ändern?*

4. *Was ist aus dem Text zu folgenden Themen zu entnehmen?*
   - *Verhältnis Stadt – Land (Leben in der Stadt – auf dem Land)*
   - *Pendler*
   - *Lösung Heranwachsender von der Familie*
   - *Streben nach Aufstieg aus der Arbeiterklasse in die bürgerliche Mittelschicht*
   - *Arbeit, Beruf und Ausbildung*
   - *Generationenkonflikt*
   - *Klassenunterschiede und Entfremdung*
   - *Arbeit und Freizeit*
   - *Konsumverhalten Jugendlicher*
   - *Im Alter*

   [nach Peter Desmarets, „Das Textprojekt", in: Zielsprache Deutsch, *1984, Heft 1, S. 31]*

Der Nachbar — Franz Kafka

Mein Geschäft ruht ganz auf meinen Schultern. Zwei Fräulein mit Schreibmaschinen und Geschäftsbüchern im Vorzimmer, mein Zimmer mit Schreibtisch, Kasse, Beratungstisch, Klubsessel und Telephon, das ist mein ganzer Arbeitsapparat. So einfach zu überblicken, so leicht zu führen. Ich bin ganz jung und die Geschäfte rollen vor mir her. Ich klage nicht, ich klage nicht.
Seit Neujahr hat ein junger Mann die kleine, leerstehende Nebenwohnung, die

ich ungeschickterweise so lange zu mieten gezögert habe, frischweg gemietet. Auch ein Zimmer mit Vorzimmer, außerdem aber noch eine Küche. – Zimmer und Vorzimmer hätte ich wohl brauchen können – meine zwei Fräulein fühlten sich schon manchmal überlastet –, aber wozu hätte mir die Küche gedient? Dieses kleinliche Bedenken war daran schuld, daß ich mir die Wohnung habe nehmen lassen. Nun sitzt dort dieser junge Mann. Harras heißt er. Was er dort eigentlich macht, weiß ich nicht. Auf der Tür steht: »Harras, Bureau«. Ich habe Erkundigungen eingezogen, man hat mir mitgeteilt, es sei ein Geschäft ähnlich dem meinigen. Vor Kreditgewährung könne man nicht geradezu warnen, denn es handle sich doch um einen jungen, aufstrebenden Mann, dessen Sache vielleicht Zukunft habe, doch könne man zum Kredit nicht geradezu raten, denn gegenwärtig sei allem Anschein nach kein Vermögen vorhanden. Die übliche Auskunft, die man gibt, wenn man nichts weiß.

Manchmal treffe ich Harras auf der Treppe, er muß es immer außerordentlich eilig haben, er huscht förmlich an mir vorüber. Genau gesehen habe ich ihn noch gar nicht, den Büroschlüssel hat er schon vorbereitet ihn der Hand. Im Augenblick hat er die Tür geöffnet. Wie der Schwanz einer Ratte ist er hineingeglitten und ich stehe wieder vor der Tafel »Harras, Bureau«, die ich schon viel öfter gelesen habe, als sie es verdient.

Die elend dünnen Wände, die den ehrlich tätigen Mann verraten, den Unehrlichen aber decken. Mein Telephon ist an der Zimmerwand angebracht, die mich von meinem Nachbar trennt. Doch hebe ich das bloß als besonders ironische Tatsache hervor. Selbst wenn es an der entgegengesetzten Wand hinge, würde man in der Nebenwohnung alles hören. Ich habe mir abgewöhnt, den Namen der Kunden beim Telephon zu nennen. Aber es gehört natürlich nicht viel Schlauheit dazu, aus charakteristischen, aber unvermeidlichen Wendungen des Gesprächs die Namen zu erraten. – Manchmal umtanze ich, die Hörmuschel am Ohr, von Unruhe gestachelt, auf den Fußspitzen den Apparat und kann es doch nicht verhüten, daß Geheimnisse preisgegeben werden.

Natürlich werden dadurch meine geschäftlichen Entscheidungen unsicher, meine Stimme zittrig. Was macht Harras, während ich telephoniere? Wollte ich sehr übertreiben – aber das muß man oft, um sich Klarheit zu verschaffen –, so könnte ich sagen: Harras braucht kein Telephon, er benutzt meines, er hat sein Kanapee an die Wand gerückt und horcht, ich dagegen muß, wenn geläutet wird, zum Telephon laufen, die Wünsche des Kunden entgegennehmen, schwerwiegende Entschlüsse fassen, großangelegte Überredungen ausführen – vor allem aber während des Ganzen unwillkürlich durch die Zimmerwand Harras Bericht erstatten.

Vielleicht wartet er gar nicht das Ende des Gespräches ab, sondern erhebt sich nach der Gesprächsstelle, die ihn über den Fall genügend aufgeklärt hat, huscht nach seiner Gewohnheit durch die Stadt und, ehe ich die Hörmuschel aufgehängt habe, ist er vielleicht schon daran, mir entgegenzuarbeiten.

[Franz Kafka, *Die Erzählungen*, S. Fischer Verlag, Frankfurt 1961, S. 293–294]

Über den Autor

Franz Kafka (1883–1924) stammte aus Prag; er war Sohn eines jüdischen Kaufmanns. Dem Vater zuliebe und auch unter dessen Druck studierte er einen Brotberuf; er schloß das Studium der Rechtswissenschaften mit dem Doktor ab. Zeitweilig arbeitete er, mit vielen Unterbrechungen, als Angestellter in einer Versicherungsgesellschaft. Eine früh ausbrechende Tuberkulose zwang ihn 1922 zur vorzeitigen Pensionierung. Kafka lebte sehr zurückgezogen.
Zu Lebzeiten Kafkas erschienen nur einige Sammelbände mit Erzählungen, darunter *Das Urteil* und *Die Verwandlung*. Seine Romane *Der Prozeß*, *Das Schloß* und *Amerika* – sie sind unvollendet – sowie weitere Erzählungen aus dem Nachlaß wurden erst nach seinem Tode von Max Brod veröffentlicht, obwohl Kafka in seinem Testament verfügt hatte, daß alles verbrannt werden sollte.
Kafkas Gestalten sind keine strahlenden Helden, die entschlossen ihr Leben nach ihren eigenen Vorstellungen meistern. Sie leiden an ihrer Einsamkeit; sie fühlen sich bedroht und der Übermacht fremder Gewalten ausgeliefert, die in der bestimmenden Rolle des Vaters Gestalt gewinnen oder als nicht mehr durchschaubarer Herrschaftsapparat in das Leben des einzelnen eingreifen. Kafkas Texte werden immer wieder als Beispiele für die Vereinsamung und Bedrohung des Menschen in der modernen Massengesellschaft interpretiert: „Die Ängste unserer Zeit, die Ohnmacht des Menschen gegenüber unserer anonymen technischen Welt, überhaupt die Zweifel am Sinn des Lebens – sie hat dieser Autor wie kein zweiter hellseherisch artikuliert." (*dtv junior Literatur-Lexikon* Nr. 79013, S. 153)

Über den Titel

Die Erzählung erschien 1931 aus dem Nachlaß unter dem Titel *Der Nachbar*. Kafka hat die Erzählung 1917 begonnen; sie ist mehrmals überarbeitet worden, aber schließlich blieb sie Fragment, d.h. nicht bis zu einer Veröffentlichung ausgereift. Der uns vorliegende Text ist also eine noch nicht abgeschlossene Arbeitsfassung. In Kafkas Aufzeichnungen findet sich ein zweiter Titel: *Ein Kaufmann*. Beide Überschriften treffen den Inhalt des Textes, sie setzen aber unterschiedliche Schwerpunkte. Der Titel *Der Nachbar* bezieht sich auf die räumliche Nähe und das Zusammenleben von Menschen; meistens verbindet man damit ein freundschaftliches, ein „nachbarliches" Verhältnis. In dem Text ist aber davon nicht die Rede; der Nachbar wird als möglicher Konkurrent und Rivale beschrieben. Der Unterton der Beschreibung ist Mißtrauen bis zu offen ausgesprochenem Argwohn. Der Nachbar wird für den Erzähler zur Bedrohung seiner beruflichen Existenz. So stellt ihn der Erzähler zumindest dar. Der Titel *Ein Kaufmann* bezieht sich auf den Beruf des Nachbarn (es könnte damit aber auch der Erzähler selbst gemeint sein!). Der Erzähler sieht den andern, der Wand an Wand mit ihm sein Büro hat, vor allem mit Blick auf seine eigene berufliche Tätigkeit; er engt die Beschreibung und Charakterisierung des andern auf einen bestimmten Aspekt ein. Dies hat seine Gründe im Mißtrauen des Erzählers gegenüber dem Berufskollegen. Die Art, wie er den Nachbarn beschreibt, sagt mehr über ihn selbst als über den Nachbarn aus, der gar nicht zu Wort kommt.

Erzählperspektive

Zwischen dem ↗Autor und der Erzählung steht ein Ich-Erzähler (vgl. ↗Erzähler, ↗ Erzählperspektive, ↗Ich-Erzählung). Die Ereignisse werden aus der Perspektive einer vom Autor erfundenen Gestalt (vgl. ↗fiktional) erzählt. Der Erzähler ist Teil der Geschichte; seine Sichtweise bestimmt die Auswahl der Beobachtungen und den Verlauf der Erzählung. Einzelheiten über den anderen, über den Kaufmann Harras, erfahren wir nur durch den Erzähler und durch seine „Brille". Wir können also nicht von einer objektiven Wiedergabe der Ereignisse sprechen; alles, was wir erfahren, ist bereits durch die Vermutungen und Urteile des Ich-Erzählers „gefiltert". Bei der Interpretation ist es daher wichtig, sich nicht nur auf den Bericht des Ich-Erzählers zu verlassen, sondern den Ich-Erzähler selbst genauer unter die Lupe zu nehmen. Was veranlaßt ihn, den Nachbarn so negativ zu beschreiben und ihm sogar vorzuwerfen, er arbeite vielleicht schon heimlich seinen Geschäften entgegen? Warum sucht er nicht den Kontakt mit dem Nachbarn? Warum spricht er sich nicht mit ihm aus? Warum verurteilt er ihn, noch ehe er ihn wirklich kennengelernt hat? Kann es nicht auch sein, daß der Ich-Erzähler in der Beschreibung des Nachbarn mögliche eigene Verhaltensweisen oder die Angst vor diesen Verhaltensweisen artikuliert? Vielleicht geht es in erster Linie gar nicht um den Nachbarn, sondern um den Ich-Erzähler selbst, so daß er die eigentliche Hauptfigur in der kurzen Erzählung ist. Um dies alles genauer festzustellen, ist es sinnvoll die Aussagen des Ich-Erzählers über sich selbst den Urteilen über den Nachbarn tabellarisch gegenüberzustellen. Welche Adjektive und welche Verben verwendet er in der Selbstbeschreibung und in der Charakterisierung des anderen?

Eine Gegenüberstellung

Wie stellt der Ich-Erzähler sich selbst dar? Wie stellt er den Nachbarn dar?

Ich-Erzähler	Harras
Er hat sich ein kleines Büro eingerichtet. Im Vorzimmer sitzen zwei Sekretärinnen. Der Erfolg seines kleinen Privatunternehmens hängt ganz und gar von ihm ab: „Mein Geschäft ruht ganz auf meinen Schultern." – So beginnt der Bericht. Er ist „ganz jung", und die Geschäfte scheinen sich gut anzulassen: „Ich klage nicht, ich klage nicht." Warum unterstreicht er seine Zufriedenheit doppelt? Und warum umschreibt er sie durch eine Negation? Warum sagt er nicht „Es geht mir gut" oder „Ich bin zufrieden"?	

Seit Neujahr hat ein junger Mann die leerstehende Nebenwohnung „frischweg“ gemietet. Er scheint also ein entschlossener, dynamischer Nachbar zu sein.

Er hat „ungeschickterweise“ gezögert, die Nebenwohnung selbst zu mieten, obwohl er die Zimmer hätte brauchen können. Nur die Küche wäre überflüssig gewesen. Sein Zögern nennt er ein „kleinliche(s) Bedenken“.

Dieses kleinliche Bedenken war aber daran schuld, daß er sich die Wohnung hat „nehmen lassen“. Diese Bemerkung hat den unfreundlichen Unterton, daß der andere ihm die Wohnung genommen, weggeschnappt habe, ihm zuvorgekommen sei. Bezeichnend ist die Wahl des Verbs in dem Satz: „Nun sitzt dort dieser junge Mann.“ Der neue Mieter *wohnt* nicht nebenan, er hat sich nebenan *festgesetzt*; das scheint den Ich-Erzähler zu beunruhigen. Deshalb zieht er sofort Erkundigungen über Harras ein. Harras habe ein ähnliches Büro wie der Ich-Erzähler. Allerdings mangle es ihm an Vermögen, und die Banken seien mit Kreditgewährung noch zurückhaltend.
Aber: „es handle sich doch um einen jungen, aufstrebenden Mann, dessen Sache vielleicht Zukunft habe“.

Der wohl sinnvollere Weg wäre es gewesen, sich dem neuen Nachbarn vorzustellen und sich mit ihm zu unterhalten. Stattdessen wählt der Ich-Erzähler den Weg einer heimlichen Erkundigung, die sich gezielt auf den Beruf und die Kreditwürdigkeit des Nachbarn richtet. Dies sind erste Anzeichen eines Konkurrenzneides oder einer Konkurrenzangst.

Dieser Eindruck verstärkt sich durch die Art, wie der Ich-Erzähler die flüchtigen Begegnungen mit Harras beschreibt. Er beschreibt ihn wie ein lichtscheues Tier. Harras habe es „immer außerordentlich eilig", er gehe ihm aus dem Wege („er huscht förmlich an mir vorüber") und gleite schnell in sein Büro hinein, wie „der Schwanz einer Ratte". Dieser Vergleich ist nicht nur eine bildliche Aussage, sondern auch ein Urteil über den Konkurrenten. Was hat Harras zu verbergen? Was treibt ihn, heimlich und schnell in seinem Büro zu verschwinden? – So muß man nach der Beschreibung des Ich-Erzählers fragen. Aber wohl gemerkt: Alles, was wir erfahren, sind nur Vermutungen oder genauer: Beschuldigungen des Ich-Erzählers. Der Ich-Erzähler sieht den Nachbarn *so*. Ob sich aber Harras wirklich *so* verhält, das ist eine ganz andere Sache. Jedenfalls hat der Ich-Erzähler jetzt schon ein erstes Urteil über Harras gefällt: er verdiene es gar nicht, daß man sich so mit ihm auseinandersetze. Warum verbohrt sich der Ich-Erzähler dann aber immer tiefer in Mutmaßungen und abschätzige Urteile (bis zur Beleidigung – „Ratte" –) über den Nachbarn? Sieht er den Nachbarn als Bedrohung seiner eigenen geschäftlichen Erwartungen?

Der Ich-Erzähler spricht von sich als einem „ehrlich tätigen Mann"

Ohne Harras beim Namen zu nennen, spricht er von dem Verdacht, daß die dünnen Wände den „Unehrlichen" in seinen Machenschaften decken. Und ohne auch nur einen Hauch von Beweis zu haben, setzt er es schließlich als Gewißheit, daß Harras an der Wand seine Geschäftsgespräche mithöre und die Informationen für sich – zum Schaden des Ich-Erzählers – ausnütze.

Der Argwohn – er folgt eher einem Hirngespinst; aus Tatsachen ist er nicht zu rechtfertigen – treibt den Ich-Erzähler zu fast lächerlichen Verhaltensweisen bei Telefongesprächen. Aber, wie er selbst zugibt, ohne den gewünschten Erfolg. Der andere scheint ihm überlegen zu sein. Diese Idee setzt sich im Ich-Erzähler fest. Er fühlt sich dem Nachbarn, dem beruflichen Konkurrenten, ausgeliefert. Sichtbare Reaktionen sind, daß er unsicher wird am Telefon, daß seine Stimme zittrig wirkt.	Wiederum: Ohne auch nur irgendeinen Beweis zu haben, steigert der Ich-Erzähler seine Vermutungen über Harras nahezu bis zur unumstößlichen Gewißheit: – Harras hat kein Telefon, weil er die für ihn wichtigen Informationen durch die Wand aus den Telefongesprächen des Ich-Erzählers erfährt. – Harras kommt bei Geschäften dem Ich-Erzähler zuvor. Während dieser am Telefon noch Einzelheiten aushandle, sei Harras schon unterwegs, um sich den Auftrag zu sichern.

Erzählstruktur

Die Erzählung hat zwei gegenläufige Linien der Steigerung:

- Der Ich-Erzähler fühlt sich zu Beginn in seinen beruflichen Aussichten sicher. Durch den Einzug des neuen Mieters, eines Berufskollegen, ändert sich für ihn, genauer: in seinen Konkurrenzvorstellungen, die Situation. Ohne daß nach außen hin sich tatsächlich etwas verändert, verliert der Ich-Erzähler seine Sicherheit; er baut einen Berg von Vermutungen über Harras auf, die er am Schluß selbst glaubt, – und er handelt oder reagiert zu seinem Schaden nach diesen Hirngespinsten.
- Harras, den wir nur aus dem Blickwinkel des Ich-Erzählers kennenlernen, verwandelt sich von einem forschen Berufsanfänger zu einem gefährlichen, ja skrupellosen Konkurrenten, der dem Ich-Erzähler in seinen Geschäften auf üble Weise zuvorkomme und ihm entgegenarbeite. Diese Behauptungen stützen sich aber nicht auf Fakten; sie sind argwöhnische Mutmaßungen des Ich-Erzählers, gegen die Harras sich nicht wehren kann: er kommt nicht zu Wort.

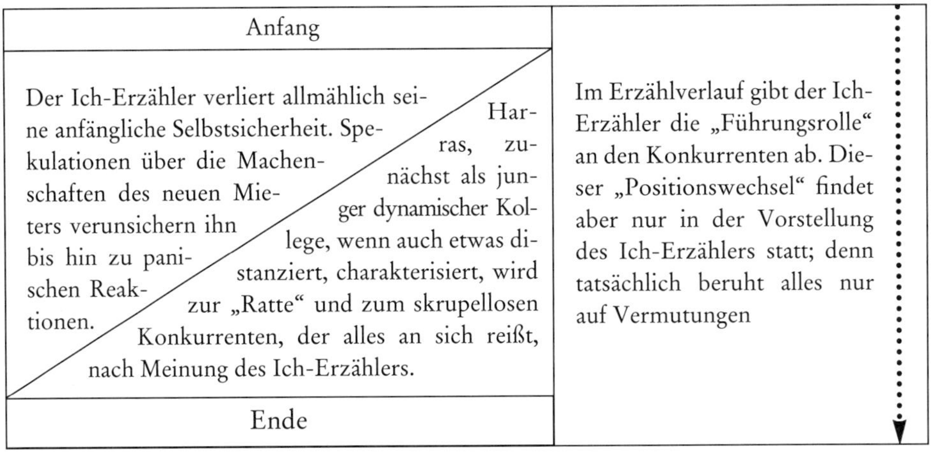

Hintergründe

Die Erzählung ist kein in sich abgeschlossener Einzelfall; sie ist eine exemplarische Erzählung, d.h. sie gibt eine Situation wieder, die sich vielfach – in leichter Veränderung – wiederholen kann. Ihr Thema ist das Mißtrauen, das fehlende Vertrauen in den und die Mitmenschen. Der Beobachter bzw. Erzähler überträgt die Ängste und *sein Verhalten zu den andern* auf seine Vorstellung über das *Verhalten der andern ihm gegenüber.* Die Aussagen des Ich-Erzählers über Harras sagen mehr über den Ich-Erzähler selbst als über Harras aus. Der Ich-Erzähler hat Angst, daß er dem Konkurrenzkampf nicht gewachsen ist. Er fühlt sich dem dynamischen Kollegen unterlegen, – und er entschuldigt sich damit, daß er den Gegner zu „Ratte“ macht. Man kann aber noch weitergehen, daß nämlich der Ich-Erzähler selbst schon Opfer bestimmter gesellschaftlicher Vorstellungen ist: Der Ich-Erzähler hat in seiner Selbstbeschreibung und in den Vermutungen über Harras in erster Linie nicht seine berufliche Tätigkeit vor Augen, sondern den Konkurrenzkampf um Kunden. Er haßt den neuen Nachbarn – und er bewundert ihn zugleich; denn Harras ist – zumindest in den Augen des Ich-Erzählers – erfolgreicher. Man könnte auch sagen: Machenschaften und Tricks, die der Ich-Erzähler nicht beherrscht, die er aber auch gerne anwenden würde, überträgt er – mit vermeintlicher Entrüstung – auf seinen Konkurrenten. Ist daher der andere, der in der Erzählung nicht zu Wort kommt, vielleicht nur das andere Ich des Ich-Erzählers, vor dem er Angst hat und das er zugleich auch insgeheim bewundert? Möchte der Ich-Erzähler nicht vielleicht auch so erfolgreich wie Harras sein?

Das Erzählfragment läßt viele Fragen offen und regt zu vielen Fragen an. Deshalb sind die Interpretationen dieses Textes auch sehr vielfältig. Sie betonen jeweils unterschiedliche Aspekte. Einige Beispiele:

- Das Hauptthema der Erzählung ist, wie sich Vorurteil, Argwohn und schließlich Angst in einem Menschen allmählich zu einem Verfolgungswahn entwickeln können.

- Der Ich-Erzähler hat sich den Verfahrensweisen (dem Diktat) des kapitalistischen Konkurrenzkampfes oder -denkens selbst bereits in dem Maße ausgeliefert, daß er sie bei jedem, der sein Konkurrent im Beruf sein könnte, als selbstverständlich voraussetzt.
- Der Ich-Erzähler möchte den Erwartungen eines jungen dynamischen Unternehmers entsprechen. Da er sich aber dem Anspruch – von ihm selbst oder von der Gesellschaft aufgestellt – nicht gewachsen fühlt, verteufelt oder (um im Bild zu bleiben): „verrattet" er diesen Anspruch in der Gestalt seines „Gegners" Harras.
- Die Erzählung zeigt im Kleinformat den Zustand einer totalen staatlichen Überwachung. Hinter jeder Zimmerwand lauert ein Mithörer, der das Gehörte weitergibt und gegen den Sprecher verwendet. In der Erzählung *Der Nachbar* ist für den Ich-Erzähler das geheime Mithören der Überwacher bereits ein so selbstverständlicher Teil des Alltags, daß er dieses Verhalten – ohne es beweisen zu können! – sofort auf seinen neuen Nebenmieter überträgt.
- Die Selbstbeschreibung des Ich-Erzählers und seine Charakteristik des Nachbarn haben große Ähnlichkeit. Nur mit einem Unterschied, daß der Ich-Erzähler die Fehler macht (z.B. sein Zögern beim Anmieten der zweiten Wohnung) und Harras kurzentschlossen handelt. Der als „Ratte" charakterisierte Harras ist insgeheim das Wunsch-Vorbild des Ich-Erzählers, auch wenn er es nicht wahrhaben will.
- Die Erzählung *Der Nachbar* ist das Protokoll einer wehleidigen Selbstrechtfertigung, die eigene Fehler durch fremde Fehler zu verdecken versucht.

Protokoll einer Diskussion in einer 9. Klasse über Kafkas *Der Nachbar*

Wir haben von Franz Kafka die Erzählung *Der Nachbar* gelesen. Sie ist 1917 entstanden. Sie ist eine Ich-Erzählung. Ihr Hauptthema ist, wie sich Vorurteil, Argwohn und schließlich Angst in einem Menschen allmählich zu einem Verfolgungswahn entwickeln können, so daß der Ich-Erzähler alles, was er beobachtet, als Angriff auf sein Geschäft auslegt. Wir haben die Erzählung in sechs Abschnitte eingeteilt, die schrittweise die Veränderung des Mannes bis zum Verfolgungswahn darstellen. Im ersten Abschnitt beschreibt der Mann sein Büro.Er hat zwei Sekretärinnen. Die Geschäfte scheinen normal zu laufen. Er ist noch jung, er kann sich noch entwickeln. Er behauptet, daß er sich nicht beklagen könne. Aber es ist schon zu erkennen, daß der Mann irgendwie unsicher ist. Er versucht, sich selbst einzureden, daß er nicht klage. Doch die Verdoppelung der Behauptung „Ich klage nicht" beweist, wie sehr er sich zwingt, sich dies einzureden. In Wirklichkeit steht es mit ihm ganz anders.
Im zweiten Abschnitt berichtet er von einem Ereignis, das seit Neujahr die Situation verändert hat, das ihn stört oder sogar beunruhigt: In die Nebenwohnung ist ein junger Mann eingezogen, der ebenfalls ein Büro aufgemacht hat. Der Ich-Erzähler macht sich ernste Vorwürfe, daß er die Nebenwohnung nicht selbst gemietet habe. Nun hat er Wand an Wand einen Konkurrenten, von dem er Schlimmes befürchtet. Sofort zieht er über den neuen Mieter Erkundigungen ein. Und alles, was er erfährt, bestärkt

ihn nur in seinem Argwohn. Der Neue betreibt ein Geschäft wie er selbst. Er beschreibt ihn sehr abfällig; er sei nicht gerade kreditwürdig. Für den Erzähler ist er ein Eindringling, den man lieber nicht als Nachbarn hätte. Dies alles aber sagt er, ohne den Mann schon gesehen oder mit ihm gesprochen zu haben. Was er weiß, hat er von anderen. Seine Unsicherheit wächst. Noch rechtfertigt er sich damit, daß er die Wohnung nebenan ja gar nicht gebraucht hätte: „Wozu hätte mir die Küche gedient?" Aber im Stillen ärgert er sich. Und mit seiner Handlung, daß er über den anderen Erkundigungen einzieht, widerspricht er seinen Beruhigungsversuchen selbst. Er ist einfach mißtrauisch. Obwohl er den Mann nicht näher kennt, mißtraut er ihm. Er bemüht sich auch gar nicht, ihn kennenzulernen; er ist von vornherein voreingenommen.

Im dritten Abschnitt erwähnt er dann, daß er Harras, den Mieter, manchmal kurz auf der Treppe trifft. Aber es kommt zu keinem Gespräch. Die Schuld schiebt er Harras zu. Er beschreibt ihn wie einen, der sich immer gleich verkriecht, als hätte er etwas zu verheimlichen: „[...] er huscht förmlich an mir vorüber. [...] den Büroschlüssel hat er schon vorbereitet in der Hand. [...] Wie der Schwanz einer Ratte ist er hineingeglitten." Der Vergleich mit der Ratte deutet an, was er wirklich von Harras hält; man müsse sich vor ihm in acht nehmen. Aber er tut noch immer so, als ob er über dem neuen Mieter stehe: „[...] ich stehe wieder vor der Tafel ‚Harras Bureau', die ich schon viel öfter gelesen habe als sie es verdient." Trotzdem spürt er hinter Harras her. Man könnte fast sagen, daß er selbst die Ratte ist. Er entlarvt sich durch das, was er über Harras sagt.

Im vierten Abschnitt geht er dann auf Einzelheiten ein. Vorher spricht er vom ehrlich tätigen Mann – damit meint er sich – und vom Unehrlichen – das ist für ihn Harras. Er behauptet, daß Harras seine Telephongespräche mit Kunden mithöre. Diese Telefongespräche, von denen sein Geschäft abhängt, nennt er „Geheimnisse", die er ungewollt an den anderen preisgebe, der sie dann für sich ausnützt. All dies behauptet er nur, er kann es nicht beweisen; aber er stellt es als wirklich dar. Der andere ist dabei, ihn zu ruinieren.

Genau dies sagt er dann im fünften Abschnitt. Er malt es sich richtig aus, wie Harras hinter der Wand lauscht. Er baut sich Wahngebilde. Sein Verfolgungswahn bricht offen aus. Er gibt selbst zu, daß er unsicher wird. Bei jedem Telefongespräch denkt er nur an Harras, der hinter der Wand alles höre. Er hält den anderen nicht nur für schlecht und unehrlich, sondern glaubt, daß er ihm entgegenarbeitet und ihm die Kunden wegfängt.

Am Anfang macht er nur allgemeine Andeutungen, die sich nicht unbedingt auf seinen Nachbarn beziehen müssen. Aber von Abschnitt zu Abschnitt wird er deutlicher. Und am Schluß, im sechsten Abschnitt, redet er nur noch von Harras. Er erzählt so, als wenn er Harras richtig sähe, wie er aus der Wohnung „huscht" und ihm bei den Kunden zuvorkommt. Er redet sich dies so sehr ein, daß er es jetzt selbst glaubt. Sein Argwohn, für den er gar keine Beweise erbringen kann, ist ihm zur Gewißheit geworden. Diesen Zustand kann man einen Verfolgungswahn nennen. Der Ich-Erzähler hat kein einziges Wort mit Harras gewechselt. Wir nannten diese Erzählung eine psychologische Studie. Diese Bezeichnung, meine ich, ist treffend.

(*Bettina Rötzer*)

Noch eine „Nachbar"-Geschichte

Paul Watzlawick, 1921 in Kärnten geboren, heute Professor für Psychologie in den USA, hat in seiner *Anleitung zum Unglücklichsein* (1983) viele Beispiele zusammengetragen, wie Menschen sich selbst das Leben schwer machen, wie sie sich Dinge einbilden, die eben nur in ihrem Kopf, in ihrer Phantasie existieren. Das wohl bekannteste Beispiel aus dieser Sammlung ist *Die Geschichte mit dem Hammer:*

> Ein Mann will ein Bild aufhängen. Den Nagel hat er, nicht aber den Hammer. Der Nachbar hat einen. Also beschließt unser Mann, hinüberzugehen und ihn auszuborgen. Doch da kommt ihm ein Zweifel: Was, wenn der Nachbar mir den Hammer nicht leihen will? Gestern schon grüßte er mich nur so flüchtig. Vielleicht war er in Eile. Aber vielleicht war die Eile nur vorgeschützt, und er hat was gegen mich. Und was? Ich habe ihm nichts angetan; der bildet sich da etwas ein. Wenn jemand von mir ein Werkzeug borgen wollte, *ich* gäbe es ihm sofort. Und warum er nicht? Wie kann man einem Mitmenschen einen so einfachen Gefallen abschlagen? Leute wie dieser Kerl vergiften einem das Leben. Und dann bildet er sich noch ein, ich sei auf ihn angewiesen. Bloß weil er einen Hammer hat. Jetzt reicht's mir wirklich. – Und so stürmt er hinüber, läutet, der Nachbar öffnet, doch noch bevor er „Guten Tag" sagen kann, schreit ihn unser Mann an: „Behalten Sie sich Ihren Hammer, Sie Rüpel!"
>
> [Paul Watzlawick, *Anleitung zum Unglücklichsein*, R. Piper & Co. Verlag, München 1983, S. 35–36]

Rückfragen und Aufgaben:

1. *Zur* Geschichte mit dem Hammer:
   - *Was ist der Anlaß oder Ausgangspunkt der Geschichte?*
   - *Beschreibe mit eigenen Worten, welche „Argumente" sich der Mann nacheinander zurechtlegt. Beachte dabei auch die Steigerung der angeblichen „Beweisführung".*
   - *Was ist das Ergebnis dieser „Beweisführung"?*
   - *Entspricht der Nachbar diesem gefaßten Vorurteil des Mannes? Gibt der Text dazu einen Hinweis?*
   - *Wie ließe sich der Inhalt zusammenfassend in einer Kernaussage wiedergeben? Dazu drei Beispiele:*
     a) Ein Mann möchte sich bei seinem Nachbarn einen Hammer ausleihen. Aber er weiß von vornherein,daß der ihm den Hammer nicht ausleiht.
     b) Ohne einen konkreten Anhaltspunkt zu haben, steigert sich ein Mann in seinen Argwohn gegenüber einem Nachbarn so hinein, daß er ihn am Schluß für eine unumstößliche Sache hält.

c) Ein Mann braucht einen Hammer vom seinem Nachbarn. Aber anstatt ihn um den Hammer zu bitten, schreit er ihn zornig an.
Welches der drei Beispiele trifft am ehesten den Kern der Geschichte?
- *Wie würdest du die Geschichte zusammenfassen?*

2. *Zur Erzählung* Der Nachbar:
   - *Schon im ersten Abschnitt skizziert Kafka den Geschäftsmann in vorsichtiger Weise als seelisch angegriffenen Menschen. Wie macht er das?*
   - *Beschreibe, wie sich schrittweise, von Abschnitt zu Abschnitt, das Verhalten des Mannes bis zum Verfolgungswahn steigert.*
   - *Was weiß er über Harras wirklich? Was unterschiebt er ihm? Wie charakterisiert er ihn? Welche Vergleiche wählt er?*
   - *Warum hat er vor Harras Angst? Was sagt seine Angst vor Harras über ihn selbst aus?*
   - *Wie hätte er sich selbst die Angst nehmen können? Warum tut er das nicht?*

3. *Was haben beide Geschichten gemeinsam? Worin sind die vergleichbar? Worin unterscheiden sie sich? Achte auch auf die Erzählperspektive. Wer erzählt?*

Merkmale der Erzählung

- Unter der Bezeichnung „Erzählung“ meint man im engeren Sinne einen kürzeren Erzähltext; im weiteren Sinne sind es alle Texte, in denen ein ↗Erzähler vermittelnd zwischen dem Erzählstoff (was wert ist, erzählt zu werden) und dem Publikum eingreift, von der ↗Kurzgeschichte bis zum ↗Roman.
- Der Inhalt einer ↗Erzählung kann eine wirkliche, wahrscheinliche oder erfundene (vgl. ↗fiktional) Geschichte sein. Die Erzählung kann als eigenes Erlebnis (vgl. ↗Ich-Erzählung) oder in der dritten Person (vgl. ↗Erzähler, ↗Erzählperspektive) erzählt sein. In der Er-Erzählung verhält sich der Erzähler entweder als Beobachter oder er versetzt sich selbst in seine Gestalten und erzählt aus dem Blickwinkel seiner Gestalten (vgl. ↗Erlebte Rede). Das Augenmerk des Erzählers kann sich bevorzugt auf die Handlung oder die Charaktere richten, – oder auf beides zugleich. Auf jeden Fall wird durch seine Darstellungsweise dem Leser eine bestimmte Richtung vorgegeben oder angeboten, wie das Erzählte zu verstehen und zu interpretieren sei. Die Freiheit des Hörers oder Lesers ist es, dem Erzähler zuzustimmen oder ihm zu widersprechen, d.h. sich mit dem Erzählten auseinanderzusetzen.
- Die Zeitstufe der Erzählung kann Vergangenheit (in den meisten Fällen) oder Gegenwart sein; bei spannenden Szenen wechselt die Zeitstufe von der Vergangenheit häufig plötzlich in die Gegenwart.
- Eine Erzählung ist in mehrere Abschnitte gegliedert. Für die Spannung, um den Leser zu fesseln, ist es wichtig, in welcher Reihenfolge (vgl. ↗Erzählstruktur) etwas erzählt wird, wie die Geschichte eingeleitet wird, wie der Höhepunkt vorbereitet und ausgestaltet wird, wie sie endet.

2.2 Kurzgeschichten

Nasen kann man so und so sehen

Ingrid Kötter

Es ist fast 20 Uhr, als Onkel Thomas aus Kanada zu Besuch kommt. Er will sofort Irina begrüßen.
„Warte einen Augenblick!“ bittet die Mutter. „Irina ist jetzt vierzehn. Das ist ein schwieriges Alter. Um 20 Uhr ist eine Klassenfete. Mal will sie hingehen, dann wieder nicht. Sie hat eine fürchterliche Laune.“

Irina steht in ihrem Zimmer vor dem Spiegel.
In letzter Zeit steht sie oft dort.
Mürrisch betrachtet sie ihr Gesicht von allen Seiten. „Diese Nase!“ flüstert sie. „Diese entsetzlich große Nase! Eine Nase wie Manuela müßte man haben.“
Alle Jungen in Irinas Klasse sind hinter Manuela mit der niedlichen Stupsnase und dem albernen Gekicher her. Mit verbissenem Gesicht kratzt Irina an einem Pickel herum, befühlt eingehend ihre Nase und stöhnt. An manchen Tagen ist es wie verhext. Da kommt einfach alles zusammen: Zwei neue Pickel, davon einer mitten auf der zu großen Nase, die dadurch natürlich erst recht unangenehm auffällt. Und dann noch Onkel Thomas. Irina hat ihn mindestens drei Jahre nicht gesehen. Onkel Thomas ist Mutters jüngster Bruder. Er ist 23 Jahre alt, lebt in Kanada und hat die dämliche Angewohnheit, Irina bei jedem Wiedersehen hochzuheben und abzuküssen.
„Ich mag diese Küsserei nicht“, sagt Irina zu ihrem Spiegelbild, geht zur Zimmertür und will sie abschließen. Das macht sie in letzter Zeit oft, wenn Besuch kommt, den sie nicht ausstehen kann.
„Sei nett zu meinem Lieblingsbruder! Er kommt extra aus Kanada“, hat die Mutter gesagt.
Irina denkt an den schlaksigen, pickeligen Jüngling und denkt: Von mir aus kann er vom Mond kommen. Sie will den Schlüssel im Schloß herumdrehen. – Zu spät! Onkel Thomas steckt seinen Kopf zur Tür herein: „Hallo, kann ich reinkommen?“ Schon ist er im Zimmer.
Sieht echt gut aus, der Typ. Hat mächtig breite Schultern gekriegt. Und dann der Bart! Mensch, hat der sich verändert. Er hebt Irina nicht hoch. Er küßt sie nicht ab. Er sieht mit ihr zusammen in den Spiegel, haut ihr kräftig auf die Schulter und sagt: „Meine Güte, du bist ja eine richtig hübsche Dame geworden!“
„Ach was! Quatsch keinen Käse!“ sagt die junge Dame und hält ihr Gesicht ganz dicht vor die Spiegelscheibe. „Sieh dir diese Pickel an und dann meine Nase!“
„Pickel hatte ich in deinem Alter auch“, sagt Onkel Thomas. „Siehst du noch welche? Und was deine Nase betrifft, tröste dich! Du bist erst vierzehn. Du und deine Nase, ihr wachst ja noch.“
Irina reißt entsetzt die Augen auf. „Wächst noch? Meine Nase?— Alles! Bloß das nicht!“
Sie betrachtet sich im Spiegel. Ihre Augen füllen sich mit Tränen.

„Na, na!“, sagt Onkel Thomas. „Ich finde deine Nase ja schon fast richtig, aber noch ein wenig zu klein.“
„Zu klein?????“ Irina wischt sich eine Träne ab und sieht ungläubig in den Spiegel.
„Na ja“, meint Onkel Thomas. „Man kann Nasen so und so sehen. Es kommt wohl auf den Betrachter an.“
„Wie siehst du es denn?“
„Also, wenn du mich fragst, ich kann zum Beispiel Frauen mit Stupsnasen nicht ausstehen. Kleine Mädchen mit Stupsnasen, na gut. Aber Frauen mit Stupsnasen sind für mich einfach unmöglich. Viel zu niedlich. Zu puppig. Keine frauliche Ausstrahlung. Magst du etwa Stupsnasen?“
„Ich?— Nein.— Eigentlich nicht.“ Irina strahlt ihren Onkel an, fällt ihm um den Hals und küßt ihn ab. „Oh, Onkel Thomas! Wenn du wüßtest! Du bist prima! Kannst ruhig mal wieder vorbeikommen! Tschüß! Ich muß weg. Wir haben jetzt 'ne Klassenfete.“

[Hans-Joachim Gelberg (Hg.), *Augenaufmachen. Siebtes Jahrbuch der Kinderliteratur*, Beltz Verlag, Weinheim 1984, S. 84–85]

Gliederung

- „Es ist fast 20 Uhr“.
  Onkel Thomas aus Kanada kommt zu Besuch. Er will sofort *Irina* begrüßen. Die Mutter bittet ihn, noch einen Augenblick zu warten. Zur Erklärung ihrer Bitte sagt sie:
  - Irina ist vierzehn, „ein schwieriges Alter“.
  - Um 20 Uhr ist eine Klassenfete.
  - Irina hat eine „fürchterliche Laune“. Sie kann sich nicht entschließen, ob sie zur Fete geht oder lieber daheim bleibt.

  Mit Grund darf der Leser fragen, warum Irina so unschlüssig und mißgelaunt ist.
- Szenenwechsel (gleichzeitig zur Eingangsszene)
  Irina steht in ihrem Zimmer vor dem Spiegel und betrachtet wieder einmal „mürrisch“ ihr Gesicht.
  Sie ist mit ihrer Nase unzufrieden. Und dann hat sie auch noch Pickel. Sie ist auf Manuela neidisch „mit der niedlichen Stupsnase“, denn alle Jungen in der Klasse sind hinter Manuela her.
  „Und dann noch Onkel Thomas“. Was wird er zu Irinas Aussehen sagen? Er hat sie seit mindestens drei Jahren nicht mehr gesehen. Was für eine Vorstellung hat er von Irina?
  Während sie vor dem Spiegel steht, wiederholt sie, was ihre Mutter ihr ständig sagt. Sie will die Tür abschließen, aber zu spät.
- Onkel Thomas, den sie noch ganz anders in Erinnerung hat, kommt in ihr Zimmer. Beide stellen fest, daß jeder sich verändert habe. Onkel Thomas behandelt Irina nicht mehr als das kleine Mädchen: „Meine Güte, du bist ja eine richtig

hübsche junge Dame geworden!" Irina klagt über ihr Aussehen. Onkel Thomas tröstet sie – aus eigener Erfahrung –, daß sich da noch einiges ändern werde. Zu ihrer Verwunderung findet er ihre Nase nicht zu groß, wie sie befürchtet hatte, sondern „noch ein wenig zu klein". Stupsnasen seien bei kleinen Mädchen niedlich, aber doch nicht bei Frauen.
Auf einmal sieht Irina alles ganz anders. Der Satz „Man kann Nasen so und so sehen" hat gewirkt.
– Irina umarmt ihren Onkel und eilt zur Klassenfete, die um 20 Uhr beginnt.

Was ist geschehen?

In dieser kurzen Zeitspanne – nicht viel länger, als man braucht, um den Text zu lesen – ist einiges geschehen: Irina zögert zunächst, zur Klassenfete zu gehen. Ihre angeblich zu große Nase und ihre Pickel stören sie; denn die Jungen in der Klasse fahren auf Stupsnasen ab. Und dann auch noch das Wiedersehen mit Onkel Thomas. Was der wohl zu ihrem Aussehen sagen wird? Aber es kommt alles ganz anders. Onkel Thomas macht ihr klar, daß Stupsnasen vielleicht bei kleinen Mädchen niedlich sind – aber nicht bei jungen Mädchen in Irinas Alter oder gar bei erwachsenen Frauen. Irina ist plötzlich wie verwandelt. Sie fällt ihrem Onkel dankbar um den Hals – und eilt zur Klassenfete.

Ausgangspunkt:
Irina ist mit ihrem Aussehen unzufrieden. Sie richtet sich nach der Meinung ihrer Klassenkameraden. Sie meint, sie habe eine zu große Nase. Und die Pickel stören sie auch.

Gegenargument:
Onkel Thomas ist gar nicht Irinas Meinung. Schließlich sei Irina ja kein kleines Mädchen mehr, sondern eine „hübsche junge Dame". Was man bei kleinen Mädchen niedlich findet, mag bei erwachsenen jungen Frauen eher komisch wirken. Und zudem: Irina merkt, daß auch Onkel Thomas sich verändert hat: „Sieht echt gut aus, der Typ."

Ergebnis:
Irina läßt sich von Onkel Thomas überzeugen. Die Meinungen der Jungen in der Klasse interessieren sie nicht mehr; schließlich ist sie ja kein niedliches (stupsnäsiges) kleines Mädchen mehr. Irina hat ihr Selbstvertrauen wiedergewonnen; sie geht zur Klassenfete.

Die Pubertät ist eine wichtige Übergangsphase im Leben eines Menschen vom Kind zum Erwachsenen. Der Körper verändert sich – und auch manch kindliche Denkweise. Im Übergang gibt es aber Momente der Unsicherheit, man muß sich mit sich selbst neu zurechtfinden. Das ist nicht immer leicht; und es bedarf des hilfreichen Rates jener, die diesen Übergang an sich selbst bewußt erfahren und verarbeitet haben. Dies ist der Fall in dem Gespräch zwischen dem jungen Onkel Thomas und Irina; beide haben sich in den drei Jahren seit dem letzten Besuch verändert.

Erzählweise

Die Autorin erzählt die Geschichte in der dritten Person, als würde sie nur beobachten. In Wirklichkeit denkt sie sich aber in ihre Hauptfigur hinein, sie schreibt die Geschichte aus dem Blickwinkel Irinas. Dies wird sehr deutlich, wenn sie Irinas Selbstgespräch, als Irina allein vor dem Spiegel steht, als ↗Erlebte Rede mit wörtlichen Einschüben wiedergibt. In der letzten Szene – in Irinas Gespräch mit dem Onkel – wechselt die Beobachtung dann in die wörtliche Aufzeichnung des Gesprächs mit nur kurzen Zwischenbemerkungen. Irina sagt selbst, was sie meint. Eine Erklärung, warum Irina jetzt zur Klassenfete geht, unterbleibt. Diese Erklärung soll sich der Leser selbst geben, – anhand des Gesprächs zwischen Onkel Thomas und Irina.

Rückfragen und Aufgaben:

1. *Die Geschichte beginnt mit einer genauen Zeitangabe. Sie dauert nicht lange; sie ist sowohl im Umfang wie auch im Zeitraum, den sie beschreibt, sehr kurz. Aber in diesen wenigen Minuten geschieht für Irina doch einiges von großer Bedeutung. Am Ende der Geschichte hat sich für Irina einiges geändert. Was bedeutet für Irina das Gespräch mit Onkel Thomas? Warum wehrt sie sich zunächst gegen einen Besuch? Warum ist sie dann plötzlich von Onkel Thomas begeistert? Was ist geschehen? Hat dies auch etwas mit ihrem Problem zu tun?*

2. *Die Autorin greift in die Geschichte nicht ein. Sie hält sich mit ihrer eigenen Meinung zurück. Aber mit dem, was sie von Irina erzählt, will sie bestimmt auf etwas hinweisen. Was ist – eurer Meinung nach – der Anlaß oder Hintergrund der Erzählung?*

3. *Nach diesen Überlegungen zu der Geschichte* Nasen kann man so und so sehen *könnt ihr folgenden Versuch zur Charakteristik der Kurzgeschichte sicherlich in einzelnen Punkten näher erläutern: „Sie spielt fast immer in der unmittelbaren Gegenwart und schildert eine Begebenheit, die vielleicht nur wenige Minuten dauert, der aber stets eine größere Bedeutung zukommt, als man auf den ersten Augenblick vermuten könnte. Sie berichtet nur, ohne zu kommentieren, und zeigt das Geschehen häufig nur aus der Sicht eines einzelnen Beteiligten. Der Autor will dabei meist den Leser bewußt auf etwas aufmerksam machen. Deshalb spielen Kurzgeschichten vielfach in der gewohnten Umgebung ihrer Leser.“*
[*dtv junior Literatur-Lexikon* 79013, München 1986, S. 47]

4. *Die Überschrift ist ein Zitat aus dem Text. Warum könnte die Autorin dieses Zitat als Überschrift gewählt haben?*

Das Catch-Spiel

Richard Wilbur

Monk und Glennie spielten auf dem Rasenplatz vor dem Spritzenhaus Catch, als Scho sie erblickte. Sie konnten es gut für Siebtkläßler, das mußte jedem sofort ins Auge fallen. Monk, der einen Catch-Handschuh trug, beugte sich leicht seitwärts und rückwärts, ein Bein erhoben und die Wurfhand fast unten im Gras, und dann ließ er den weißen Ball direkt hinauf ins Sonnenlicht fliegen. Glennie schützte seine Augen mit der linken Hand und fing den Ball genau, wenn er neben ihm herunterfiel, mit einer kleinen ruckhaften Bewegung seines Handschuhs. Dann warf er ihn scharf zu Monk; der Ball prallte in den runden Handschuh und lag dort wie ein Stilleben-Apfel auf einem Teller, bis Monk ihn in seine rechte Hand hüpfen ließ und Glennie mit einem nachlässigen Ruck seines herabhängenden Arms einen raschen Bodenball zuspielte. So spielten und spielten sie – es war eine Art langsamen, künstlichen, schwelgerischen Tanzes in der Sonne; ihre Gesichter waren völlig leer und traumhaft, als Glenn plötzlich Scho auf der anderen Seite der Straße daherschlendern sah und ihm „Hallo!“ zurief. Scho kreuzte herüber, blieb am vorderen Rand des Rasenplatzes stehen, neben einem Apfelbaum, und sah zu.
„Hast du deinen Handschuh mit?“ fragte Glennie nach einer Weile. Offenbar hatte Scho ihn nicht mit.
„Ihr könntet mir ein paar leichte Bodenbälle geben“, sagte Scho. „Aber nicht zu scharf!“
„Gemacht“, sagte Glennie. Er rückte etwas weiter, so daß die drei Jungen ein Dreieck bildeten, und sie ließen den Ball etwa fünf Minuten rundum gehen. Monk warf Scho leichte Bodenbälle zu, Scho gab sie an Glennie weiter, und Glennie schleuderte sie scharf zu Monk. Nach einer Weile fing Monk an, sie ein- oder zweimal zu Glennie zurückzuwerfen, ehe er Scho seinen leichten Bodenball gönnte, und endlich gab ihm Monk einen schnellen, holperigen Bodenball, der ihm über die Schulter sprang und in das Gebüsch auf der anderen Straßenseite ging.
„Nicht so hart!“ rief Scho, als er hinüberlief, um ihn zu holen.
„Du hättest ihn nehmen können!“ rief Monk.
Scho brauchte eine Weile, um den Ball zwischen den Farnen und toten Blättern zu finden, und als er ihn sah, raffte er ihn auf und warf ihn Glennie zu. Der Ball traf den Stamm des Apfelbaums, sprang im Winkel zurück und rollte dummerweise unbeirrt auf die Zementplattform vor dem Feuerwehrhaus, wo einer der Lastwagen geparkt war. Scho lief schnell und hielt ihn auf, gerade ehe er unter den Wagen rollte, und diesmal trug er ihn zurück zu seinem bisherigen Platz auf dem Rasen und warf ihn sorgsam hinüber zu Glennie.
„Ich hab eine Idee“, sagte Glennie. „Monk und ich könnten doch fünf Minuten richtig catchen, und dann leihst du dir einen von unseren Handschuhen.“
„Ist mir recht“, sagte Monk. Er fuhr mit der Faust in den Handschuh, und Glennie schmetterte einen Ball hinein.

„Schon gut“, sagte Scho und setzte sich unter den Baum. Dort beobachtete er im Schatten, wie sie ihr geschicktes Spiel wieder aufnahmen. Sie warfen lässig langsam oder lässig schnell – hoch, niedrig oder weit – und immer sauber mit gelassenen, unveränderlichen, selbstvergessenen Gesichtern. Als Monk einen niedrigen Backhandcatch verpaßte, ging er dem Ball gleichmütig nach und schleuderte ihn, kaum hinsehend, seitlich in ein gedachtes „Out“. Nachdem sie ziemlich lange so gespielt hatten, sagte Scho: „Sind's noch nicht fünf Minuten?“
„Noch eine Minute ist nach“, sagte Monk mit einem leichten Grinsen.
Scho stand auf und sah den Ball noch einige Minuten hin und her gehen, dann drehte er sich um und zog sich hinauf bis zur Gabelung des Baumes.
„Wo willst du hin?“ fragte Monk. „Auf den Baum hier“, sagte Scho.
„Ich glaube, er hat keine Lust zum Catchen“, sagte Monk. Scho stieg weiter, durch die dicken hellgrauen Äste, bis sie schlank und glänzend wurden und unter ihm nachgaben. Er fand einen Platz, wo mehrere elastische Zweige sich verflochten und einen gefährlichen Sitz bildeten, und setzte sich dort hin; sein Kopf war über dem Laub im Sonnenlicht. Er konnte die beiden anderen Jungen unten sehen, den Ball, der zwischen ihnen hin und her ging, und den kurzgeschorenen Kopf von Glennie, der wie ein Seeigel aussah.
„Hier habe ich einen herrlichen Platz gefunden“, sagte Scho laut, „wenn ich nicht hinunterfalle.“ Monk und Glennie schauten nicht hinauf und sagten nichts, und so fing er an, sich leise in seinem Sessel aus Ästen zu schaukeln und aufdringlich laut zu singen: „Ju-hu, Anker auf!“
„Weißt du was, Monk?“ verkündete er nach ein paar Sekunden. „Ich kann euch zwei Burschen zwingen, alles zu tun, was ich will. Fang den Ball, Monk! Und nun fängst du ihn, Glennie!“ „Ich hätt ihn sowieso gefangen“, sagte Monk plötzlich. „Du zwingst keinen Menschen, irgendwas zu tun, wenn er es sowieso schon tun will.“
„Ich hab dich gezwungen, genau das zu sagen, was du gerade gesagt hast“, erwiderte Scho freudig.
„Nein, das hast du nicht“, sagte Monk, immer noch werfend und fangend, aber nicht mehr so gelassen in das Spiel vertieft.
„Das hast du gesagt, weil ich's so wollte“, sagte Scho.
Der Ball prallte am Rand von Monks Handschuh ab und grub eine Furche in ein Gladiolenbeet neben dem Feuerwehrhaus; Monk lief, um ihn zu holen, während Scho in der Baumkrone auf und ab wippte und sang: „Ich hab dich gezwungen, vorbeizugreifen. Alles, was ihr tut, müßt ihr tun, weil ich's so haben will!“
„Laß uns eine Minute aufhören“, schlug Glennie vor.
„Schon recht, bis die Galerie da oben den Schnabel hält“, sagte Monk.
Sie gingen hinüber und setzten sich mit unterschlagenen Beinen in den Schatten des Baumes. Scho blickte zwischen seinen Beinen hinunter und sah sie auf dem matten, fleckigen Rasen sitzen, ohne miteinander zu spre-

chen. Glennie fing an, gedankenverloren seinen Handschuh zwischen den Handflächen zu drehen; Monk zupfte an seiner Nase und starrte über den Rasenplatz.
„Ich will, daß du auf deiner Nase 'rumzupfst", sagte Scho kichernd. Monk zog die Hand vom Gesicht weg.
„Ja, das mußt du mit deinem Handschuh tun, Glennie", sagte Scho beharrlich. „Und du, Monk – ich will, daß du dicke Halme ausrupfst und dran 'rumkaust!" Glennie blickte hinauf und sah das selbstgefällige, gespannte Gesicht durch die Blätter hinunterspähen. „Hör' auf, so'n Idiot zu sein und komm runter, dann spielen wir ein paar Minuten Catch", sagte er. Scho zögerte, dann sagte er mit herausfordernd spöttischer Stimme: „Das hast du gesagt, weil ich's dich sagen ließ!" „Von mir aus gern, Donnerwetter nochmal!" sagte Glennie. „Warum bist du nicht still und hörst auf, uns zu belästigen?" fragte Monk. „Das hab ich dich sagen lassen", erwiderte Scho sanft. „Halt den Mund!" sagte Monk.
„Ich wollte, daß du das sagst, und ich will, daß du dastehst und ein saures Gesicht machst. Und jetzt will ich, daß du auf den Baum kletterst. Ich zwing dich dazu!" Monk kletterte durch die Zweige hinauf, ungeschickt vor Eile; sein Gesicht war wütend und töricht, und er sagte immerfort zu Scho: „Halt den Mund, halt den Mund, halt den Mund", während die hysterische, aufregende Stimme auf seinen Kopf herunterfloß.
„Jetzt bist du still – oder es soll dir leidtun", sagte Monk und atmete schwer, als er hinaufgriff und drohte, das Geflecht von leichten Zweigen zu schütteln, in dem Scho saß.
„Ich will, daß du –", kreischte Scho, während er fiel. Weiter unten hemmten zwei Zweige seinen raschelnden, krachenden Fall, aber er landete mit einem dumpfen Aufprall auf dem Rücken und lag still, mit einem Gesicht wie ein Erdrosselter und mit zugekniffenen Augen. Glennie kniete nieder und fragte atemlos: „Bist du okay, Scho? Bist du okay?", während sich Monk durch das Laub hinunterschwang und schrie, daß er ihn wahrhaftig nicht einmal angerührt habe, der verrückte Kerl habe einfach losgelassen. Scho krümmte sich zusammen, und rollte sich auf seine rechte Seite, und nun knieten die beiden anderen Jungen neben ihm, klopften ihn auf die Schulter und bettelten, ihnen zu sagen, wie es ihm ginge.
Dann rollte sich Scho von ihnen weg und setzte sich halb auf, immer noch nach Luft ringend; aber er zwang eine Art von Lächeln auf sein Gesicht.
„Es tut mir leid, Scho", sagte Monk. „Ich wollte dich nicht runterfallen lassen." Schos Stimme kam matt und rauh, stoßweise heraus. „Ich wollte, daß du's tust. Du – mußtest eben. Du kannst überhaupt nichts – tun – wenn ich nicht – will, daß du's tust!"
Glennie und Monk sahen ihn hilflos an, wie er dasaß, etwas leichter atmend und starr lächelnd, mit Tränen in den Augen. Dann hoben sie ihre Handschuhe und den Ball auf, gingen hinüber zur Straße und dann langsam den Bür-

gersteig hinunter. Monk stieß seine Faust in den Handschuh, Glennie jonglierte den Ball zwischen der behandschuhten und der freien Hand.
Unter dem Apfelbaum saß Scho, noch ein wenig vornübergebeugt vor Luftmangel, und krächzte ihnen triumphierend und jämmerlich nach: „Ich zwinge euch zu allem, was ihr gerade tun wollt, solange ihr lebt!"

[*Jüngste amerikanische Kurzgeschichten*, dtv zweisprachig 9011, Langenwiesche-Brandt Verlag, Ebenhausen bei München 1957, S. 7–15; übersetzt von Maria Schweinitz]

Der thematische Rahmen

Anerkennung ist etwas, was sich jeder wünscht; er will von seinen Altergenossen beachtet und angenommen werden, er will „dazugehören". Und wenn er es auf die eine Weise, z.B. im Sport, nicht schafft, dann versucht er es irgendwie anders, nur um die Aufmerksamkeit auf sich zu lenken. Die Spielregeln dieses „Anerkennungsspiels" sind oft sehr hart und manchmal sogar sehr grausam. Wer macht sich eben schon Gedanken darüber, was in einem Mitmenschen vorgeht, wenn er nicht ganz mithalten kann, wenn man mitleidig auf ihn herabsieht. Ein unbedacht ausgesprochenes Wort, nicht einmal abwertend gemeint, kann oft bei dem Betroffenen empfindliche Reaktionen auslösen, gerade weil er sich in seiner Schwäche getroffen fühlt.

Der amerikanische Schriftsteller Richard Wilbur, geboren 1921 in New York, geht in seiner Kurzgeschichte nicht belehrend vor, sondern er beschreibt eine Szene; er gibt nur Handlung wieder, beschreibend und in wörtlicher Rede. Aber diese Handlung ist aufschlußreich; sie sagt auch etwas über die Beziehung der drei Jungen zueinander aus.

Kurzfassung des Inhalts

Monk und Glennie, zwei Jungen, die das Catch-Spiel, das Zuwerfen und Fangen von kleinen Bällen mit einem gepolsterten Handschuh, hervorragend beherrschen, erfreuen sich bei einem leichten spielerischen Training an ihrem Können. Ein dritter Junge, Scho, kommt hinzu. Die beiden lassen ihn mitspielen, auch ohne einen Fanghandschuh; aber die Harmonie des Spiels geht verloren. Als sich Schoh nicht genügend beachtet fühlt, klettert er auf einen Baum und reizt von dort aus die beiden. Er beginnt *seine* Version des „Catch-Spiels"; er behauptet, er könne ihnen bei allem, was sie tun, seinen Willen aufzwingen. Als Monk auf den Baum klettert, läßt Scho sich fallen. Es sieht einige Zeit so aus, als habe er sich verletzt. Die beiden, gerade noch wütend auf ihn, kümmern sich besorgt um ihn. Doch es ist nichts passiert. Scho hat sich nur wichtig machen wollen. Monk und Glennie gehen die Straße hinunter. Scho ruft ihnen hinterher: „Ich zwinge euch zu allem, was ihr gerade wollt, solange ihr lebt!"

Erzählschritte

- Monk und Glennie werfen sich gekonnt Bälle zu und fangen sie mit ihren Handschuhen. Es ist ein Genuß, ihnen zuzuschauen.
- Scho taucht auf. Sie begrüßen ihn und lassen ihn mitspielen. Sie werfen weniger scharf, da Scho keinen Handschuh hat. Als ein paar schärfere Bälle kommen, muß Scho passen.
- Glennie schlägt vor, daß er mit Monk noch fünf Minuten richtig spiele, dann könne Scho einen von ihnen ablösen.
- Scho schaut zunächst zu, wie die beiden meisterhaft werfen und fangen. Als die beiden die vereinbarte Spielzeit überziehen, steigt Scho auf einen Baum. Von dort aus beginnt er *sein* Catch- Spiel: „Ich kann euch zwei Burschen zwingen, alles zu tun, was ich will."
- Das ständige Geschwätz von Scho nervt die beiden, sie legen eine Pause ein. Dann schlagen sie ihm vor, wieder zu dritt zu spielen.
- Aber Scho denkt gar nicht daran, *sein* Catch-Spiel aufzugeben; er reizt die beiden, bis Monk wütend zu ihm hinaufklettert.
- Scho fällt vom Baum. Es ist nicht ganz klar, ob er gestoßen wurde oder sich einfach hat fallen lassen.
- Monk und Glennie kümmern sich besorgt um ihn. Aber es ist nichts passiert, – und Scho treibt auch am Schluß, als die beiden die Straße hinuntergehen, sein sonderbares Spiel weiter.

Der Titel

Der Titel *Das Catch-Spiel* ist nicht zufällig gewählt. Das englische Wort „catch" bedeutet „fangen, erhaschen". Bei Monk und Glennie geht es nur darum, die Bälle richtig zu fangen; das Catch-Spiel ist für sie eine Sportart. Aber auch Scho betreibt eine Art „Fang-Spiel", nämlich um Anerkennung. Da er mit seinen sportlichen Leistungen nicht glänzen kann und von den beiden Freunden eher gutmütig geduldet wird, erfindet er ein Fangspiel, bei dem er immer Sieger bleibt: Zu allem, was die Leute tun, sagt er, daß er es ihnen befohlen habe. Dieses Spiel und seine „Schwachstellen" sind natürlich leicht zu durchschauen, aber für Scho bedeutet es, wenigstens scheinbar der Sieger zu sein.

Scho möchte anerkannt werden, zu den anderen gehören. Er wählt dazu aber die falschen Mittel; denn sein „Fangspiel" führt nicht zu einem Miteinander, sondern zu der – wenn auch nur gedachten – Herrschaft über andere: „Ich zwinge euch zu allem, was ihr gerade wollt, solange ihr lebt!" Monk und Glennie sind überfordert, die Hintergründe für das sonderbare Verhalten ihres Mitspielers zu durchschauen. Vielleicht wüßte auch Scho gar nicht, es genauer zu begründen, warum er sich so verhält.

Auch der Autor bzw. der Erzähler hält sich mit seinem Urteil oder einer Antwort zurück. Er beschränkt sich auf eine gewissenhafte Beschreibung der *äußeren* Vorgänge. Was in den Köpfen der drei Jungen abläuft, welche Gedanken sie sich machen, *warum* sie so oder so reagieren, – das bleibt offen, das bleibt eine Denkaufgabe für den Leser. Die Erzählung selbst ist, dem äußeren Bilde nach, reine Beschreibung eines Geschehnisverlaufes. Aber auch eine so distanzierte Beobachtung setzt natürlich Wegmarken für die Interpretation; denn der Autor hat sich bei der Zusammenstellung der Informationen ja einiges gedacht. Im letzten Absatz heißt es, Scho „krächzte ihnen triumphierend und jämmerlich nach: ‚Ich zwinge euch zu allem, was ihr gerade wollt, solange ihr lebt!'" Hier ist die Wortwahl entlarvend. Nicht einmal seine Stimme gehorcht ihm (krächzen); er versucht zu triumphieren, aber eben eher jämmerlich. Der Wunsch, andern den eigenen Willen aufzuzwingen, fällt in sich zusammen.

Die Geschichte hat ein offenes Ende: Scho sitzt krächzend unter dem Baum; Monk und Glennie gehen die Straße hinunter. Das ist das äußere Bild. Hat sich im Verhalten der drei Jungen etwas geändert? Der Erzähler hält sich zurück. Vielleicht geht es gar nicht um eine „Lösung", sondern um eine genaue Schilderung eines vielfachen Fehlverhaltens auf beiden Seiten. Monk und Glennie begreifen nicht – oder können nicht begreifen –, warum Scho sich so sonderbar verhält. Scho ist nicht fähig, die Angebote zu einem Zusammenspiel richtig zu verstehen; er setzt auf das Prinzip der Machtausübung, wenn auch auf fast lächerliche Weise. Für einen glücklichen, zufriedenstellenden Ausgang der Geschichte müßte einiges geändert werden, nicht nur in der Geschichte selbst.

Rückfragen und Aufgaben:

1. *Man müßte mehr über Scho wissen, um sein Verhalten zu erklären oder gar zu verstehen: Warum ist Scho so geworden? Was hat ihn geprägt? War er schon immer ein Außenseiter? Oder haben die Klassenkameraden ihn erst in diese Rolle gedrängt? Wie soll es mit Scho weitergehen? Wo bietet sich ein Ansatz, etwas zu verändern, es besser zu machen?*

2. *Scho ist bestimmt kein Einzelfall. Was ist aus dieser Kurzgeschichte an hilfreichem Diskussionsstoff zum Thema „Einsam in der Gesellschaft" zu entnehmen?*

3. *Man könnte ja auch in die Geschichte eingreifen und ihr einen Schluß geben, der hoffen läßt. Wie könnte dieser „Nachtrag" zum Original lauten?*

Die drei dunklen Könige — Wolfgang Borchert

I. Die Familie
Der Mann. Er sucht Brennholz.

Er tappte durch die dunkle Vorstadt. Die Häuser standen abgebrochen gegen den Himmel. Der Mond fehlte, und das Pflaster war erschrocken über den späten Schritt. Dann fand er eine alte Planke. Da trat er mit dem Fuß gegen, bis eine Latte morsch aufseufzte und losbrach. Das Holz roch mürbe und süß. Durch die dunkle Vorstadt tappte er zurück. Sterne waren nicht da.

Die Frau. Sie wartet im kalten Zimmer auf ihren Mann.

Als er die Tür aufmachte (sie weinte dabei, die Tür), sahen ihm die blaßblauen Augen seiner Frau entgegen. Sie kamen aus einem müden Gesicht. Ihr Atmen hing weiß im Zimmer, so kalt war es. Er beugte sein knochiges Knie und brach das Holz. Das Holz seufzte. Dann roch es mürbe und süß ringsum. Er hielt sich ein Stück davon unter die Nase. Riecht beinahe wie Kuchen, lachte er leise. Nicht, sagten die Augen der Frau. Er schläft.

Das neugeborene Kind. Es schläft.

Der Mann legte das süße mürbe Holz in den kleinen Blechofen. Da glomm es auf und warf eine Handvoll warmes Licht durch das Zimmer. Die fiel hell auf ein winziges, rundes Gesicht und blieb einen Augenblick. Das Gesicht war erst eine Stunde alt, aber es hatte schon alles, was dazugehört: Ohren, Nase, Mund und Augen. Die Augen mußten groß sein, das konnte man sehen, obgleich sie zu waren. Aber der Mund war offen, und es pustete leise daraus. Nase und Ohren waren rot. Er lebt, dachte die Mutter. Und das kleine Gesicht schlief.

Das Zimmer erwärmt sich.

Die Familie hat kaum etwas zu essen.

Da sind noch Haferflocken, sagte der Mann. Ja, antwortete die Frau, das ist gut. Es ist kalt. Der Mann nahm noch von dem süßen weichen Holz. Nun hat sie ihr Kind gekriegt und muß frieren, dachte er. Aber er hatte keinen, dem er dafür die Fäuste ins Gesicht schlagen konnte. Als er die Ofentür aufmachte, fiel wieder eine Handvoll Licht über das schlafende Gesicht. Die Frau sagte leise: Kuck, wie ein Heiligenschein, siehst du? Heiligenschein! dachte er, und er hatte keinen, dem er die Fäuste ins Gesicht schlagen konnte.

Die Wut des Mannes.

II. Die Gäste
Drei Männer in alten Uniformen

Dann waren welche an der Tür. Wir sahen das Licht, sagten sie, vom Fenster. Wir wollen uns zehn Minuten hinsetzen. Aber wir haben ein Kind, sagte der Mann zu ihnen. Da sagten sie nichts weiter, aber sie kamen

doch ins Zimmer, stießen Nebel aus den Nasen und hoben die Füße hoch. Dann fiel das Licht auf sie.
Drei waren es. In drei alten Uniformen. Einer hatte einen Pappkarton, einer einen Sack. Und der dritte hatte keine Hände. Erfroren, sagte er, und hielt die Stümpfe hoch. Dann drehte er dem Mann die Manteltasche hin. Tabak war drin und dünnes Papier. Sie drehten Zigaretten. Aber die Frau sagte: Nicht, das Kind.

Das erste Geschenk: eine Zigarette für den Mann.

Da gingen die vier vor die Tür, und ihre Zigaretten waren vier Punkte in der Nacht. Der eine hatte dicke umwickelte Füße. Er nahm ein Stück Holz aus einem Sack. Ein Esel, sagte er, ich habe sieben Monate daran geschnitzt. Für das Kind. Das sagte er und gab es dem Mann. Was ist mit den Füßen? fragte der Mann. Wasser, sagte der Eselschnitzer, vom Hunger. Und der andere, der dritte? fragte der Mann und befühlte im Dunkeln den Esel. Der dritte zitterte in seiner Uniform: Oh, nichts, wisperte er, das sind nur die Nerven. Man hat eben zu viel Angst gehabt. Dann traten sie die Zigaretten aus und gingen wieder hinein.

Das zweite Geschenk: ein geschnitzter Esel für das Kind.

Sie hoben die Füße hoch und sahen auf das kleine schlafende Gesicht. Der Zitternde nahm aus seinem Pappkarton zwei gelbe Bonbons und sagte dazu: Für die Frau sind die.

Das dritte Geschenk: zwei gelbe Bonbons für die Frau.

Die Frau machte die blassen Augen weit auf, als sie die drei Dunklen über das Kind gebeugt sah. Sie fürchtete sich. Aber da stemmte das Kind seine Beine gegen ihre Brust und schrie so kräftig, daß die drei Dunklen die Füße aufhoben und zur Tür schlichen. Hier nickten sie noch mal, dann stiegen sie in die Nacht hinein.
Der Mann sah ihnen nach. Sonderbare Heilige, sagte er zu seiner Frau. Dann machte er die Tür zu. Schöne Heilige sind das, brummte er und sah nach den Haferflocken. Aber er hatte kein Gesicht für seine Fäuste.

III. Das Lächeln des Kindes
Das Zimmer verändert sich durch das Lächeln des Kindes.

Aber das Kind hat geschrien, flüsterte die Frau, ganz stark hat es geschrien. Da sind sie gegangen. Kuck mal, wie lebendig es ist, sagte sie stolz. Das Gesicht machte den Mund auf und schrie.
Weint er? fragte der Mann.
Nein, ich glaube, er lacht, antwortete die Frau.
Beinahe wie Kuchen, sagte der Mann und roch an dem Holz, wie Kuchen. Ganz süß.

Mann und Frau erinnern sich, daß heute Weihnachten ist. Die Wut des Mannes ist verschwunden.

> Heute ist ja auch Weihnachten, sagte die Frau.
> Ja, Weihnachten, brummte er, und vom Ofen her fiel eine Handvoll Licht hell auf das kleine schlafende Gesicht.
>
> [Wolfgang Borchert, *Das Gesamtwerk*, Rowohlt Verlag, Hamburg 1949, S. 185–187]

Aufbau und Verlauf des Geschehens

Nach einer ersten Grobgliederung hat die Geschichte drei Teile:

I. Die Familie in der verwüsteten Vorstadt.
II. Die Gäste mit ihren bescheidenen Geschenken.
III. Das Lächeln des Kindes, das alles verändert.

Im ersten Teil wird eine Familie vorgestellt.

Zunächst der Mann. Er sucht nachts in der Vorstadt (in den Ruinen) nach Brennholz. Er findet eine alte Planke. Zu Hause wartet die Frau im kalten Zimmer; es ist Winter. Der Mann kommt heim und macht mit dem Holz Feuer im Ofen. Die Frau hat erst vor einer Stunde ein Kind geboren, ohne Hilfe einer Hebamme oder eines Arztes. Das Kind schläft noch. Ein Rest Haferflocken ist für das Kind im Haus; das ist alles, was die Eltern ihrem Kind geben können. So wird in dem ersten Bild ohne viel Worte, nur durch Beschreibung die trostlose Not einer Familie in einer vom Krieg zerstörten Stadt dargestellt. Der Mann ballt die Fäuste in ohnmächtiger Wut.

Im zweiten Teil treten die drei Männer auf.

Sie tragen noch ihre Uniformen; vielleicht Soldaten, die nach dem Krieg ihre Familien suchen. Sie sind unterwegs mit ihren spärlichen Habseligkeiten: Pappkarton und Sack. Der dritte kann nichts mehr tragen; er hat keine Hände mehr.

Die drei Männer bitten, sich ein wenig aufwärmen zu dürfen; sie waren dem Licht gefolgt.

Jeder bietet ein „Geschenk" an; sie teilen das wenige, das sie haben, mit der Familie; eine Zigarette für den Mann, ein geschnitzter Esel für das Kind, zwei Bonbons für die Frau. Dann verschwinden sie wieder in der Nacht.

Im dritten Teil ist die Familie wieder allein.

Es hat sich einiges geändert. Der Mann hat seine Wut vergessen. Die Frau ist glücklich über das erste Lächeln des Kindes; sie erinnert sich, daß Weihnachten ist.

Die biblische Vorlage

Schon der Titel deutet auf die Weihnachtsgeschichte hin. Die drei dunklen Soldaten werden die drei dunklen Könige genannt. Und in der Erzählung selbst gibt es noch weitere Hinweise. Sie sind einem Licht (damals: Stern) gefolgt; sie bringen drei Geschenke. Nur ihr äußerer Aufzug ist ein anderer. Sie kommen ohne Gefolge. Sie sind keine hohen Herren, sondern ausgemergelte Gestalten, die heim wollen. Ihre Geschenke sind armselig; aber in dieser Situation mehr wert als die Gaben der Könige. Die drei teilen mit der Familie, was ihnen noch geblieben ist; sie zeigen Menschlichkeit, Mitgefühl. Niemand hat einen Namen. Die drei Soldaten stehen für das endlose Heer der Männer, die nach dem Krieg in ein zerstörtes Land zurückkehren. Die Familie, der Mann, die Frau und das Kind, sie könnten für jede Familie stehen, die damals, ausgebombt, auf der Flucht, ohne das Nötigste, ohne Nahrung und Heizung, in den Städten lebte, wie Josef und Maria mit dem Neugeborenen in dem Stall. Den Mann ergreift ohnmächtige Wut, weil er für seine Familie nicht sorgen kann; er ist verbittert; aber die stumme Geste der drei dunklen Gestalten verändert ihn. Durch tätige Liebe haben sie Licht in die traurige Szene gebracht. Es ist in dem Raum warm geworden, nicht nur durch das Feuer, sondern durch die tätige Nächstenliebe. Und das Kind lächelt.

Über den Autor

Wolfgang Borchert wurde 1921 in Hamburg geboren. Er wurde im Krieg schwer verwundet. Da er sich kritisch über den Nationalsozialismus geäußert hatte, wurde er zur Strafe – offiziell hieß es: zur Bewährung – wieder an die Front geschickt. Auch nachdem er wegen Krankheit aus der Wehrmacht entlassen worden war, hielt er mit seiner Meinung über das Regime nicht zurück. 1947 starb er während eines Kuraufenthaltes in der Schweiz. Sein wichtigstes Werk ist das Drama *Draußen vor der Tür*. Es schildert die Heimkehr eines Soldaten, der sich in der Nachkriegszeit nicht mehr zurechtfindet; alle Menschen, mit denen er spricht, verdrängen die Erinnerung an den Krieg, sie haben nichts gelernt. Die Leiden und Verstörungen, die der Krieg verursacht hat, sind auch immer wieder behandelte Themen in Borcherts Kurzgeschichten. Er erzählt aus der Perspektive der Opfer.

Zeitgeschichtlicher Bezug *und* zeitlose Aktualität

Borchert hat seine Kurzgeschichten zwar unter dem unmittelbaren Eindruck der Kriegserlebnisse und der ersten Nachkriegsjahre geschrieben. Aber das, was er darstellt und mitteilen will, beschränkt sich nicht auf diesen historischen Abschnitt. Borchert sucht im Einzelfall das Allgemeine. Situationen, die er beschreibt und deutet, können – im äußeren Erscheinungsbild leicht abgewandelt – immer wieder auftreten. Manche Erzählstoffe haben ein uraltes Vorbild, sie können in eine lange Kette vergleichbarer Situationen eingereiht werden. Bei der Kurzgeschichte *Die drei dunklen Könige* steht der Hinweis schon im Titel.

Der Titel weist auf die Weihnachtsgeschichte hin. Borchert hat das Geschehen von Bethlehem in seine Zeit verlegt. Nur: die drei Könige sind jetzt drei abgerissene Soldaten. Es gibt noch mehr Vergleichsstellen zwischen dem biblischen Text und Borcherts Kurzgeschichte. Dies ist wichtig für das Verständnis des Textes:

Die biblische Geschichte	*Die drei dunklen Könige*
Der Stall Die Heilige Familie Die Heiligen Drei Könige	Die zerstörte Stadt Die hungernde Familie Die drei Soldaten, auf der Flucht
Die Geschenke:	Die Geschenke:
– Gold – Weihrauch – Myrrhe	– eine Zigarette für den Mann – ein geschnitzter Esel für das Kind – zwei gelbe Bonbons für die Frau

Die Gestalten sind ohne Namen: der Mann, die Frau, das Kind, die Soldaten. Sie stehen für viele in ähnlichen Situationen. Sie sind symbolische Figuren (vgl. ↗Symbol). Die Geschichte ist eine Gleichnisgeschichte, auch sie weist über sich hinaus.

Die erzählerischen Mittel

Borchert erklärt nicht, er beschreibt. Er beschränkt sich auf das Nötigste. Er sagt nicht, wer die Familie ist, wo sie wohnt, warum sie sich in diese zerstörte Stadt verirrt. Die Soldaten verschwinden wieder so, wie sie gekommen sind. Man weiß nicht, wer sie sind. Entscheidend ist, was sich in der kurzen Zeit der Begegnung im Inneren dieser Menschen verändert hat. Mehrmals ballt der Mann wütend und ohnmächtig die Fäuste. Mit fast dem gleichen Wortlaut – wie ein ↗Leitmotiv – wiederholt sich der Satz: „und er hatte keinen, dem er die Fäuste ins Gesicht schlagen konnte." – Bis ihm die selbstverständliche Hilfsbereitschaft und Rücksicht der drei fremden Soldaten und das Lächeln des Kindes die Wut nehmen. Das, was er sagen will, drückt Borchert in Vorgängen aus, die jeweils mehr bedeuten als nur das, was konkret geschieht. Die Vorgänge und die Dinge haben symbolischen Charakter:

- Die dunkle, kalte Nacht ohne Mond und Sterne (ohne Hoffnungsschimmer)
- Die geballte Faust des Mannes (ohnmächtige Wut, weil er nicht helfen kann)
- Das süße, mürbe Holz, das den eiskalten Raum erwärmt (Verlangen nach innerer Wärme und Geborgenheit)
- Das Licht, dem die drei Männer gefolgt sind (ein Hoffnungsschimmer)
- Die Geschenke (Zeichen der Mitmenschlichkeit)
- Das Licht auf dem Gesicht des Kindes und sein Lächeln (Mut zu neuem Leben)
- Die entkrampfte Faust (Friede, Hoffnung)

Der Satzbau ist einfach. Die Sätze, meist Hauptsätze, sind kurz. Die Verben bestimmen die Sprache. Es ist die Sprache der gleichnishaften Rede. Die Sprachbilder selbst sind ausdrucksstark. Borchert belebt die Dinge, er beschreibt sie mit Verben menschlicher Verhaltensweisen und Regungen: das Pflaster war erschrocken, eine Latte seufzte auf, eine Tür weinte. Er überträgt die innere Stimmung der Gestalten auf die Dinge, die sie sehen; die Dinge spiegeln die Verfassung der Menschen wider: die sternenlose Nacht ist die sichtbar gewordene Verzweiflung des Mannes, und das Licht auf dem Gesicht des Kindes ist das Versprechen neuer Menschlichkeit. Die Wirkung des Geschehens, d.h. wie der Leser das Ereignis für sich deuten soll, wird durch die Veränderung, die in dem Manne vorgeht, beispielhaft erläutert. Die Wut des Mannes gegen etwas, das er nicht fassen und nennen kann, hat ihn verhärtet. Die Selbstverständlichkeit, mit der die drei Männer ohne viel Reden ihr weniges mit der Familie teilen, gibt ihm wieder Mut, schenkt ihm wieder Glauben an die Menschen. Borchert hat dies symbolisch ausgedrückt:

- Ein Licht ist auf die dunkle Welt gefallen, wie damals in Bethlehem; dies meint der letzte Satz der Geschichte.

Nicht die Argumente entscheiden in dieser Geschichte; sie richtet sich eher an das Gefühl als an den Verstand. Vieles bleibt ungesagt.

Rückfragen und Aufgaben:

1. *Die Kurzgeschichte* Die drei dunklen Könige *hat zwar Gemeinsamkeiten mit der biblischen Vorlage, aber sie stimmt nicht in allem mit ihr überein. Es gibt wichtige Unterschiede. Liste diese Unterschiede auf und erkläre sie.*

2. *Fasse den Handlungsverlauf in folgende drei Abschnitte zusammen:*
   I. Die Familie
   II. Die Gäste
   III. Das Lächeln des Kindes.

3. *Was ist deiner Meinung nach die „Botschaft", die Erzählabsicht des Autors? Achte bei der Antwort auf diese Frage besonders darauf, wie und warum sich das Verhalten der Frau und des Mannes im Verlauf der Erzählung ändert.*

Saisonbeginn

Elisabeth Langgässer

Erzählschritte

1. Der Arbeitsauftrag, ein Schild aufzustellen am Eingang eines Bergdorfes.
2. Stimmungsbild: Die Natur steht in üppiger Frühlingsblüte. Dies wird in leuchtenden Farben beschrieben. Auch das Dorf ist auf die Gäste vorbereitet, für die Saison gerüstet. Alles strahlt vor Sauberkeit.
3. Die erwarteten Gäste: Sommerfrischler, die Geld ins Dorf bringen.
4. Der Schilderwald. Ist das neue Schild nur ein weiteres unter den vielen?
5. Die Auswahl der Stelle:

a) am Holzkreuz; es hat auch ein Schild mit einer Inschrift. Was die Männer dabei haben, war auch schon zur Kreuzigung Christi benötigt worden.

Einschub über die Funktion des Schildes: Blickfang für alle Gäste. Die Inschrift muß also für Dorf und Gäste wichtig sein.

Die Arbeiter kamen mit ihrem Schild und einem hölzernen Pfosten, auf den es genagelt werden sollte, zu dem Eingang der Ortschaft, die hoch in den Bergen an der letzten Paßkehre lag. Es war ein heißer Spätfrühlingstag, die Schneegrenze hatte sich schon hinauf zu den Gletscherwänden gezogen. Überall standen die Wiesen wieder in Saft und Kraft; die Wucherblume verschwendete sich, der Löwenzahn strotzte und blähte sein Haupt über den milchigen Stengeln; Trollblumen, welche wie eingefettet mit gelber Sahne waren, platzten vor Glück, und in strahlenden Tümpeln kleinblütiger Enziane spiegelte sich ein Himmel von unwahrscheinlichem Blau. Auch die Häuser und Gasthöfe waren wie neu: ihre Fensterläden frisch angestrichen, die Schindeldächer gut ausgebessert, die Scherenzäune ergänzt. Ein Atemzug noch: dann würden die Fremden, die Sommergäste kommen – die Lehrerinnen, die mutigen Sachsen, die Kinderreichen, die Alpinisten, aber vor allem die Autobesitzer in ihren großen Wagen ... Röhr und Mercedes, Fiat und Opel, blitzend von Chrom und Glas. Das Geld würde anrollen. Alles war darauf vorbereitet. Ein Schild kam zum andern, die Haarnadelkurve zu dem Totenkopf, Kilometerschilder und Schilder für Fußgänger: Zwei Minuten zum Café Alpenrose. An der Stelle, wo die Männer den Pfosten in die Erde einrammen wollten, stand ein Holzkreuz, über dem Kopf des Christus war auch ein Schild angebracht. Seine Inschrift war bis heute die gleiche, wie sie Pilatus entworfen hatte: I.N.R.I. – die Enttäuschung darüber, daß es im Grunde hätte heißen sollen: er *behauptet* nur, dieser König zu sein, hatte im Lauf der Jahrhunderte an Heftigkeit eingebüßt. Die beiden Männer, welche den Pfosten, das Schild und die große Schaufel, um den Pfosten in die Erde zu graben, auf ihren Schultern trugen, setzten alles unter dem Wegkreuz ab; der dritte stellte den Werkzeugkasten, Hammer, Zange und Nägel daneben und spuckte ermunternd aus.

Nun beratschlagten die drei Männer, an welcher Stelle die Inschrift des Schildes am besten zur Geltung käme; sie sollte für alle, welche das Dorf auf dem breiten Paßweg betraten, besser: befuhren, als Blickfang dienen und nicht zu verfehlen sein. Man kam also

überein, das Schild kurz vor dem Wegekreuz anzubringen, gewissermaßen als Gruß, den die Ortschaft jedem Fremden entgegenschickte. Leider stellte sich aber heraus, daß der Pfosten dann in den Pflasterbelag einer Tankstelle hätte gesetzt werden müssen – eine Sache, die sich von selbst verbot, da die Wagen, besonders die größeren, dann am Wenden behindert waren. Die Männer schleppten also den Pfosten noch ein Stück weiter hinaus bis zu der Gemeindewiese und wollten schon mit der Arbeit beginnen, als ihnen auffiel, daß diese Stelle bereits zu weit von dem Ortsschild entfernt war, das den Namen angab und die Gemeinde, zu welcher der Flecken gehörte. Wenn also das Dorf den Vorzug dieses Schildes und seiner Inschrift für sich beanspruchen wollte, mußte das Schild wieder näherrücken – am besten gerade dem Kreuz gegenüber, so daß Wagen und Fußgänger zwischen beiden hätten passieren müssen.
Dieser Vorschlag, von dem Mann mit den Nägeln und dem Hammer gemacht, fand Beifall. Die beiden anderen luden von neuem den Pfosten auf ihre Schultern und schleppten ihn vor das Kreuz. Nun sollte also das Schild mit der Inschrift zu dem Wegkreuz senkrecht stehen; doch es zeigte sich, daß die uralte Buche, welche gerade hier Äste mit riesiger Spanne nach beiden Seiten wie eine Mantelmadonna ihren Umhang entfaltete, die Inschrift im Sommer verdeckt und ihr Schattenspiel deren Bedeutung verwischt, aber mindestens abgeschwächt hätte.
Es blieb daher nur noch die andere Seite neben dem Herrenkreuz, und da die erste, die in das Pflaster der Tankstelle überging, gewissermaßen den Platz des Schächers zur Linken bezeichnet hätte, wurde jetzt der Platz zur Rechten gewählt und endgültig beibehalten. Zwei Männer hoben die Erde aus, der dritte nagelte rasch das Schild mit wuchtigen Schlägen auf; dann stellten sie den Pfosten gemeinsam in die Grube und rammten ihn rings von allen Seiten mit größeren Feldsteinen an.
Ihre Tätigkeit blieb nicht unbeachtet. Schulkinder machten sich gegenseitig die Ehre streitig, dabei zu helfen, den Hammer, die Nägel hinzureichen und passende Steine zu suchen; auch einige Frauen blieben stehen, um die Inschrift genau zu studieren. Zwei Nonnen, welche die Blumenvase zu Füßen des Kreuzes aufs neue füllten, blickten einander unsicher an,

b) vor dem Kreuz, um nicht übersehen zu werden. Dann würde es aber den Verkehr an der Tankstelle behindern.

c) weiter draußen auf der Gemeindewiese. Dadurch aber schon zu weit vom Ortsschild entfernt.

d) dem Kreuz gegenüber. Die Gäste müßten dann zwischen beiden passieren.

Aber eine Buche hätte wie eine Mantelmadonna das Schild verdeckt, ihm die Wirkung genommen.

e) endgültiger Standort zur Rechten des Kreuzes als Gegenstück zum gedachten linken Schächer.

6. Durchführung der Arbeit. Sie ähnelt einer Kreuzigung.

7. Reaktionen der Passanten: Schulkinder helfen begeistert mit. Frauen lesen still die Inschrift, ohne Kommentar oder Reaktion. Zwei Nonnen blicken einander

unsicher an. Was hat es wohl mit der Inschrift auf sich, daß die Nonnen so reagieren?
Die Männer sagen nichts; sie lachen nur (Ist es eine heitere Inschrift?) oder schütteln den Kopf; doch die meisten verhalten sich neutral oder gar gleichgültig.
8. Die Arbeiter sind mit der Wirkung der Inschrift zufrieden.
9. Erste Informationen über den Inhalt der Inschrift: wie ein Richtspruch.
10. Der Gekreuzigte, als wenn erwirklich noch am Kreuz hinge. Die Inschrift muß sich auch auf ihn beziehen.
11. Der Inhalt der Inschrift.

bevor sie weitergingen. Bei den Männern, die von der Holzarbeit oder vom Acker kamen, war die Wirkung verschieden: einige lachten, andere schüttelten nur den Kopf, ohne etwas zu sagen; die Mehrzahl blieb davon unberührt und gab weder Beifall, noch Ablehnung kund, sondern war gleichgültig, wie sich die Sache auch immer entwickeln würde. Im ganzen genommen konnten die Männer mit der Wirkung zufrieden sein. Der Pfosten, kerzengerade, trug das Schild mit der weithin sichtbaren Inschrift, die Nachmittagssonne glitt wie ein Finger über die zollgroßen Buchstaben hin und fuhr jeden einzelnen langsam nach wie den Richtspruch auf einer Tafel ...
Auch der sterbende Christus, dessen blasses, blutüberronnenes Haupt im Tod nach der rechten Seite geneigt war, schien sich mit letzter Kraft zu bemühen, die Inschrift aufzunehmen: man merkte, sie ging ihn gleichfalls an, welcher bisher von den Leuten als einer der ihren betrachtet und wohl gelitten war. Unerbittlich und dauerhaft wie sein Leiden, würde sie ihm nun für lange Zeit schwarz auf weiß gegenüberstehen.
Als die Männer den Kreuzigungsort verließen und ihr Handwerkszeug wieder zusammenpackten, blickten alle drei noch einmal befriedigt zu dem Schild mit der Inschrift auf. Sie lautete: „In diesem Kurort sind Juden unerwünscht."

[Elisabeth Langgässer, *Der Torso*, Verlag Claassen und Goverts, Hamburg 1947, S. 15–17]

Die Autorin

Elisabeth Langgässer (1899–1950), bedeutende christliche Schriftstellerin, erhielt als Halbjüdin 1936 Berufs- und Schreibverbot. Sie wurde mit mehreren Literaturpreisen ausgezeichnet: Literaturpreis der deutschen Staatsbürgerinnen (1932), Georg-Büchner-Preis (1950). Sie schrieb Gedichte, Romane und Erzählungen. „Saisonbeginn" erschien 1947 in dem Kurzgeschichtenband *Der Torso*.

Das Thema

Der Titel lautet „Saisonbeginn". Das kann vieles bedeuten: Eröffnung der Theatersaison, der Badesaison, der Feriensaison und der Jagdsaison. Die Autorin verwendet den Titel bewußt mehrdeutig:

1. Beginn der Kursaison
2. Beginn der Jagd auf die Juden.

Das zentrale Thema der Erzählung ist der Beginn der Judenverfolgung in Deutschland in den ersten Jahren des Dritten Reiches. Die Autorin stellt es am Beispiel einer kleinen Kurgemeinde in den Bergen dar, die sich auf den Empfang der Sommergäste vorbereitet. Das zentrale Thema könnte aber auch lauten: die zweite Kreuzigung Christi. Christus wird von seinen eigenen Leuten, den Christen, in der Gestalt der Juden nochmals verfolgt und ans Kreuz geschlagen.

Der Aufbau

Die Geschichte beginnt unverfänglich. Drei Arbeiter haben den Auftrag, vor dem Ort ein Schild aufzustellen. Landschaft und Ort muten wie eine Idylle an; eine heile, harmonische Welt, so scheint es, wird skizziert. Das Dorf ist für seine Gäste gerüstet. Nur letzte Vorkehrungen werden noch getroffen; zu ihnen gehört auch das Schild mit der noch unbekannten Aufschrift. Alles freut sich auf die Saison.
Stutzig aber muß der Leser zum ersten Mal werden bei der Aufzählung der Schilder; neben Verkehrs- und Hinweisschildern ist unvermittelt auch von der Inschrift am Kreuze Christi die Rede. Doch er wird beruhigt; die Erwähnung des Schildes ergibt sich daraus, daß die neue Inschrift in der Nähe des Kreuzes aufgestellt werden soll. Die Inschrift soll, allen Gästen sichtbar, wie ein Blickfang wirken. Man sucht den besten Ort und rammt den Pfosten schließlich zur Rechten des Kreuzes ein.
Wieder kommt der Hinweis auf die Szene von Golgotha. Und erneut wird der Leser sich fragen, warum die Autorin so eindringlich immer wieder darauf hinweist. Dann folgen die Reaktionen der Vorübergehenden: von Begeisterung bis zu betretener Betroffenheit.
Und schließlich wird nochmals, zum dritten Mal, der Gekreuzigte erwähnt. Auch ihn gehe die Inschrift etwas an; sie sei unerbittlich und dauerhaft wie sein Leiden. Dann erst wird der Wortlaut der Inschrift genannt. Die Idylle bricht in sich zusammen. Alles hat plötzlich eine andere Bedeutung. Die mehrfache Erwähnung des Kreuzigungstodes Christi erhält ihren warnenden Sinn.

Die Vergleichsbilder

Vom Schluß her wird deutlich, daß die Anspielungen auf Golgotha bewußt gesetzt sind. Die drei Arbeiter stellen nicht einen Pfosten auf, sondern bereiten eine Kreuzigung vor. Ihre Werkzeuge – Hammer, Zange und Nägel – sind die der Kreuzigung. Die Dorfbewohner halten sich für Christen. An ihrem Ortseingang steht ein Kreuz, an dem Christus, ein Jude, hängt. Und genau neben dem Kreuz Christi gleichsam als das Kreuz des rechten Schächers errichten sie eine Tafel mit der Inschrift, daß Juden unerwünscht sind. Was auf dem Kreuze steht – Jesus aus Nazareth, König der Juden –, für die Christen ein Bekenntnis zu ihrem Religionsgründer, steht auf der anderen Tafel als Schmähschrift. Mit den jüdischen Mitbürgern vertreiben sie auch Christus; das ist der Sinn des Vergleichs. Unter dem Kreuz, dem Zeichen der Liebe Christi zu den Menschen, vergessen sie das zweite Grundgebot Christi: Liebe deinen Nächsten wie dich selbst.

Wie in den drei Arbeitern die Henker Christi wiederauferstanden sind, so in den Passanten die Volksmenge auf Golgotha. Spott und Betroffenheit mischen sich. Kinder, nicht wissend, was wirklich vor sich geht, machen begeistert mit. Wer den Sinn dieser Aktion versteht, schweigt; niemand hat den Mut, sich dagegen zu äußern oder gar zu handeln.

Der exemplarische Charakter des Erzählten

Es ist kein konkreter Ort gemeint. Das Dorf steht stellvertretend für die Situation in Deutschland in den ersten Jahren nach der Machtergreifung durch die Nationalsozialisten.
Die Passanten stehen für die ganze Bevölkerung: Handlanger, Mitläufer, Verängstigte und verführte Kinder.
Aber der exemplarische Charakter der Erzählung ist noch weiter gefaßt. Auch die Judenverfolgung ist nur ein Beispiel für die Unterdrückung jeder Minderheit, ob einer rassischen, religiösen oder gesellschaftlichen. Das gleiche gilt für die Täter und für die Passanten.
Deshalb hat die Geschichte auch heute ihre Aktualität nicht verloren.

Erzähltechnik

Die Geschichte zielt auf Verblüffung, auf nachdenkliche Einsicht durch Überraschung. Dies gelingt ihr durch das Mittel der Schlußpointe.
Bewußt wird der Inhalt der Inschrift zurückgehalten, bewußt wird das Interesse durch immer auffallendere Vergleiche mit der Leidensgeschichte gesteigert. Was die Inschrift wirklich bedeutet, das kann der Leser – nach der Vorstellung der Autorin – erst ganz erfassen, wenn er sich durch die vorbereitenden Hinweise durchgelesen hat, wenn er hellhörig geworden ist.
Es werden keine Charaktere dargestellt, sondern Reaktionen auf eine genau beschriebene Situation; auch dies ist ein Merkmal der ↗Kurzgeschichte.

Rückfragen und Aufgaben:

1. *Fasse die einzelnen Erzählschritte in Überschriften zusammen.*

2. *An welcher Stelle im Text hast du zum ersten Mal den Eindruck, daß es um mehr geht als nur um den Standort für ein Schild, daß es mit dem Schild eine besondere Bewandtnis haben muß?*

3. *Warum wird die Inschrift des Schildes erst ganz am Ende genannt?*

4. *Nenne Stellen, an denen der Erzähler oder die Erzählerin von der reinen Beschreibung zur Deutung des Erzählten wechselt.*

Die Waage der Baleks

Heinrich Böll

In der Heimat meines Großvaters lebten die meisten Menschen von der Arbeit in den Flachsbrechen. Seit fünf Generationen atmeten sie den Staub ein, der den zerbrochenen Stengeln entsteigt, ließen sich langsam dahinmorden, geduldige und fröhliche Geschlechter, die Ziegenkäse aßen und Kartoffeln, manchmal ein Kaninchen schlachteten; abends spannen und strickten sie in ihren Stuben, sangen, tranken Pfefferminztee und waren glücklich. Tagsüber brachen sie den Flachs in altertümlichen Maschinen, schutzlos dem Staub preisgegeben und der Hitze, die den Trockenöfen entströmte. In ihren Stuben stand ein einziges, schrankartiges Bett, das den Eltern vorbehalten war, und die Kinder schliefen ringsum auf Bänken. Morgens waren ihre Stuben vom Geruch der Brennsuppe erfüllt; an den Sonntagen gab es Sterz, und die Gesichter der Kinder röteten sich vor Freude, wenn an besonders festlichen Tagen sich der schwarze Eichelkaffee hell färbte, immer heller von der Milch, die die Mutter lächelnd in ihre Kaffeetöpfe goß.

Die Eltern gingen früh zur Arbeit, den Kindern war der Haushalt überlassen: Sie fegten die Stube, räumten auf, wuschen das Geschirr und schälten Kartoffeln, kostbare gelbliche Früchte, deren dünne Schale sie vorweisen mußten, um den Verdacht möglicher Verschwendung oder Leichtfertigkeit zu zerstreuen. Kamen die Kinder aus der Schule, mußten sie in den Wald gehen und – je nach der Jahreszeit – Pilze sammeln und Kräuter: Waldmeister und Thymian, Kümmel und Pfefferminz, auch Fingerhut, und im Sommer, wenn sie das Heu von ihren mageren Wiesen geerntet hatten, sammelten sie Heublumen. Einen Pfennig gab es fürs Kilo Heublumen, die in der Stadt in den Apotheken für zwanzig Pfennig das Kilo an nervöse Damen verkauft wurden. Kostbar waren die Pilze: Sie brachten zwanzig Pfennig das Kilo und wurden in der Stadt für eine Mark zwanzig gehandelt. Weit in die grüne Dunkelheit der Wälder krochen die Kinder im Herbst, wenn die Feuchtigkeit die Pilze aus dem Boden treibt, und fast jede Familie hatte ihre Plätze, an denen sie Pilze pflückte, Plätze, die von Geschlecht zu Geschlecht weitergeflüstert wurden.

Die Wälder gehörten den Baleks, auch die Flachsbrechen, und die Baleks hatten im Heimatdorf meines Großvaters ein Schloß, und die Frau des Familienvorstands jeweils hatte neben der Milchküche ein kleines Stübchen, in dem Pilze, Kräuter, Heublumen gewogen und bezahlt wurden. Dort stand auf dem Tisch die große Waage der Baleks, ein altertümliches, verschnörkeltes, mit Goldbronze bemaltes Ding, vor dem die Großeltern meines Großvaters schon gestanden hatten, die Körbchen mit Pilzen, die Papiersäcke mit Heublumen in ihren schmutzigen Kinderhänden, gespannt zusehend, wieviel Gewichte Frau Balek auf die Waage werfen mußte, bis der pendelnde Zeiger genau auf dem schwarzen Strich stand, diese dünne Linie der Gerechtigkeit, die jedes Jahr neu gezogen werden mußte. Dann nahm Frau Balek das große Buch mit dem braunen Lederrücken, trug das Gewicht ein und zahlte das Geld aus. Pfennige oder Groschen und sehr, sehr selten einmal eine Mark. Und als mein Großvater Kind war, stand da ein großes Glas mit sauren Bonbons, von denen, die das Kilo eine Mark kosteten, und wenn Frau Balek, die damals über das Stübchen herrschte, gut gelaunt war, griff sie in dieses Glas und gab jedem der Kinder ein Bonbon, und die Gesichter der Kinder röteten sich vor Freude, so wie sie sich röteten, wenn die Mutter an besonders festlichen Tagen Milch in ihre Kaffeetöpfe goß, Milch, die den Kaffee hell färbte, immer heller, bis er so blond war wie die Zöpfe der Mädchen.

Eines der Gesetze, die die Baleks dem Dorf gegeben hatten, hieß: Keiner darf eine Waage im Hause haben. Das Gesetz war schon so alt, daß keiner mehr darüber nachdachte, wann und warum es entstanden war, und es mußte geachtet werden; denn wer es brach, wurde aus den Flachsbrechen entlassen, dem wurden keine Pilze, kein Thymian, keine Heublumen mehr abgenommen, und die Macht der Baleks reichte so weit, daß auch in den Nachbardörfern niemand ihm Arbeit gab, niemand ihm die Kräuter des Waldes abkaufte. Aber seitdem die Großeltern meines Großvaters als kleine Kinder Pilze gesammelt, sie abgeliefert hatten, damit sie in den Küchen der reichen Prager Leute den Braten würzten oder in Pasteten verbacken werden konnten, seitdem hatte niemand daran gedacht, dieses Gesetz zu brechen: Fürs Mehl gab es Hohlmaße, die Eier konnte man zählen, das Gesponnene wurde nach Ellen gemessen, und im übrigen machte die altertümliche, mit Goldbronze verzierte Waage der Baleks nicht den Eindruck, als könnte sie nicht stimmen, und fünf Geschlechter hatten dem auspendelnden schwarzen Zeiger anvertraut, was sie mit kindlichem Eifer im Walde gesammelt hatten.

Zwar gab es zwischen diesen stillen Menschen auch welche, die das Gesetz mißachteten, Wilderer, die begehrten, in einer Nacht mehr zu verdienen, als sie in einem ganzen Monat in der Flachsfabrik verdienen konnten, aber auch von diesen schien noch nie jemand den Gedanken gehabt zu haben, sich eine Waage zu kaufen oder sie zu basteln. Mein Großvater war der erste, der kühn genug war, die Gerechtigkeit der Baleks zu prüfen, die im Schloß wohnten, zwei Kutschen fuhren, die immer einem Jungen des Dorfes das Studium der Theologie im Prager Seminar bezahlten, bei denen der Pfarrer jeden Mittwoch zum Tarock war, denen der Bezirkshauptmann – das kaiserliche Wappen auf der Kutsche – zu Neujahr seinen Besuch abstattete und denen der Kaiser zu Neujahr des Jahres 1900 den Adel verlieh.

Mein Großvater war fleißig und klug. Er kroch weiter in die Wälder hinein, als vor ihm Kinder seiner Sippe gekrochen waren, er drang bis in das Dickicht vor, in dem der Sage nach Bilgan der Riese hausen sollte, der dort den Hort der Balderer bewacht. Aber mein Großvater hatte keine Furcht vor Bilgan: Er drang weit in das Dickicht vor, schon als Knabe, brachte große Beute an Pilzen mit, fand sogar Trüffeln, die Frau Balek mit dreißig Pfennig das Pfund berechnete. Mein Großvater trug alles, was er den Baleks brachte, auf die Rückseite eines Kalenderblattes ein: jedes Pfund Pilze, jedes Gramm Thymian,

und mit seiner Kinderschrift schrieb er rechts daneben, was er dafür bekommen hatte; jeden Pfennig kritzelte er hin, von seinem siebten Jahr bis zu seinem zwölften Jahr, und als er zwölf war, kam das Jahr 1900, und die Baleks schenkten jeder Familie im Dorf, weil der Kaiser sie geadelt hatte, ein Viertelpfund echten Kaffee, von dem, der aus Brasilien kommt; es gab auch Freibier und Tabak für die Männer, und im Schloß fand ein großes Fest statt; viele Kutschen standen in der Pappelallee, die vom Dorf zum Schloß führt.
Aber am Tage vor dem Fest schon wurde der Kaffee ausgegeben in der kleinen Stube, in der seit fast hundert Jahren die Waage der Baleks stand, die jetzt Baleks von Bilgan hießen, weil der Sage nach Bilgan der Riese dort ein großes Schloß gehabt haben soll, wo die Gebäude der Baleks stehen. Mein Großvater hat mir oft erzählt, wie er nach der Schule dorthin ging, um den Kaffee für vier Familien abzuholen; für die Cechs, die Beidlers, die Vohlas und für seine eigene, die Brüchers. Es war der Nachmittag von Silvester: Die Stuben mußten geschmückt, es mußte gebacken werden, und man wollte nicht vier Jungen entbehren, jeden einzeln den Weg ins Schloß machen zu lassen, um ein Viertelpfund Kaffee zu holen.
Und so saß mein Großvater auf der kleinen schmalen Holzbank im Stübchen, ließ sich von Gertrud, der Magd, die fertigen Achtelkilopakete Kaffee vorzählen, vier Stück, und blickte auf die Waage, auf deren linker Schale der Halbkilostein liegengeblieben war; Frau Balek von Bilgan war mit den Vorbereitungen fürs Fest beschäftigt. Und als Gertrud nun in das Glas mit den sauren Bonbons greifen wollte, um meinem Großvater eines zu geben, stellte sie fest, daß es leer war: Es wurde jährlich einmal neu gefüllt, faßte ein Kilo von denen zu einer Mark. Gertrud lachte, sagte: „Warte, ich hole die neuen", und mein Großvater blieb mit den vier Achtelkilopaketen, die in der Fabrik verpackt und verklebt waren, vor der Waage stehen, auf der jemand den Halbkilostein liegengelassen hatte, und mein Großvater nahm die Kaffeepaketchen, legte sie auf die leere Waagschale, und sein Herz klopfte heftig, als er sah, wie der schwarze Zeiger der Gerechtigkeit links neben dem Strich hängen blieb, die Schale mit dem Halbkilostein unten blieb und das halbe Kilo Kaffee ziemlich hoch in der Luft schwebte; sein Herz klopfte heftiger, als wenn er im Walde hinter einem Strauch gelegen, auf Bilgan den Riesen gewartet hätte, und er suchte aus seiner Tasche Kieselsteine, wie er sie immer bei sich trug, um mit der Schleuder nach Spatzen zu schießen, die an den Kohlpflanzen seiner Mutter herumpickten – drei, vier, fünf Kieselsteine mußte er neben die vier Kaffeepakete legen, bis die Schale mit dem Halbkilostein sich senkte und der Zeiger endlich scharf über dem schwarzen Strich lag. Mein Großvater nahm den Kaffee von der Waage, wickelte die fünf Kieselsteine in sein Sacktuch, und als Gertrud mit der großen Kilotüte voll saurer Bonbons kam, die wieder für ein Jahr reichen mußten, um die Röte der Freude in die Gesichter der Kinder zu treiben, als Gertrud die Bonbons rasselnd ins Glas schüttete, stand der kleine blasse Bursche da, und nichts schien sich verändert zu haben. Mein Großvater nahm nur drei von den Paketen, und Gertrud blickte erstaunt und erschreckt auf den blassen

Jungen, der den sauren Bonbon auf die Erde warf, ihn zertrat und sagte: „Ich will Frau Balek sprechen." „Balek von Bilgan, bitte", sagte Gertrud. „Gut, Frau Balek von Bilgan", aber Gertrud lachte ihn aus, und er ging im Dunkeln ins Dorf zurück, brachte den Cechs, den Beidlers, den Vohlas ihren Kaffee und gab vor, er müsse noch zum Pfarrer. Aber er ging mit seinen fünf Kieselsteinen im Sacktuch in die dunkle Nacht. Er mußte weit gehen, bis er jemand fand, der eine Waage hatte, eine haben durfte: in den Dörfern Blaugau und Bernau hatte niemand eine, das wußte er, und er schritt durch sie hindurch, bis er nach zweistündigem Marsch in das kleine Städtchen Dielheim kam, wo der Apotheker Honig wohnte. Aus Honigs Haus kam der Geruch frischgebackener Pfannekuchen, und Honigs Atem, als er dem verfrorenen Jungen öffnete, roch schon nach Punsch, und er hatte die nasse Zunge zwischen den schmalen Lippen, hielt die kalten Hände des Jungen einen Augenblick fest und sagte: „Na, ist es schlimmer geworden mit der Lunge deines Vaters?"
„Nein, ich komme nicht um Medizin, ich wollte ..." Mein Großvater nestelte sein Sacktuch auf, nahm die fünf Kieselsteine heraus, hielt sie Honig hin und sagte: „Ich wollte das gewogen haben." Er blickte ängstlich in Honigs Gesicht, aber als Honig nichts sagte, nicht zornig wurde, auch nicht fragte, sagte mein Großvater: „Es ist das, was an der Gerechtigkeit fehlt", und mein Großvater spürte jetzt, als er in die warme Stube kam, wie naß seine Füße waren. Der Schnee war durch die schlechten Schuhe gedrungen, und im Wald hatten die Zweige den Schnee über ihn geschüttelt, der jetzt schmolz, und er war müde und hungrig und fing plötzlich an zu weinen, weil ihm die vielen Pilze einfielen, die Kräuter, die Blumen, die auf der Waage gewogen worden waren, an der das Gewicht von fünf Kieselsteinen an der Gerechtigkeit fehlte. Und als Honig, den Kopf schüttelnd, die fünf Kieselsteine in der Hand, seine Frau rief, fielen meinem Großvater die Geschlechter seiner Eltern, seiner Großeltern ein, die alle ihre Pilze, ihre Blumen auf der Waage hatten wiegen lassen müssen, und es kam über ihn eine große Woge der Ungerechtigkeit, und er fing noch heftiger an zu weinen, setzte sich, ohne dazu aufgefordert zu sein, auf einen der Stühle in Honigs Stube, übersah den Pfannekuchen, die heiße Tasse Kaffee, die die gute und dicke Frau Honig ihm vorsetzte, und hörte erst auf zu weinen, als Honig selbst aus dem Laden vorne zurückkam und, die Kieselsteine in der Hand schüttelnd, leise zu seiner Frau sagte: „Fünfeinhalb Deka, genau." Mein Großvater ging die zwei Stunden durch den Wald zurück, ließ sich prügeln zu Hause, schwieg, als er nach dem Kaffee gefragt wurde, sagte kein Wort, rechnete den ganzen Abend an seinem Zettel herum, auf dem er alles notiert hatte, was er der jetzigen Frau Balek geliefert hatte, und als es Mitternacht schlug, vom Schloß die Böller zu hören waren, im ganzen Dorf das Geschrei, das Klappern und Rasseln erklang, als die Familie sich geküßt, sich umarmt hatte, sagte er in das folgende Schweigen des neuen Jahres hinein: „Baleks schulden mir achtzehn Mark und zweiunddreißig Pfennig." Und wieder dachte er an die vielen Kinder, die es im Dorf gab, dachte an seinen Bruder Fritz, der

viele Pilze gesammelt hatte, an seine Schwester Ludmilla, dachte an die vielen hundert Kinder, die alle für die Baleks Pilze gesammelt hatten, Kräuter und Blumen, und er weinte diesmal nicht, sondern erzählte seinen Eltern, seinen Geschwistern von seiner Entdeckung. Als die Baleks von Bilgan am Neujahrstage zum Hochamt in die Kirche kamen, das neue Wappen – einen Riesen, der unter einer Fichte kauert – schon in Blau und Gold auf dem Wappen, blickten sie in die harten und blassen Gesichter der Leute, die alle auf sie starrten. Sie hatten im Dorf Girlanden erwartet, am Morgen ein Ständchen, Hochrufe und Heilrufe, aber das Dorf war wie ausgestorben gewesen, als sie hindurchfuhren, und in der Kirche wandten sich die Gesichter der blassen Leute ihnen zu, stumm und feindlich, und als der Pfarrer auf die Kanzel stieg, spürte er die Kälte der sonst so friedlichen und stillen Gesichter, und er stoppelte mühsam seine Predigt herunter und ging schweißtriefend zum Altar zurück. Und als die Baleks von Bilgan nach der Messe die Kirche wieder verließen, gingen sie durch ein Spalier stummer, blasser Gesichter. Die junge Frau Balek von Bilgan aber blieb vorne bei den Kinderbänken stehen, suchte das Gesicht meines Großvaters, des kleinen blassen Franz Brücher, und fragte ihn in der Kirche: „Warum hast du den Kaffee für deine Mutter nicht mitgenommen?“, und mein Großvater stand auf und sagte: „Weil sie mir noch so viel Geld schulden, wie fünf Kilo Kaffee kosten“, und er zog die fünf Kieselsteine aus seiner Tasche, hielt sie der jungen Frau hin und sagte: „So viel, fünfeinhalb Deka, fehlen auf ein halbes Kilo an Ihrer Gerechtigkeit.“ Und noch ehe die Frau etwas sagen konnte, stimmten die Männer und Frauen in der Kirche das Lied an: „Gerechtigkeit der Erden, o Herr, hat Dich getötet...“

Während die Baleks in der Kirche waren, war Wilhelm Vohla, der Wilderer, in das kleine Stübchen eingedrungen, hatte die Waage gestohlen und das große dicke, in Leder eingebundene Buch, in dem jedes Kilo Pilze, jedes Kilo Heublumen, alles eingetragen war, was von den Baleks im Dorf gekauft worden war, und den ganzen Nachmittag des Neujahrstages saßen die Männer des Dorfes in der Stube meiner Urgroßeltern und rechneten, rechneten elf Zehntel von allem, was gekauft worden – aber als sie schon viele Tausend Taler errechnet hatten und noch immer nicht zu Ende waren, kamen die Gendarmen des Bezirkshauptmanns, drangen schießend und stechend in die Stube meines Urgroßvaters ein und holten mit Gewalt die Waage und das Buch heraus. Die Schwester meines Großvaters wurde getötet dabei, die kleine Ludmilla, ein paar Männer verletzt, und einer der Gendarmen wurde von Wilhelm Vohla, dem Wilderer, erstochen.

Es gab Aufruhr, nicht nur in unserem Dorf, auch in Blaugau und Bernau, und fast eine Woche lang ruhte die Arbeit in den Flachsfabriken. Aber es kamen sehr viele Gendarmen, und die Männer und Frauen wurden mit Gefängnis bedroht, und die Baleks zwangen den Pfarrer, öffentlich in der Schule die Waage vorzuführen und zu beweisen, daß der Zeiger der Gerechtigkeit richtig auspendelte. Und die Männer und Frauen gingen wieder in die Flachsbrechen – aber niemand ging in die Schule, um dem Pfarrer zuzusehen: Er

stand ganz allein da, hilflos und traurig mit seinen Gewichtssteinen, der Waage und den Kaffeetüten. Und die Kinder sammelten wieder Pilze, sammelten wieder Thymian, Blumen und Fingerhut, aber jeden Sonntag wurde in der Kirche, sobald die Baleks sie betraten, das Lied angestimmt: „Gerechtigkeit der Erden, o Herr, hat Dich getötet", bis der Bezirkshauptmann in allen Dörfern austrommeln ließ, das Singen dieses Liedes sei verboten.
Die Eltern meines Großvaters mußten das Dorf verlassen, das frische Grab ihrer kleinen Tochter, sie wurden Korbflechter, blieben an keinem Ort lange, weil es sie schmerzte, zuzusehen, wie in allen Orten das Pendel der Gerechtigkeit falsch ausschlug. Sie zogen hinter dem Wagen, der langsam über die Landstraße kroch, ihre magere Ziege mit, und wer an dem Wagen vorbeikam, konnte manchmal hören, wie drinnen gesungen wurde: „Gerechtigkeit der Erden, o Herr, hat Dich getötet". Und wer ihnen zuhören wollte, konnte die Geschichte hören von den Baleks von Bilgan, an deren Gerechtigkeit ein Zehntel fehlte. Aber es hörte ihnen fast niemand zu.

[Heinricht Böll, *Erzählungen – Hörspiele – Aufsätze*, Verlag Kiepenheuer und Witsch, Köln 1961, S. 54–61]

Über den Autor

Heinrich Böll (1917–1985) erhielt 1972 den Nobelpreis für Literatur. In einem Lexikon steht über ihn, daß er die Alltagswirklichkeit unerbittlich schildere. Seine früheren Werke sind Anklagen gegen den Widersinn des Krieges; von 1939 bis 1945 hatte er ihn als Soldat am eigenen Leibe erlebt. In seinen Kurzgeschichten, Romanen, Hörspielen und Theaterstücken beschreibt er in nüchterner Sprache menschliche und gesellschaftliche Probleme unserer Zeit. Eines seiner zentralen Themen ist der Mißbrauch der Macht.

Zum Abschluß des Abschnittes mit Interpretationen von Kurzgeschichten kommt eine Schülerin zu Wort. Die Geschichte ist in einer siebten Klasse besprochen worden. Hier das Ergebnis:

Gliederung	Inhaltsangabe
Einleitung: – Zeit – Ort – Erzähler – Zusammenfassung des Inhalts	Die Geschichte „Die Waage der Baleks" von Heinrich Böll spielt zu Anfang unseres Jahrhunderts in Böhmen oder in Schlesien. Sie wird von dem Enkel des Hauptheldens erzählt. Sie handelt in einem Dorf, das von der Flachsbrecherei lebt. Sie berichtet von der Ausbeutung armer Tagelöhner durch einen reichen Fabrikbesitzer und wie sich die Leute gegen das Unrecht wehren wollen.
Inhalt: – Die Situation der Tagelöhner	Die Leute im Dorf sind sehr arm. Die einzige Arbeit ist die Flachsbrecherei. Sie bringt wenig Geld ein. Auch die Kinder müssen verdienen; sie sammeln Kräuter und Pilze in den Wäldern. Alles muß beim Gutsherren und Fabrikbesitzer abgegeben werden, der den Flachs, die Kräuter und die Pilze mit hohem Gewinn in der Stadt verkauft. Im Dorf ist nur eine Waage. Die gehört den reichen Baleks, die ein Schloß und eine Flachsfabrik besitzen.
– Das Monopol der Baleks	Niemand von den Dorfbewohnern darf eine eigene Waage im Hause haben. Man muß sehr weit gehen, um in anderen Dörfern jemand zu finden, der eine Waage besitzt. Das Verbot, eine Waage zu besitzen, reicht so weit wie die Macht der Baleks. Was die Dorfbewohner sammeln oder erarbeiten, wird auf der Waage der Baleks gewogen und nach diesem Gewicht bezahlt.
– Beginn der Handlung – Die Prüfung der Waage	Eines Tages probiert ein Junge – der Großvaters des Erzählers – heimlich die Waage aus, ob das Gewicht stimmt. Das Halb-Kilo-Gewicht bleibt unten. Fünf Kieselsteine muß er auf der anderen Seite zu der fertig abgepackten Ware dazulegen, damit die Waage ins Gleichgewicht kommt. Mit diesen Kieselsteinen läuft er in ein fernes Dorf und läßt sie wiegen. Die Kieselsteine wiegen 55 Gramm. Um soviel geht die Waage der Baleks falsch.
– Die Reaktion der Dorfbewohner	Als die Dorfbewohner das erfahren, lehnen sie sich gegen den Gutsherren auf. Sie wollen ihr Recht. Sie stehlen die Waage und das Kassenbuch, um auszurechnen, um wieviel sie in den vielen Jahren betrogen worden sind.
– Die Reaktion der Baleks	Der Gutsherr holt die Gendarmen ins Dorf, die gegen die Dorfbewohner vorgehen; sie verletzen und töten mehrere. Den Erwachsenen wird mit Gefängnis gedroht. Der Pfarrer soll den Leuten beweisen, daß die Gewichtssteine der Waage stimmen; aber niemand kommt.
– Die Folgen	Das Leben im Dorf geht wie bisher weiter; aber jeden Sonntag stimmen die Leute in der Kirche, wenn die Baleks hereinkommen, das Lied an „ Gerechtigkeit der Erden, o Herr, hat Dich getötet". Die Eltern des Großvaters müssen das Dorf verlassen. Sie ziehen als Korbflechter durch das Land. Überall erzählen sie die Geschichte von der Waage der Baleks und dem Zehntel, das an der Gerechtigkeit fehlt; aber fast niemand hört ihnen zu.
Schluß: – Anlaß zur Lektüre des Textes	Die Geschichte steht im Lesebuch unter dem Titel „Lesen und Verstehen". Wir haben versucht, einige Fragen aus der Geschichte zu beantworten.

1. Welche Bedeutung hat die Waage?

In der Geschichte bemerkt der Junge, daß die Waage nicht stimmt, daß einiges an der „Gerechtigkeit“ fehlt. Der Halb-Kilo-Stein ist um 55 Gramm zu schwer. Die Baleks, die bei dem Weiterverkauf der Ware schon sehr viel verdienen, bereichern sich durch diesen Betrug noch zusätzlich, wenn sie den Dorfbewohnern die Kräuter und Pilze mit dem zu schweren Stein abwiegen und weniger zahlen, als die Ware wirklich wiegt.
Bei der Waage ist genau festzustellen, daß 55 Gramm pro Pfund an der Gerechtigkeit fehlen; das kann man beweisen. Aber die Geschichte mit der Waage ist nur ein Beispiel, ein sehr deutliches. Überall in dem Leben der Dorfbewohner taucht eine falsche „Waage“ auf, überall fehlt etwas an der Gerechtigkeit. Man denke nur an die Arbeitsmöglichkeit: Es liegt ganz allein in den Händen der Baleks, wer Arbeit findet und wer nicht.
Es geht auf das Konto der Baleks, daß die Leute in dem „Herrschaftsbereich“ dieser Familie für Hungerlöhne arbeiten müssen. Man kann hier wirklich von einem Herrschaftsbereich sprechen; denn die Existenz der Dorfbewohner hängt von dem Gutdünken und von der Willkür der Baleks ab. Sie sind ganz und gar von ihnen abhängig. Wer etwas macht, was den Baleks nicht gefällt, muß sofort um seinen Arbeitsplatz fürchten; überall halten die Baleks ihre Hand darüber. Sie können die Dorfbewohner wie auf einem Spielbrett hin und her rücken, gerade dorthin, wo es ihnen paßt. Und keiner kann sich wehren, weil sich ja – wie in dem Fall mit der Waage – die fehlende Gerechtigkeit nicht beweisen läßt. Und wenn es dann doch einmal einem gelingt, schwarz auf weiß zu beweisen, daß etwas an der Gerechtigkeit fehlt, dann wird er von der Obrigkeit, die es mit den Baleks hält, für diese Entdeckung auch noch bestraft. Wie sollen die Zustände geändert werden können, wenn nicht einmal bei diesem Betrug mit der Waage, der auf der Hand liegt, etwas passiert? Wie können die Dorfbewohner dann hoffen, daß von der Obrigkeit etwas gegen die anderen Ungerechtigkeiten unternommen wird? Wenn schon ihre Forderung nach einer richtig gehenden Waage nicht erhört wird, dann können sie auch nicht hoffen, daß unter der Herrschaft der Baleks jemals Gerechtigkeit im Dorf einkehren wird.
Die Waage hat die Bedeutung, daß sogar an dem Punkt, wo die Ungerechtigkeit der Baleks beweisbar ist, nichts gegen die Baleks unternommen wird. Da die Obrigkeit die gerechten Forderungen der Dorfbewohner unterdrückt, wird auch allen anderen Ungerechtigkeiten der Baleks freier Lauf gelassen.

2. Wie leben die Baleks, wie leben die Leute im Dorf?

Die Baleks sind wohlhabende Leute. Ihnen gehören das Land und die Flachsfabrik, das heißt praktisch alles. Sie führen ein reiches Leben. Sie können sich im Materiellen alles leisten. Sie herrschen im Dorf wie Fürsten. Sie brauchen auf niemand Rücksicht zu nehmen. Sie bestimmen, was Recht ist.
Täglich können sie Fleisch, Obst und viele Köstlichkeiten essen. Täglich können sie Wein und Bohnenkaffee trinken. Sie haben ein großes Schloß, das sicher viele Zimmer

hat. Jeder hat sein eigenes schönes, weiches Bett, womöglich mit Daunenfedern. Jeder kann ein Leben führen, wie er es sich wünscht. Die Kinder können den ganzen Tag über spielen, sie brauchen nicht mit für den Verdienst zu sorgen. Die Baleks führen eigentlich ein ruhiges und verhältnismäßig sorgloses Leben.
Aber eines haben sie nicht, das sie sich auch nicht erkaufen können: die Freundschaft und das Zutrauen der Dorfbewohner. Die Dorfbewohner haben Angst vor ihnen, und sie bringen den Baleks schließlich sogar Feindseligkeit entgegen. Das müßte nicht so sein, wenn die Baleks sich an die Gerechtigkeit halten würden; aber sie leben vom Unrecht, das sie den andern zufügen.
In den anderen Familien im Dorf muß jeder, auch die Kinder, Tag für Tag hart arbeiten, um das Nötigste für das Leben besorgen zu können. Zum Essen gibt es einen Tag wie den anderen Ziegenkäse und Kartoffeln, und man trinkt Eichelkaffee. Nur sonntags gibt es anstelle der Brennsuppe Buchweizengrütze zum Frühstück. Und an hohen Feiertagen kommt auch einmal Milch in den Kaffee. Selten wird ein Kaninchen geschlachtet. Täglich gehen die Erwachsenen in die Flachsbrechen; durch den Staub bei der Arbeit ruinieren sie ihre Gesundheit. Auch die Hitze der Brennöfen macht ihnen zu schaffen.
Die Kinder sammeln in den Wäldern Pilze und Kräuter, die ihnen die Baleks mit falschem Gewicht für einen Bruchteil des Handelspreises abkaufen. Die Wohnungen der Dorfbewohner sind klein. In der Stube steht ein einziges Bett für die Eltern. Die Kinder müssen auf Bänken schlafen. Das Leben der armen Leute nimmt Tag für Tag den gleichen Lauf. Sie sind immer an einen Ort gefesselt. Trotz ihrer Armut sind sie aber nicht unglücklich. Sie sind zufrieden mit dem, was sie haben. Sie sind nicht neidisch. Die Baleks dagegen sind so gierig, daß sie sich trotz ihres Reichtums noch durch Betrug an den Leuten bereichern, wo ihnen doch schon fast alles gehört und sie sich eigentlich alles leisten können. Die Baleks sind unersättlich. Der Adelstitel bedeutet ihnen mehr als das Wohl ihrer Arbeiter.

3. In welche Abschnitte läßt sich die Geschichte einteilen?
Gib ihnen jeweils eine Überschrift!

Ich meine, daß die Geschichte sich in sieben Abschnitte einteilen läßt.
Der erste Abschnitt erzählt, wie die Leute in der Heimat des Großvaters des Erzählers leben, wo sie arbeiten, und daß die Kinder in den Wäldern Kräuter und Pilze sammeln, die sie dann den Baleks verkaufen. Als Überschrift schlage ich vor: „Das Leben der Menschen im Gebiet der Baleks“.
Im zweiten Abschnitt wird über die Waage der Baleks Genaueres berichtet, auf der die Kinder schon seit Generationen ihre im Wald gesammelten Dinge wiegen lassen, und wie alle, ob sie wollen oder nicht, sich auf die Richtigkeit der benutzten Gewichte verlassen müssen. Diesem Abschnitt gebe ich die Überschrift: „Die Waage“.
Im dritten Abschnitt wird der Großvater, das heißt der Junge, beschrieben. Er trägt jedes Pfund, das er an die Baleks verkauft, gewissenhaft in ein Buch ein. Er notiert auch, was er jeweils dafür bekommen hat. Dieser Abschnitt könnte überschrieben werden: „Der Junge“.

Der vierte Abschnitt handelt davon, wie der Junge entdeckt, daß die Waage falsch geht. Er hat es mit Hilfe von vier Kaffeepäckchen, die jedes ein Viertelpfund wiegen, ausprobiert. Der Pfundstein ist um fünf Kieselsteine zu schwer. Die Überschrift könnte lauten: „Vier Kaffeepakete und fünf Kieselsteine".
Von dem zweistündigen Marsch des Jungen zu einem Dorf, in dem es wieder Waagen gibt, und wie er erfährt, daß die fünf Kieselsteine 55 Gramm wiegen, erzählt der fünfte Abschnitt, dem ich die Überschrift gebe: „55 Gramm fehlen an der Gerechtigkeit".
Im sechsten Abschnitt wird die Heimkehr des Jungen geschildert, wie er allen erzählt, daß die Baleks ihm 18 Mark und 32 Pfennig schulden, da ihre Waage nicht stimmt. Dies sagt er am folgenden Tag auch den Baleks selbst. Die Dorfbewohner rechnen anhand des Kassenbuches, das sie sich verschafft haben, die Schulden nach, die die Baleks durch den Betrug bei ihnen haben. Aber noch bevor sie damit fertig sind, wird das Buch von den Gendarmen mit Waffengewalt zurückgeholt; die gerechten Forderungen der Dorfbewohner werden nicht anerkannt: „Die unterdrückte Gerechtigkeit".
Der siebte Abschnitt schließlich handelt von der Verjagung der Familie des Großvaters, von ihrem Wanderleben und von der Gleichgültigkeit der Leute überall, die nichts von dem Unrecht, das die Familie erlitten hat, wissen wollen. Die Überschrift könnte lauten: „Nirgendwo ist es anders".

4. Was ist der Höhepunkt der Geschichte?

Der Höhepunkt der Geschichte ist, glaube ich, wie die Dorfbewohner die Schulden, die die Baleks bei ihnen haben, nachrechnen und wie sie sehen, daß jedes Verlangen nach Gerechtigkeit durch die Macht der Baleks unterdrückt wird. Ich halte diesen Teil der Geschichte für den Höhepunkt, weil hier für meine Begriffe die ganze Aussage der Geschichte steckt, auf die alles andere hinarbeitet. Die Leute werden in vielen Dingen unterdrückt und betrogen, überall mangelt es an Gerechtigkeit; aber sie können es nicht schwarz auf weiß beweisen. Nur bei der Waage können sie die „fehlende Gerechtigkeit" nachweisen; aber sie kommen trotzdem nicht zu ihrem Recht. Auch die Obrigkeit unternimmt nichts. Im Gegenteil, sie steht auf der Seite der Baleks, die der Kaiser gerade geadelt hat. Die Baleks mißbrauchen ihre Macht und ihren Einfluß; sie denken nur an ihre eigenen Interessen, an ihren eigenen Vorteil. Alles andere lassen sie außer acht. Sie sind die Herren, und die Dorfbewohner sind für sie lediglich arbeitende Untertanen, die keinen Anspruch auf Gerechtigkeit haben.

5. Warum soll der Pfarrer beweisen, daß die Waage stimmt?

Die Baleks erhoffen sich durch diese Maßnahme, daß die Dorfbewohner ihnen wieder Glauben schenken. Die Dorfbewohner sollen meinen, daß der Junge sich geirrt habe. Das Vertrauen und Ansehen, das ein Pfarrer normalerweise hat, wollen die Baleks für sich ausnutzen. Ich halte es für schlimm, daß der Pfarrer mitmacht; aber vielleicht ist er auch von den Baleks abhängig, die ja das ganze Dorf beherrschen. Die Kinder haben bis jetzt geglaubt, daß die Waage stimmt. Durch das, was der Junge ihnen erzählt,

sind sie aber mißtrauisch geworden. Das falsche Gewicht kann jeden Tag auf der Waage stehen. Wie mißtrauisch man ist, zeigt sich, daß niemand in die Schule kommt, als der Pfarrer die Waage vorführen soll.
Für die Baleks hängt von dem „Beweis", daß die Waage angeblich richtig geht, sehr viel ab. Wenn man dem Pfarrer glaubt, dann würde das Leben kaum seinen früheren Lauf ändern; es bliebe alles beim alten. Es bleibt dann auch alles beim alten; aber die Bewohner wissen, daß sie betrogen werden.

6. *Wie verhält sich die Obrigkeit?*
Wie hätte sie deiner Meinung nach reagieren müssen?

Die Obrigkeit verhält sich genauso, wie sich die Baleks es nur wünschen können. Die Gendarmen kümmern sich nicht um die mangelnde Gerechtigkeit, die die Baleks den Dorfbewohnern entgegenbringen. Sie sehen nicht oder sie wollen nicht sehen, daß die Dorfbewohner im Recht sind. Da die Familie der Baleks die Herrschaft ist und vom Kaiser auch geadelt worden ist, ist das Recht für die Obrigkeit natürlich auf der Seite der Baleks.
Dieses Verhalten ist falsch und ungerecht. Die Obrigkeit hätte ganz anders reagieren müssen. So wie sie in der Geschichte reagiert, zeigt sie eindeutig, daß sie auf der Seite der Mächtigen steht, auf der Seite der Baleks, die schalten und walten dürfen, wie es ihnen paßt. Die Obrigkeit hätte die Dorfbewohner und die Baleks auf eine Stufe stellen müssen, also praktisch für gleichberechtigt und ebenbürtig halten müssen, um gerecht urteilen zu können; denn jeder Mensch hat das gleiche Recht. Wenn die Obrigkeit so gehandelt hätte, dann wären die Dorfbewohner zu ihrem Recht gekommen und die Baleks wären gezwungen worden, in Zukunft Gerechtigkeit walten zu lassen. Automatisch hätte sich nach so einem gerechten Urteil auch das Verhältnis zwischen Dorfbewohnern und den Baleks verbessert. Die Baleks hätten die Bevölkerung nicht mehr unterdrücken können. Sie hätten einsehen müssen, daß ihre Herrschaft sie nicht dazu berechtigt, alles tun zu können, wie sie es wollen. So aber, durch das verkehrte Eingreifen der Obrigkeit, ist den Baleks Tür und Tor zur Ungerechtigkeit geöffnet.

7. *Wie hätte die Geschichte enden können, wenn die Gerechtigkeit gesiegt hätte?*

Ich habe es bei meiner Antwort auf die sechste Frage angedeutet. Die Baleks wären in ihrer absoluten Herrschaft eingeschränkt worden. Sie hätten sich an die Gesetze und an die Rechte aller Menschen halten müssen. Sie wären zwar als Gutsbesitzer und Fabrikherren immer noch sehr einflußreich gewesen; aber sie hätten die Leute nicht mehr willkürlich behandeln und betrügen können. Hätte die Gerechtigkeit gesiegt, dann wären die Baleks auch gezwungen gewesen, der Dorfbevölkerung die Schulden zurückzuzahlen. Vielleicht hätten sie dann auch für die Waren gerechtere Preise bezahlt. Das Mißtrauen gegen die Herrschaft wäre verschwunden. Man hätte die Herrschaft wieder geachtet. Und schließlich hätte die Familie des Großvaters auch nicht auswandern müssen. Sie wäre nicht heimatlos geworden. Denn sie war ja im Recht.

(*Stefanie Rötzer*)

Rückfragen und Aufgaben:

1. *Stefanie hat sich mit sieben Fragen auseinandergesetzt. Welche weiteren Fragen könnten oder sollten noch gestellt werden?*
   Und: Wie könnten die Antworten lauten?

2. *Wo siehst du den inhaltlichen Schwerpunkt in der Geschichte? Wenn du über die Geschichte Auskunft geben solltest, was würdest du besonders hervorheben?*

Merkmale der Kurzgeschichte

Die Kurzgeschichte wird immer wieder mit der amerikanischen *short story* verglichen. Es gibt Einflüsse und Übereinstimmungen, aber auch Unterschiede. Die Kurzgeschichte hatte ihren größten Erfolg – von der Anzahl der Veröffentlichungen aus gesehen – in den ersten Jahren nach dem Zweiten Weltkrieg bis in die sechziger Jahre.
Einen Idealtyp der ↗Kurzgeschichte, einen beispielhaften Mustertext gibt es nicht, aber man kann doch einige formale und inhaltliche Merkmale nennen, die immer wieder zu beobachten sind:

- Die Kurzgeschichte ist, wie schon der Name sagt, kurz.
  Sie kann in Zeitschriften und Wochenendbeilagen abgedruckt werden.
- Sie ist einsträngig (vgl. ↗Erzählstruktur) und entwickelt sich geradlinig.
- Sie beschränkt sich meistens auf ein einzelnes Ereignis oder Geschehen.
- Der Erzählstoff ist meistens aus der Gegenwart, und er scheint zunächst sehr alltäglich zu sein.
- Die Handlung beginnt unvermittelt und ohne eine ausführliche vorbereitende Einleitung.
- Auch der Schluß ist meistens offen, er verläuft sich. Es sei denn, die Erzählung ist bewußt auf eine Pointe ausgerichtet, wie in Langgässers *Saisonbeginn*.
- Der Erzähler – auch der Ich-Erzähler (vgl. ↗Erzählperspektive) – hält sich zurück; er kommentiert nicht, er berichtet.
- Die Sprache – Wortwahl und Syntax – ist von der Alltagssprache bestimmt; sie ist nüchtern.
- Aber: Vom Schluß her zeigt sich, daß die zunächst vielleicht alltägliche Szene über sich hinausweist. Das Erzählte, die einzelne Szene, kann schlagartig ein ganzes Leben oder gesellschaftliche Zustände einfangen und charakterisieren.
- Obwohl meist geradlinig und mit Beschränkung auf das Wichtigste und ohne ausführliche Kommentare erzählt wird, hat sich in der kurzen Erzählphase vom Anfang bis zum Schluß doch einiges geändert.
  Das Erzählte erscheint in einem andern Licht; es steht plötzlich in einem größeren Zusammenhang.
- Diesen größeren Zusammenhang muß aber der Leser selber erkennen, er muß mitdenken. So begreift er, daß in der Geschichte auch seine eigene Situation sich widerspiegeln kann, daß es – genau genommen – auch um ihn geht und um die Welt, in der er lebt.

2.3 Novellen

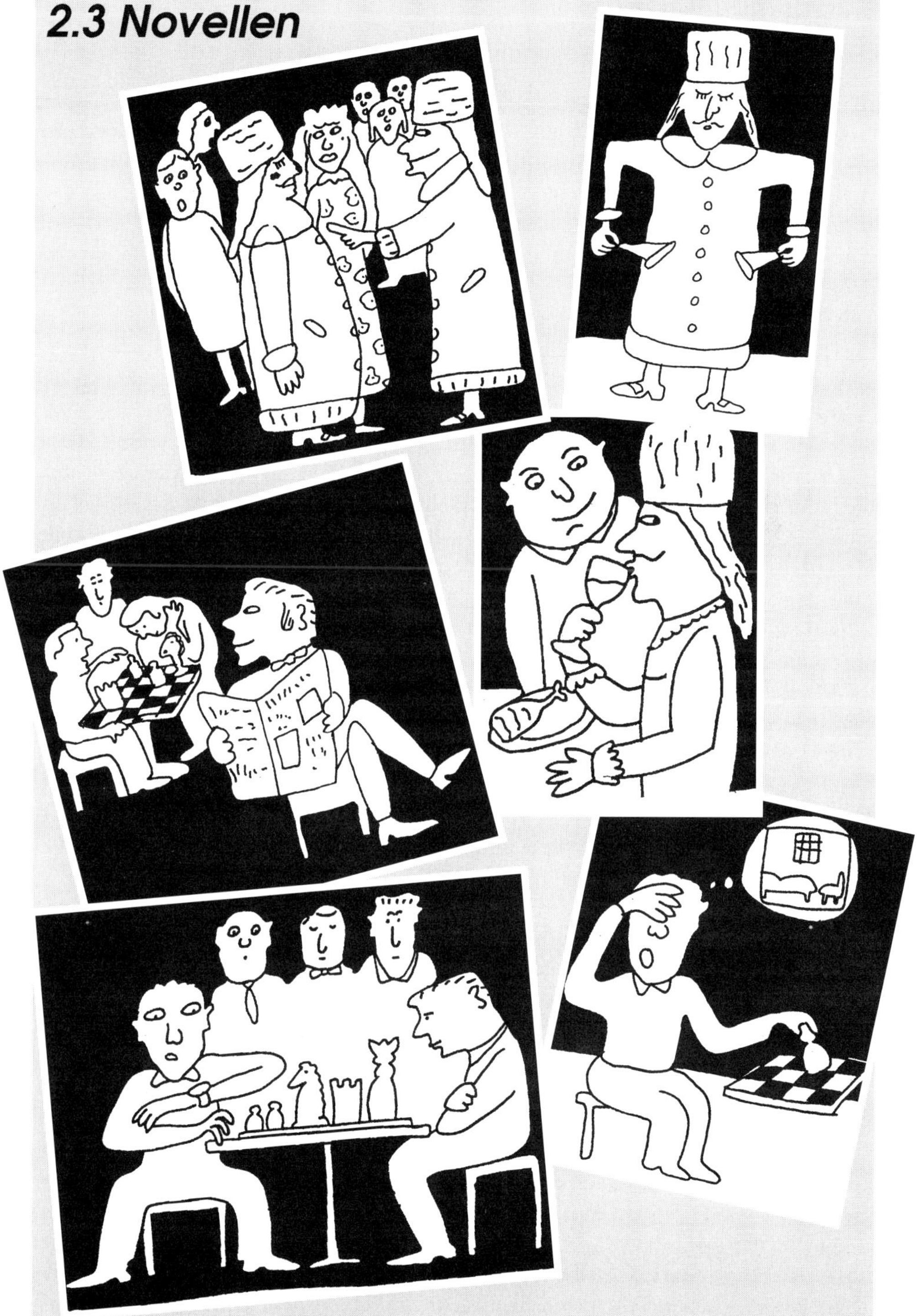

Kleider machen Leute — Gottfried Keller

Über den Autor

Gottfried Keller (1819–1890) stammte aus einer Züricher Handwerkerfamilie. Nach dem frühen Tod des Vaters wuchs er in bescheidenen Verhältnissen auf. Die Industrieschule, eine Art von Realschule, mußte er wegen eines Schülerulks vorzeitig verlassen. Sein Wunsch war, Landschaftsmaler zu werden; er nahm Malstunden. Von seiner Mutter finanziell unterstützt, ging er 1840 nach München, um sich weiterzubilden. Da aber das Geld für einen regelmäßigen Malunterricht fehlte und er auch Zweifel an seinem Talent hatte, gab er seine Pläne als Maler auf und kehrte nach Zürich zurück. Er entdeckte seine Begabung als Schriftsteller. Ein erster Gedichtband erschien. 1848 ging er ein zweites Mal für sieben Jahre nach Deutschland, mit einem Ausbildungsstipendium der Züricher Regierung; sein Weg führte über Heidelberg nach Berlin, wo er in den wichtigsten literarischen Zirkeln verkehrte. Bis zu seiner Anstellung als Staatsschreiber im Kanton Zürich (1861) erschienen sein autobiographisch geprägter Roman *Der grüne Heinrich* und der erste Teil der Novellensammlung *Die Leute von Seldwyla*. 1876 schied Keller aus dem Staatsdienst aus und lebte als freier Schriftsteller. Keller war ein überzeugter Demokrat; er trat für die Ziele der bürgerlichen Revolution von 1848 ein. Im überschaubaren Rahmen seiner Schweizer Heimat stellte er kritisch – und auch mit viel Humor – diesen Weg in die politische Mündigkeit dar.

Erzählrahmen: *Die Leute von Seldwyla*

Die Novellensammlung *Die Leute von Seldwyla*, insgesamt zehn Novellen, hat Keller in zwei Teilen (1856 und 1874) veröffentlicht. Eingangs zu beiden Teilen erzählt Keller von dem Städtchen Seldwyla und seinen Einwohnern.
Seldwyla – der Name bedeutet „Glückstadt“ – ist ein erfundener Ort irgendwo in der Schweiz. Es ist ein verträumtes altes Städtchen, in dem sich seit Jahrhunderten nichts verändert hat. Es liegt fernab der Handelsstraßen in einer idyllischen Landschaft. Obwohl es sich angeboten hätte, das Städtchen an den Ufern eines schiffbaren Flusses zu erbauen, haben die Gründerväter es vorgezogen, eine halbe Stunde Weges vom Fluß entfernt sich niederzulassen. Man wollte keine Hektik, die durch Handel und Gewerbe in das Städtchen einziehen könnte. So leben denn die Seldwyler in ihren besten Jahren eher von fremder Arbeit und lieber von leichtfertigen Geldgeschäften. Erst wenn es nicht mehr anders geht, wenn der Schuldenberg zu groß wird, fangen sie an, sich redlich mit Handel und Gewerbe zu ernähren; aber dann ist es meistens schon zu spät. Doch ganz mittellos wird niemand, da die Gemeinde über große Waldungen verfügt, aus deren Erlös sie ihre Bürger unterstützt. So leben die Seldwyler in jungen Jahren großspurig und später zwar bescheidener, aber immer noch so, daß es reicht. Geselligkeit steht oben an; in der Gegend wächst ein guter Wein. Im politischen Leben sind die Seldwyler Maulhelden; sie reden gern, wissen alles besser. Aber: Verantwortung zu übernehmen, davor scheuen sie sich.

Keller hat diese scheinbare Idylle zwar mit viel Humor gezeichnet, in Wirklichkeit übt er aber herbe Kritik am falschen wirtschaftlichen und politischen Gebaren mancher Zeitgenossen. Seldwyla ist ein zweites Schilda, in dem einiges geändert und vom Kopf auf die Füße gestellt werden muß. Vieles, das auf politische und wirtschaftliche Entwicklungen in der zweiten Hälfte des 19. Jahrhunderts anspielt, hat auch heute seine Aktualität noch nicht verloren. Man muß nur etwas hinter die Kulissen schauen, die in diesen Novellen aufgestellt sind.

Die zehn Novellen handeln nicht alle in Seldwyla. Das Städtchen und seine Umgebung ist eher die geographische Erzähllandschaft, der Erzählrahmen. Thematisch findet sich in den einzelnen Novellen aber immer ein Bezug zu Kellers Kritik an dem wirtschaftlichen und politischen Verhalten der Seldwyler.

Zum Inhalt

Mit der Novelle *Kleider machen Leute* beginnt der zweite Teil der Novellensammlung *Die Leute von Seldwyla.*

Wenzel Strapinski, ein armer Schneidergeselle, hat wegen des Bankrotts eines Seldwyler Schneidermeisters mit dem Lohn auch seine Arbeit verloren. Nun muß er sich woanders eine neue Stelle suchen. Unterwegs lädt ihn ein herrschaftlicher Kutscher ein, in dem vornehmen Gefährt Platz zu nehmen. In dem benachbarten reichen Goldach macht der Kutscher kurz Rast. Der Wirt und bald auch die Gäste halten Wenzel aufgrund seiner äußeren Erscheinung – er ist gepflegt gekleidet, er trägt einen wertvollen Radmantel (niemand weiß, daß dieser Mantel sein einziger Besitz ist) – und auch durch die listige Nachhilfe des Kutschers für einen polnischen Grafen, der in einer wichtigen Angelegenheit auf Reisen sei und nicht erkannt werden möchte. Ganz Goldach überfällt das Adelsfieber; jeder will sich mit großzügigen Vorleistungen bei dem hohen Herrn einführen, um später daraus Nutzen zu ziehen. Selbst Nettchen, die Tochter des Amtsrats, wiegt sich in der Hoffnung, bald Frau Gräfin zu werden. Wenzel wird in die Rolle des geheimnisvollen Grafen eher getrieben, als daß er sie selbst inszeniert. Aber nach anfänglichem Zögern – und auch nach einigen Versuchen, sich aus der Affäre zu ziehen – läßt er den Dingen ihren Lauf. Zusätzlich scheint ihm auch noch das Glück hold zu sein; denn er gewinnt im Glücksspiel. Aber alles platzt wie eine Seifenblase: Bei der Verlobungsfeier mit Nettchen tritt eine Theatergruppe aus Seldwyla auf, die in ihrem Wortspiel „Kleider machen Leute" und „Leute machen Kleider" den vermeintlichen Grafen (wider Willen) entlarvt.

Damit ist die Geschichte aber nicht zu Ende. Jetzt beginnt der wichtigere zweite Teil. Nettchen erkennt, daß ihr zerknirschter „Graf", der nach diesem Entlarvungsspiel in die Winternacht entflieht, eher Opfer als Akteur in diesem Spiel gewesen ist, an dem auch sie mit ihren romantischen Träumen mitgewirkt hat. In einem langen Gespräch erfährt Nettchen, wer Wenzel wirklich ist, – und sie bekennt sich zu ihm: Sie setzt – trotz der unrühmlichen Ereignisse – die Heirat durch; sie kümmert sich nicht um das Gerede der Leute, sie vertraut ihrem Schneidergesellen, aus dem zwar kein Graf, aber ein angesehener Tuchherr in Seldwyla und später auch in Goldach wird.

Die Novelle *Kleider machen Leute* beginnt mit dem Aufbau einer Scheinwelt und unerfüllbarer Erwartungen. Sie endet mit der Rückkehr in den Alltag des Möglichen. Die Frage aber bleibt: – ob nämlich dieser für alle so erhoffte Alltag, d.h. Sicherheit durch Tätigkeit, selbstverständlich ist. Keller hat in seiner Novelle eine Lösung angeboten, auch für spätere Lesergenerationen. Ob die Lösung auch immer umsetzbar ist, das ist eine Frage, die in einer Interpretation offen bleiben muß. Was wäre z.B. passiert, wenn Nettchen ihrem vermeintlichen Grafen nach der Entlarvung nicht unter die Arme gegriffen hätte, wenn sie sich nicht um ihn, sondern um ihren Ruf gekümmert hätte? Keller läßt in dieser nur äußerlichen *humorvollen* Erzählung viele Fragen offen. Der Titel, daß nämlich die Leute nicht nach ihrem *Sein*, sondern nach ihrem *Schein* beurteilt werden, ist nicht nur eine Besonderheit in der fiktiven (vgl. ↗ fiktional) Welt der *Leute von Seldwyla.*

Handlungsverlauf

Die Geschichte wird im zeitlichen Nacheinander der Ereignisse erzählt. Nur an einer Stelle, im entscheidenden Gespräch mit Nettchen nach der Entlarvung, wird auf die Vorgeschichte, auf Wenzels Kindheit und Jugend zurückgegriffen: Wenzel versucht Nettchen zu erklären, warum alles so gekommen sei. (Alle folgenden Zitate nach *Reclams Universal-Bibliothek*, Nr. 7470).

Zeitangaben	Erzählschritte (Szenen)
Erster Tag „An einem unfreundlichen Novembertage“ (S. 3)	
– Am Morgen	Der stellungslose Schneidergeselle Wenzel aus Seldwyla wird unterwegs von einem Kutscher in einem vornehmen Reisewagen mitgenommen.
– Am Mittag	Sie machen in Goldach Rast und steigen im Gasthof Zur Waage ab. Wegen seines Aussehens und des vornehmen Gefährts scheint Wenzel den Leuten „wenigstens ein geheimnisvoller Prinz oder Grafensohn zu sein“. (S. 5) Ohne eine Antwort abzuwarten, geleitet der Wirt den vermeintlichen hohen Gast in den Speisesaal.
– Am Nachmittag	Die ersten Goldacher Honoratioren kommen in das Gasthaus, um ihren Kaffee zu trinken. Sie setzen sich zu Wenzel an den Tisch und bieten ihm Zigarren an. Man beschließt, den Amtsrat auf seinem Gut zu besuchen und den neuen Wein zu probieren. Wenzel gewinnt beim Kartenspiel „einige Louisdors, mehr als er jemals in seinem Leben besessen“. (S. 17)
↓	↓

– Vor dem Abendessen	Wenzel begegnet im Garten zum ersten Mal Nettchen, der Tochter des Amtsrats.
– Beim Abendessen	Wenzel erhält am Tisch „den Ehrenplatz neben der Tochter des Hauses". (S. 19)
– Am Abend im Gasthof	Der Wirt entdeckt, daß Wenzel kein Gepäck hat. Er sagt: „Es ist richtig, Herr Graf, man hat vergessen, Ihr Gepäck abzuladen!" (S. 21)
Zweiter Tag	
– Am Morgen im Gasthof	Der Wirt und seine „gestrigen Freunde" statten Wenzel mit dem Besten aus; sie hoffen, daß es ihnen später reichlich vergütet wird.
– Am Vormittag	Wenzel besichtigt die Stadt Goldach. Jedermann behandelt ihn ehrerbietig: „Das Schicksal machte ihn mit jeder Minute größer". (S. 23) Auf seinem Spaziergang vor die Stadt meldet „sich zum letzten Male der pflichtgemäße Gedanke, seinen Weg unverweilt fortzusetzen". (S. 25). Als Nettchen an ihm vorbeifährt, kehrt er in die Stadt zurück.
– Am Nachmittag	Wenzel macht zu Pferd „an der Spitze einer ganzen Reitergesellschaft" (S. 26) einen Ausflug.
Mehrere Tage und Wochen	Wenzel fühlt sich in Goldach allmählich wohl. Er gleicht sich dem Wunschbild an, das sich die Goldacher von ihm machen. Aber die Furcht, daß alles wie eine Seifenblase platzen könnte, bleibt. Wenzel spielt erfolgreich in der Lotterie. Nettchen, die ihm gewogen ist, wird schon hin und wieder die „Gräfin" genannt.
Die Ballnacht	Nettchen und Wenzel erklären sich gegenseitig ihre Liebe. Dem Vater eröffnet Nettchen, „daß kein anderer als der Graf der Ihrige sein werde". (S. 30)
Am nächsten Morgen	Wenzel hält beim Amtsrat um Nettchens Hand an.
Wenige Tage in der Fastnachtszeit	Verlobung und Vorbereitung zu einem Fest zu Ehren der Braut. Man wählt ein stattliches Gasthaus, das auf halber Strecke zwischen Seldwyla und Goldach liegt. Dem Ball soll eine Schlittenfahrt vorausgehen.

– Schlittenfahrt und Ball	Es trifft sich, „daß die Seldwyler auf den gleichen Tag wie die Goldacher auch eine Schlittenfahrt verabredeten, nach dem gleichen Ort, und zwar eine kostümierte oder Maskenfahrt“. (S. 31) Beide Schlittenzüge – die Goldacher in festlicher Kleidung, die Seldwyler in lustiger Maskerade – fahren gleichzeitig vor dem Gasthaus vor. In einem Maskenspiel über das Doppel-Thema „Leute machen Kleider“ und „Kleider machen Leute“ entlarven die Seldwyler den falschen Grafen.
– In der Nacht	Nettchen fährt Wenzel auf dem Weg nach Seldwyla nach. Wenzel und Nettchen sprechen sich aus, in einem Bauernhof. Wenzel erzählt von seiner Kindheit, welche Wünsche er hatte und wie es ihm später ergangen war. Das Ergebnis des Gesprächs: Nettchen bekennt sich zu dem Schneidergesellen. „Keine Romane mehr!“ (S. 52) Nettchen und Wenzel übernachten in Seldwyla.
Am nächsten Morgen	Der Amtsrat und Böhni suchen Nettchen im Gasthaus auf. Nettchen erklärt ihrem Vater, daß sie Wenzel heiraten und mit ihm in Seldwyla ein tüchtiges Geschäft gründen werde.
Tags darauf	Fast kommt es zu einer Auseinandersetzung zwischen den Goldachern, die Nettchen zurückholen wollen, und den Seldwylern, die sie beschützen wollen.
Kurze Zeit später	Nettchen und Wenzel heiraten in Seldwyla.
Die weiteren Jahre	Wenzel wird ein geschäftserfahrener Tuchhändler in Seldwyla, – und später nach zehn oder zwölf Jahren auch in Goldach.

Erzähltechnik

Die Geschichte beginnt an einem Novembermorgen; sie endet, soweit sie für den Erzähler von Interesse ist, ungefähr zwölf Jahre später. Das ist eine lange Zeit; das genaue Protokoll über diese Jahre hätte Bände gefüllt. Und wahrscheinlich hätte niemand Lust verspürt, es zu lesen. Wer im Lesen geübt ist, kann die Novelle *Kleider machen Leute* in zwei bis drei Stunden lesen.

Der Erzähler hat den gesamten Zeitraum der Erzählung, die erzählte Zeit, gerafft; die ↗Erzählzeit oder die Zeit, die man für die Lektüre braucht, ist wesentlich kürzer. Und: Die Erzählzeit hat ein unterschiedliches Tempo. Es gibt Abschnitte und Ereignisse, bei denen der Erzähler sehr genau ist, über die er ausführlich berichtet, in denen er Gespräche unverkürzt wörtlich wiedergibt. Andere Abschnitte sind eher zusammenfassende Überleitungen, die sich über Tage und Wochen erstrecken können. Wenn man von dem referierenden Schlußbericht absieht, wie Nettchen und Wenzel sich in Seldwyla und später in Goldach eine gesicherte Existenz aufgebaut haben, dann kann man den Zeitraum der wichtigen Ereignisse zwischen dem Novembermorgen und der darauffolgenden Fastnachtszeit eingrenzen.

Diese drei bis vier Monate sind die eigentliche erzählte Zeit. Wenn man sie anhand der Zeitangaben (vgl. die tabellarische Übersicht) abschreitet, dann merkt man, daß das Tempo sehr unterschiedlich ist. Zu Beginn werden der erste und der zweite Tag bis auf die Tageszeiten gegliedert. In diesen beiden Tagen werden die Weichen gestellt für alles, was folgt. Sie sind eine entscheidende Phase der Geschichte, d.h. der erzählten Zeit.

Die folgenden Tage und Wochen bestätigen nur, was der Erzähler und seine Leser aus dem Vorbericht erwarten. Deshalb geht es in schnellen Schritten bis zur spektakulären Entlarvung Wenzels. Diese Wende in Nettchen und Wenzels Leben wird erzählt, als säße der Erzähler auf einer Empore, von der aus er alles sehen und beobachten könnte.

Die Erzählzeit läuft an den entscheidenden Stellen nicht schneller als das Tempo der erzählten Zeit. Bei dem doppelten ↗Wendepunkt in dieser Novelle (darüber wird noch zu berichten sein),

- bei dem *äußeren* Wendepunkt (Wenzels Entlarvung)
  und
- bei dem *inneren* Wendepunkt (Nettchens Entschluß, bei Wenzel zu bleiben),

läßt der Erzähler die Ereignisse selbst das Erzähltempo bestimmen. Man kann es aber auch so formulieren: Die unterschiedliche Erzählgeschwindigkeit und die Auswahl aus dem gesamten Erzählgeschehen geben Hinweise darauf, was der Erzähler für wichtig hält und wo er die entscheidenden Schnittlinien oder Wendepunkte sieht bzw. ansiedelt.

Der ↗Erzähler ist kein selbstverständlicher Bestandteil der Erzählung; der ↗Autor setzt ihn sehr gezielt ein, um mit ihm und durch ihn die Geschichte nicht nur zu erzählen sondern auch – zumindest ansatzweise – zu deuten und zu bewerten. Eine wichtige Handhabe dafür ist die Verfügung – wenn auch nur scheinbar – des Erzählers über die Gesamtheit der erzählten Zeit.

Der Erzähler strukturiert das Gesamtgeschehen aufgrund seines Vorwissens, wie die Geschichte ausgehen wird.

Wenzel: „Märtyrer seines Mantels“

- ein armes Schneiderlein
- mittellos, ohne Geld
- arbeitslos, auf der Wanderschaft
- „Das Fechten fiel ihm äußerst schwer“...
- Der Grund: sein gepflegtes Aussehen
  - ein schwarzes Sonntagskleid
  - ein weiter, dunkelgrauer Radmantel, mit schwarzem Samt ausgeschlagen
  - eine polnische Pelzmütze
- „Märtyrer seines Mantels“

An einem unfreundlichen Novembertage wanderte ein armes Schneiderlein auf der Landstraße nach Goldach, einer kleinen, reichen Stadt, die nur wenige Stunden von Seldwyla entfernt ist. Der Schneider trug in seiner Tasche nichts als einen Fingerhut, welchen er, in Ermangelung irgendeiner Münze, unablässig zwischen den Fingern drehte, wenn er der Kälte wegen die Hände in die Hosen steckte, und die Finger schmerzten ihn ordentlich von diesem Drehen und Reiben. Denn er hatte wegen des Falliments irgendeines Seldwyler Schneidermeisters seinen Arbeitslohn mit der Arbeit zugleich verlieren und auswandern müssen. Er hatte noch nichts gefrühstückt als einige Schneeflocken, die ihm in den Mund geflogen, und er sah noch weniger ab, wo das geringste Mittagbrot herwachsen sollte. Das Fechten fiel ihm äußerst schwer, ja schien ihm gänzlich unmöglich, weil er über seinem schwarzen Sonntagskleide, welches sein einziges war, einen weiten, dunkelgrauen Radmantel trug, mit schwarzem Samt ausgeschlagen, der seinem Träger ein edles und romantisches Aussehen verlieh, zumal dessen lange, schwarze Haare und Schnurrbärtchen sorgfältig gepflegt waren und er sich blasser, aber regelmäßiger Gesichtszüge erfreute.
Solcher Habitus war ihm zum Bedürfnis geworden, ohne daß er etwas Schlimmes oder Betrügerisches dabei im Schilde führte; vielmehr war er zufrieden, wenn man ihn nur gewähren und im stillen seine Arbeit verrichten ließ; aber lieber wäre er verhungert, als daß er sich von seinem Radmantel und von seiner polnischen Pelzmütze getrennt hätte, die er ebenfalls mit großem Anstand zu tragen wußte.
Er konnte deshalb nur in größeren Städten arbeiten, wo solches nicht zu sehr auffiel; wenn er wanderte und keine Ersparnisse mitführte, geriet er in die größte Not. Näherte er sich einem Haus, so betrachteten ihn die Leute mit Verwunderung und Neugierde und erwarteten eher alles andere, als daß er betteln würde; so erstarben ihm, da er überdies nicht beredt war, die Worte im Munde, also daß er der Märtyrer seines Mantels war und Hunger litt, so schwarz wie des letztern Sammetfutter. (S. 3–4)

Wenzel ist für einen wandernden, mittellosen Schneidergesellen zu vornehm gekleidet. Auch seine Gesichtszüge und sein Auftreten, sein ganzer Habitus (äußeres Erscheinungsbild), passen nicht in den Rahmen: „ein edles und romantisches Aussehen". Die Tatsache, daß der Erzähler so ausführlich auf die Kleidung und das vornehme Auftreten des Schneidergesellen schon zu Beginn der Erzählung eingeht, läßt vermuten, daß diese Informationen für den weiteren Verlauf der Geschichte wichtig werden können.

Als Wenzel Strapinski bei den Goldachern schon als der geheimnisvolle polnische Graf eingeführt ist, kommt der Erzähler nochmals auf Wenzels „Habitus" zu sprechen, der ja der Grund für die folgenreichen Verstrickungen war: „Sein angeborenes Bedürfnis, etwas Zierliches und Außergewöhnliches vorzustellen, wenn auch nur in der Wahl der Kleider, hatte ihn in diesen Konflikt geführt" (S. 27). Aber warum Wenzel sich so vornehm kleidet und warum er so „romantisch" auftritt, darüber klärt der Erzähler den Leser erst nach dem entlarvenden Fastnachtsspiel der Seldwyler auf. Wenzel erzählt Nettchen, die ihm nachgefahren war, seine Jugendgeschichte:

„Meine Mutter war, ehe sie sich verheiratet hatte, in Diensten einer benachbarten Gutsherrin und mit derselben auf Reisen und in großen Städten gewesen. Davon hatte sie eine feinere Art bekommen als die anderen Weiber unseres Dorfes und war wohl auch etwas eitel; denn sie kleidete sich und mich, ihr einziges Kind, immer etwas zierlicher und gesuchter, als es bei uns Sitte war. Der Vater, ein armer Schulmeister, starb aber früh, und so blieb uns bei größter Armut keine Aussicht auf glückliche Erlebnisse, von welchen die Mutter gerne zu träumen pflegte. Vielmehr mußte sie sich harter Arbeit hingeben, um uns zu ernähren, und damit das Liebste, was sie hatte, etwas bessere Haltung und Kleidung, aufopfern. Unerwartet sagte nun jene nun verwitwete Gutsherrin, als ich etwa sechzehn Jahre alt war, sie gehe mit ihrem Haushalt in die Residenz für immer; die Mutter solle mich mitgeben, es sei schade für mich, in dem Dorfe ein Tagelöhner oder Bauernknecht zu werden, sie wolle mich etwas Feines lernen lassen, zu was ich Lust habe, während ich in ihrem Haus leben und diese und jene leichten Dienstleistungen tun könne. Das schien nun das Herrlichste zu sein, was sich für uns ereignen mochte. Alles wurde demgemäß verabredet und zubereitet, als die Mutter nachdenklich und traurig wurde und mich eines Tages plötzlich mit vielen Tränen bat, sie nicht zu verlassen, son-

– Die Mutter im Dienste einer Gutsherrin: „sie kleidete sich und mich, ihr einziges Kind, immer etwas zierlicher und gesuchter als es bei uns Sitte war".

– Wenzels Verzicht auf eine Ausbildung in der Residenz, der Mutter zuliebe.

– Die Lehre beim Dorfschneider als einzige Möglichkeit

> dern mit ihr arm zu bleiben; sie werde nicht alt werden, sagte sie, und ich würde gewiß noch zu etwas Gutem gelangen, auch wenn sie tot sei. Die Gutsherrin, der ich das betrübt hinterbrachte, kam her und machte meiner Mutter Vorstellungen; aber diese wurde jetzt ganz aufgeregt und rief einmal um das andere, sie lasse sich ihr Kind nicht rauben; wer es kenne –“
> Hier stockte Wenzel Strapinski abermals und wußte sich nicht recht fortzuhelfen. Nettchen fragte: „Was sagte die Mutter, wer es kenne? Warum fahren Sie nicht fort?“
> Wenzel errötete und antwortete: „Sie sagte etwas Seltsames, was ich nicht recht verstand und was ich jedenfalls seither nicht verspürt habe; sie meinte, wer das Kind kenne, könne nicht mehr von ihm lassen, und wollte wohl damit sagen, daß ich ein gutmütiger Junge gewesen sei oder etwas dergleichen. Kurz, sie war so aufgeregt, daß ich trotz alles Zuredens jener Dame entsagte und bei der Mutter blieb, wofür sie mich doppelt liebhatte, tausendmal mich um Verzeihung bittend, daß sie mir vor dem Glücke sei. Als ich aber nun auch etwas verdienen lernen sollte, stellte es sich heraus, daß nicht viel anderes zu tun war, als daß ich zu unserem Dorfschneider in die Lehre ging. Ich wollte nicht, aber die Mutter weinte so sehr, daß ich mich ergab. Dies ist die Geschichte.“ (S.48–49)

Ob bewußt oder unbewußt hängt Wenzel in seiner Art, wie er sich kleidet oder gibt, noch der verpaßten Gelegenheit in seiner Jugend nach, einmal etwas Besseres zu werden. Den Wunsch dazu hat ihm die Mutter eingegeben, wenn sie dann auch aus mütterlichem Egoismus nicht bereit war, ihren Sohn in die Residenz ziehen zu lassen.

Zufälle, die aus dem Schneidergesellen einen „Grafen“ werden ließen

Nettchen steht am Ende zu Wenzel; sie will den Schneidergesellen heiraten. Sie beauftragt einen Rechtsanwalt, alles in die Wege zu leiten. Und der Rechtsanwalt stellt fest, daß Wenzel selbst sich nichts habe zu Schulden kommen lassen:

> Allein der Rechtsanwalt, der seine und Nettchens Sache nun führte, ermittelte, daß den fremden jungen Mann weder in seiner Heimat noch auf seinen bisherigen Fahrten auch nur der Schatten eines bösen Leumunds getroffen habe und von überall her nur gute uns wohlwollende Zeugnisse für ihn einliefen.

> Was die Ereignisse in Goldach betraf, so wies der Advokat nach, daß Wenzel sich eigentlich gar nie selbst für einen Grafen ausgegeben, sondern daß ihm dieser Rang von andern gewaltsam verliehen worden; daß er schriftlich auf allen vorhandenen Belegstücken mit seinem wirklichen Namen Wenzel Strapinski ohne jede Zutat sich unterzeichnet hatte und somit kein anderes Vergehen vorlag, als daß er eine törichte Gastfreundschaft genossen hatte, die ihm nicht gewährt worden wäre, wenn er nicht in jenem Wagen angekommen wäre und jener Kutscher nicht jenen schlechten Spaß gemacht hätte.
> (S. 56–57)

In dieser Geschichte spielen die Zufälle eine große Rolle, durch die sich allmählich die Annahme festigte, Wenzel sei ein polnischer Graf.
Dazu eine kurze Auflistung der Zufälle:

- Der Radmantel, die polnische Pelzmütze, Wenzels vornehmes Aussehen (S. 3)
- Die Ankunft in Goldach in dem herrschaftlichen Reisewagen (S. 4)
- Die Köchin hält ihn für einen hohen Herrn: „Der weiß noch einen feinen Fisch zu essen, wie es sich gehört" (S. 9).
- Die Sache mit der Pastete: „Wär' er ein gemeiner Kerl, so hätte er sich an den Braten gehalten" (S. 11).
- Eigentlich ist der Kutscher an allem schuld. Er sagt, Wenzel sei der „Graf Strapinski". Der Zufall aber will es, daß Wenzel wirklich Strapinski hieß (S. 11–12).
- Beim Ausflug am ersten Tag führt Wenzel sehr geschickt das Gespann; denn er hatte bei den Husaren gedient: „Es ist richtig, es ist jedenfalls ein Herr!" (S. 15) „Es ist ein vollkommener Junker!" (S. 16)
- Bei der ersten Begegnung mit Nettchen mischt Wenzel „allerhand polnische Brocken in die Rede" und singt auch ein polnisches Lied (S. 19–20); er hatte einige Wochen auch im Polnischen gearbeitet. An dieser Stelle hilft Wenzel vielleicht zum ersten Mal bei dem Verwechslungsspiel etwas nach.
- Am ersten Abend fehlt das Gepäck. Der Wirt meint, man habe es vergessen abzuladen, und will dem Kutscher eine Depesche nachschicken. Wenzel sagt aus Angst: „Man muß meine Spur verlieren für einige Zeit" (S. 21). Der Wirt interpretiert den zweideutigen Satz auf seine Weise, „daß der Graf unzweifelhaft ein Opfer politischer oder der Familienverfolgung sein müsse" (S. 21).
- Wenzels Lotteriekorrespondenz wird „wiederum als ein Zeichen wichtiger Beziehungen und Verhältnisse vermerkt" (S. 27).

Zu diesen Zufällen, die ihn in den Augen der Goldacher als Grafen erkennen lassen, kommen noch weitere glückliche Umstände:

- Wenzel gewinnt beim Kartenspiel „einige Louisdors" (S. 17).
- Auch im Lotteriespiel erzielt er beträchtliche Gewinne (S. 27–29).

Der Reigen der Zufälle geht aber auch nach der Entlarvung noch weiter, so daß die Geschichte ihr (märchenhaftes?) glückliches Ende finden kann:

- Nettchen wird gerade volljährig und sie kann frei über ihr Erbe verfügen, um mit Wenzel ein Tuchgeschäft zu eröffnen (S. 52ff.).

Auch der Erzähler hat also beim glücklichen Ausgang tüchtig mitgeholfen. Es wird deutlich, daß die Geschichte auf einen bestimmten glücklichen Ausgang hin konzipiert ist.

Die Erwartungen der anderen

Aus dem Reigen der „Mitspieler" fallen der Kutscher und Melcher Böhni heraus:
- Der Kutscher weiß, daß Wenzel alles andere als ein polnischer Graf ist. Aus leichter Verärgerung – zu Unrecht – setzt er das Märchen vom polnischen Grafen in die Welt:

> Unterdessen hatte der Kutscher die Pferde füttern lassen und selbst ein handfestes Essen eingenommen in den Stube für das untere Volk, und da er Eile hatte, ließ er bald wieder anspannen. Die Angehörigen des Gasthofes zur Waage konnten sich nun nicht länger enthalten und fragten, eh' es zu spät wurde, den herrschaftlichen Kutscher geradezu, wer sein Herr da oben sei und wie er heiße. Der Kutscher, ein schalkhafter und durchtriebener Kerl, versetzte: „Hat er es noch nicht selbst gesagt?" „Nein", hieß es, und er erwiderte: „Das glaub' ich wohl, der spricht nicht viel in einem Tage; nun, es ist der Graf Strapinski! Er wird aber heut und vielleicht einige Tage hier bleiben, denn er hat mir befohlen, mit dem Wagen vorauszufahren."
> Er machte diesen schlechten Spaß, um sich an dem Schneiderlein zu rächen, das, wie er glaubte, statt ihm für seine Gefälligkeit ein Wort des Dankes und des Abschieds zu sagen, sich ohne Umsehen in das Haus begeben hatte und den Herren spielte. Seine Eulenspiegelei aufs äußerste treibend, bestieg er auch den Wagen, ohne nach der Zeche für sich und die Pferde zu fragen, schwang die Peitsche und fuhr aus der Stadt, und alles ward so in der Ordnung befunden und dem guten Schneider aufs Kerbholz gebracht. (S. 11)

- Melchior Böhni, „Buchhalter einer großen Spinnerei" (S. 12), ist der einzige unter den Goldacher Geschäftsleuten, der seine Zweifel hat: „Der Mann dort hat mir so wunderlich zerstochene Finger" (S. 16). Aber er unternimmt nichts. Im Gegenteil, er hilft dem Lauf der Dinge sogar etwas nach; beim Kartenspiel setzt er heimlich für Wenzel das Spielgeld ein (S. 17). Böhni hat schon vor Wenzel um Nettchen geworben; durch seine Intrige – die erst später bekannt wird, nach der Maskerade – will er seinen Rivalen lächerlich machen, weil er glaubt. daß dann seine Chancen bei Nettchen wieder steigen (S. 54).

Alle anderen Goldacher sind freiwillige Mitspieler, unbewußte Mitspieler. Sie nehmen die Geschichte vom polnischen Grafen gern auf, weil sich in dieser Geschichte auch ihre eigenen Erwartungen und Vorstellungen *von der großen Welt* vielleicht erfüllen:

- Der Wirt freut sich über den hohen Gast. Er kann allen zeigen, daß er ein renommiertes Haus führt. Auch das Personal trägt seinen Teil dazu bei.
- Die angesehenen Geschäftsleute der Stadt Goldach, die Honoratioren, können zeigen, daß sie *Leute von Welt* sind. Aber sie hoffen auch, bei ihrer großzügigen Hilfsbereitschaft nicht leer auszugehen, sondern ihren Gewinn einzustreichen.
- Wenzel, der „polnische Graf", ist für die Goldacher eine Abwechslung, als werde das, was man sonst nur in Romanen liest, plötzlich in seiner Person Wirklichkeit:

> Nun war der Geist in ihn gefahren. Mit jedem Tage wandelte er sich, gleich einem Regenbogen, der zusehends bunter wird an der vorbrechenden Sonne. Er lernte in Stunden, in Augenblicken, was andere nicht in Jahren, da es in ihm gesteckt hatte, wie das Farbenwesen im Regentropfen. Er beachtete wohl die Sitten seiner Gastfreunde und bildete sie während des Beobachtens zu einem Neuen und Fremdartigen um; besonders suchte er abzulauschen, was sie sich eigentlich unter ihm dächten und was für ein Bild sie sich von ihm gemacht. Dies Bild arbeitete er weiter aus nach seinem eigenen Geschmacke, zur vergnüglichen Unterhaltung der einen, welche gern etwas Neues sehen wollten, und zur Bewunderung der anderen, besonders der Frauen, welche nach erbaulicher Anregung dürsteten. So ward er rasch zum Helden eines artigen Romanes, an welchem er gemeinsam mit der Stadt und liebevoll arbeitete, dessen Hauptbestandteil aber immer noch das Geheimnis war. (S. 26–27)

- Auch Nettchen ist vom „romantischen" Fieber befallen. Als Wenzel um ihre Hand anhält, sagt der Amtsrat, ihr Vater:

> „So hat sich denn das Schicksal und der Wille dieses törichten Mädchens erfüllt! Schon als Schulkind behauptete sie fortwährend, nur einen Italiener oder einen Polen, einen großen Pianisten oder einen Räuberhauptmann mit schönen Locken heiraten zu wollen, und nun haben wir die Bescherung! Alle inländischen wohlmeinenden Anträge hat sie ausgeschlagen, noch neulich mußte ich den gescheiten und tüchtigen Melchior Böhni heimschicken, der noch große Geschäfte machen wird, und sie hat ihn noch schrecklich verhöhnt, weil er nur ein rötliches Backenbärtchen trägt und aus einem silbernen Döschen schnupft! Nun, Gott sei Dank, ist ein polnischer Graf da aus wildester Ferne! Nehmen Sie die Gans, Herr Graf, und schicken Sie mir dieselbe wieder, wenn sie in Ihrer Polackei friert und einst unglücklich wird und heult! Nun, was würde die selige Mutter für ein Entzücken genießen, wenn sie noch erlebt hätte, daß das verzogene Kind eine Gräfin geworden ist!"
> (S. 30)

Nettchen findet aber nach der Entlarvung ihres „Grafen“ aus dem Gebäude des romanhaften, romantischen Scheins in die Wirklichkeit zurück; „Keine Romane mehr!“ (S. 52).

Wenzel ist – vielleicht nicht ganz ohne eigene Schuld – ein Opfer fremder Erwartungen, er spielt in der Scheinwelt mit, bis er fast selbst Schein und Sein nicht mehr zu unterscheiden weiß. Aus dem Traum rüttelt ihn nicht nur die Seldwyler Maskerade auf, sondern vor allem Nettchens resolute Entscheidung, sich jetzt – allem Spott zum Trotz – der Wirklichkeit zu stellen. Davon, daß auch andere Goldacher ihr Verhalten selbstkritisch überdenken, erfährt der Leser nichts.

Fluchtversuche

Über die Novelle zieht sich ein unterschiedlich dichtes Netz vereitelter Fluchtversuche Wenzels, die ihn aus der Geschichte vom falschen Grafen wieder herausführen sollen. Mit dem scheinbar glücklichen Fortlauf der Ereignisse werden sie auch immer schwächer:

- Gleich bei der Ankunft im Gasthof:

> Der Raum zwischen dem Reisewagen und der Pforte des Gasthauses war schmal und im übrigen der Weg durch die Zuschauer ziemlich gesperrt. Mochte es nun der Mangel an Geistesgegenwart oder an Mut sein, den Haufen zu durchbrechen und einfach seines Weges zu gehen – er tat dieses nicht, sondern ließ sich willenlos in das Haus und die Treppe hinan geleiten und bemerkte seine neue, seltsame Lage erst recht, als er sich in einen wohnlichen Speisesaal versetzt sah und ihm sein ehrwürdiger Mantel dienstfertig abgenommen wurde. (S. 5)

- Im Gasthof:

> Während dieser umständlichen Zubereitungen befand sich der Schneider in der peinlichsten Angst, da der Tisch mit glänzendem Zeuge gedeckt wurde, und so heiß sich der ausgehungerte Mann vor kurzem noch nach einiger Nahrung gesehnt hatte, so ängstlich wünschte er jetzt der drohenden Mahlzeit zu entfliehen. Endlich faßte er sich einen Mut, nahm seinen Mantel um, setzte die Mütze auf und begab sich hinaus, um den Ausweg zu gewinnen. Da er aber in seiner Verwirrung und in dem weitläufigen Hause die Treppe nicht gleich fand, so glaubte der Kellner, den der Teufel beständig umhertrieb, jener suche eine gewisse Bequemlichkeit, rief: „Erlauben Sie gefälligst, mein Herr, ich werde Ihnen den Weg weisen!“ und führte ihn durch einen langen Gang, der nirgend anders endigte als vor einer schön lackierten Türe, auf welcher eine zierliche Inschrift angebracht war.

> Also ging der Mantelträger ohne Widerspruch, sanft wie ein Lämmlein, dort hinein und schloß ordentlich hinter sich zu. Dort lehnte er sich bitterlich seufzend an die Wand und wünschte der goldenen Freiheit der Landstraße wieder teilhaftig zu sein, welche ihm jetzt, so schlecht das Wetter war, als das höchste Glück erschien.
> Doch verwickelte er sich jetzt in die erste selbsttätige Lüge, weil er in dem verschlossenen Raume ein wenig verweilte, und er betrat hiemit den abschüssigen Weg des Bösen. (S. 7–8)

- Während des Essens (im Gasthof):

> Inzwischen sah der Wirt, daß der Gast nicht trank, und sagte ehrerbietig: „Der Herr mögen den Tischwein nicht; befehlen Sie vielleicht ein Glas guten Bordeaux, den ich bestens empfehlen kann?"
> Da beging der Schneider den zweiten selbsttätigen Fehler, indem er aus Gehorsam ja statt nein sagte, und alsobald verfügte sich der Waagewirt persönlich in den Keller, um eine ausgesuchte Flasche zu holen; denn es lag ihm alles daran, daß man sagen könne, es sei etwas Rechtes im Ort zu haben. Als der Gast von dem eingeschenkten Weine wiederum aus bösem Gewissen ganz kleine Schlücklein nahm, lief der Wirt voll Freuden in die Küche, schnalzte mit der Zunge und rief: „Hol' mich der Teufel, der versteht's, der schlürft meinen guten Wein auf die Zunge, wie man einen Dukaten auf die Goldwaage legt!"
> „Gelobt sei Jesus Christus!" sagte die Köchin, „ich hab's ja behauptet, daß er's versteht!"
> So nahm die Mahlzeit denn ihren Verlauf, und zwar sehr langsam, weil der arme Schneider immer zimperlich und unentschlossen aß und trank und der Wirt, um ihm Zeit zu lassen, die Speisen genugsam stehenließ. Trotzdem war es nicht der Rede wert, was der Gast bis jetzt zu sich genommen; vielmehr begann der Hunger, der immerfort so gefährlich gereizt wurde, nun den Schrecken zu überwinden, und als die Pastete von Rebhühnern erschien, schlug die Stimmung des Schneiders gleichzeitig um, und ein fester Gedanke begann sich in ihm zu bilden. „Es ist jetzt einmal, wie es ist!" sagte er sich, von einem neuen Tröpflein Weines erwärmt und aufgestachelt; „nun wäre ich ein Tor, wenn ich die kommende Schande und Verfolgung ertragen wollte, ohne mich dafür satt gegessen zu haben! Also vorgesehen, weil es noch Zeit ist! Das Türmchen, was sie da aufgestellt haben, dürfte leichtlich die letzte Speise sein, daran will ich mich halten, komme was da wolle! Was ich einmal im Leibe habe, kann mir kein König wieder rauben!" (S. 9–10)

- Wenzel klärt die „Eulenspiegelei" des Kutschers nicht auf; er korrigiert den Wirt nicht, als dieser ihn mit „Herr Graf Strapinski" anspricht (S. 11–12).
- Auf der Fahrt zum Gut des Amtsrates (am ersten Tag):

> Der Wein hatte seinen Witz erwärmt; er überdachte schnell, daß er bei dieser Gelegenheit am besten sich unbemerkt entfernen und seine Wanderung fortsetzen könne; den Schaden sollten die törichten und zudringlichen Herren an sich selbst behalten. Er nahm daher die Einladung mit einigen höflichen Worten an und bestieg mit dem jungen Pütschli den Jagdwagen. (S. 14)

- Vor dem Abendessen auf dem Gut hält Wenzel „den rechten Zeitpunkt einer geräuschlosen Beurlaubung für gekommen" (S. 17). Aber: Als er gerade ins freie Feld treten will, kommt ihm Nettchen entgegen, die ihn zum Abendbrot ruft.
  ... „eine neue Wendung war eingetreten, ein Fräulein beschritt den Schauplatz der Ereignisse" (S. 18)
  Dies verändert die Situation entscheidend:

> Strapinski hingegen wandelte sich in kurzer Zeit um; während er bisher nichts getan hatte, um im geringsten in die Rolle einzugehen, die man ihm aufbürdete, begann er nun unwillkürlich, etwas gesuchter zu sprechen, und mischte allerhand polnische Brocken in die Rede, kurz, das Schneiderblütchen fing in der Nähe des Frauenzimmers an, seine Sprünge zu machen und seinen Reiter davonzutragen. (S. 19)

- Am nächsten Tag fühlt sich Wenzel wie in einem Märchen.
  Er geht draußen vor der Stadt spazieren:

> Er geriet auf seiner Wanderung auch vor das Tor, und wie er nun so über das freie Feld hinblickte, meldete sich zum letzten Male der pflichtgemäße Gedanke, seinen Weg unverweilt fortzusetzen.
> Die Sonne schien, die Straße war schön, fest, nicht zu trocken und auch nicht zu naß, zum Wandern wie gemacht. Reisegeld hatte er nun auch, so daß er angenehm einkehren konnte, wo er Lust dazu verspürte, und kein Hindernis war zu erspähen.
> Da stand er nun, gleich dem Jüngling am Scheideweg, auf einer wirklichen Kreuzstraße; aus dem Lindenkranze, welcher die Stadt umgab, stiegen gastliche Rauchsäulen, die goldenen Turmknöpfe funkelten lockend aus den Baumwipfeln, Glück, Genuß und Verschuldung, ein geheimnisvolles Schicksal winkten dort; von der Feldseite her aber glänzte die freie Ferne; Arbeit, Entbehrung, Armut, Dunkelheit harrten dort, aber auch ein gutes Gewissen und ein ruhiger Wandel; dieses fühlend, wollte er denn auch entschlossen ins Feld abschwenken. Im gleichen Augenblicke rollte ein rasches Fuhrwerk heran; es war das Fräulein von gestern, welches mit wehendem blauem Schleier ganz allein in einem schmucken, leichten Fuhrwerke saß, ein schönes Pferd regierte und nach der Stadt fuhr.

> Sobald Strapinski nur an seine Mütze griff und dieselbe demütig vor seine Brust nahm in seiner Überraschung, verbeugte sich das Mädchen rasch errötend gegen ihn, aber überaus freundlich, und fuhr in großer Bewegung, das Pferd zum Galopp antreibend, davon.
> Strapinski aber machte unwillkürlich ganze Wendung und kehrte getrost nach der Stadt zurück. Noch an demselben Tage galoppierte er auf dem besten Pferde der Stadt, an der Spitze einer ganzen Reitergesellschaft, durch die Allee, welche um die grüne Ringmauer führte, und die fallenden Blätter der Linden tanzten wie ein goldener Regen um sein verklärtes Haupt.
> (S. 25–26)

- In den nächsten Tagen und Wochen vertröstet er sich immer wieder mit der Hoffnung, nach einem Lotteriegewinn doch noch alles regeln zu können.
  Aber als er tatsächlich in der Lotterie gewinnt, will er mit Rücksicht auf Nettchen nicht mehr als Schneidergeselle verschwinden, sondern als Graf, der aus der Ferne seine Schulden bezahlt. Er möchte den Schein, an den er sich bereits gewöhnt hat, Nettchen gegenüber und im Andenken der Goldacher als Sein behalten:

> An demselben Tage nun begab sich Strapinski auf einen stattlichen Ball, zu dem er geladen war. In tiefes, einfaches Schwarz gekleidet erschien er und verkündete sogleich den ihn Begrüßenden, daß er genötigt sei zu verreisen.
> (S. 29)

Als ihm aber Nettchen am selben Abend ihre Liebe bekennt, hat er nicht mehr die Kraft, aus seiner Rolle auszusteigen. Die Dinge nehmen ihren Lauf, der Termin für die Verlobung wird festgesetzt. Zwar ist noch von Geschäften und „vorhabenden Reisen“ (S. 31) die Rede, aber doch eher als Vorwand, um den Verlobungstermin möglichst früh anzusetzen.

Der äußere und innere Wendepunkt

Der dramatische Höhepunkt ist das Maskenspiel der Seldwyler beim Verlobungsfest. Wenzel wird entlarvt und ist vor aller Augen wieder der arme Schneidergeselle. Der schöne Schein platzt wie eine Seifenblase:

> Wie nun aber alles im Kreise stand und sich zum Reihen ordnen wollte, erschien eine Gesandtschaft der Seldwyler, welche das freundnachbarliche Gesuch und Anerbieten vortrug, den Herren und Frauen von Goldach einen Besuch abstatten zu dürfen und ihnen zum Ergötzen einen Schautanz aufzuführen. Dieses Anerbieten konnte nicht wohl zurückgewiesen werden; auch

versprach man sich von den lustigen Seldwylern einen tüchtigen Spaß und setzte sich daher nach der Anordnung der besagten Gesandtschaft in einem großen Halbring, in dessen Mitte Strapinski und Nettchen glänzten gleich fürstlichen Sternen.
Nun traten allmählich jene besagten Schneidergruppen nacheinander ein. Jede führte in zierlichem Gebärdenspiel den Satz „Leute machen Kleider" und dessen Umkehrung durch, indem sie erst mit Emsigkeit irgendein stattliches Kleidungsstück, einen Fürstenmantel, Priestertalar und dergleichen anzufertigen schien und sodann eine dürftige Person damit bekleidete, welche urplötzlich umgewandelt, sich in höchstem Ansehen aufrichtete und nach dem Takte der Musik feierlich einherging.
Auch die Tierfabel wurde in diesem Sinne in Szene gesetzt, da eine gewaltige Krähe erschien, die sich mit Pfauenfedern schmückte und quakend umherhupfte, ein Wolf, der sich einen Schafspelz zurechtschneiderte, schließlich ein Esel, der eine furchtbare Löwenhaut von Werg trug und sich heroisch damit drapierte wie mit einem Carbonarimantel.
Alle, die so erschienen, traten nach vollbrachter Darstellung zurück und machten allmählich so den Halbkreis der Goldacher zu einem weiten Ring von Zuschauern, dessen innerer Raum endlich leer ward. In diesem Augenblicke ging die Musik in eine wehmütig ernste Weise über, und zugleich beschritt eine letzte Erscheinung den Kreis, dessen Augen sämtlich auf sie gerichtet waren. Es war ein schlanker junger Mann in dunklem Mantel, dunklen, schönen Haaren und mit einer polnischen Mütze; es war niemand anders als der Graf Strapinski, wie er an jenem Novembertage auf der Straße gewandert und den verhängnisvollen Wagen bestiegen hatte.
Die ganze Versammlung blickte lautlos gespannt auf die Gestalt, welche feierlich schwermütig einige Gänge nach dem Takte der Musik umhertrat, dann in die Mitte des Ringes sich begab, den Mantel auf den Boden breitete, sich schneidermäßig darauf niedersetzte und anfing ein Bündel auszupacken. Er zog einen beinahe fertigen Grafenrock hervor, ganz wie ihn Strapinski in diesem Augenblicke trug, nähte mit großer Hast und Geschicklichkeit Troddeln und Schnüre darauf und bügelte ihn schulgerecht aus, indem er das scheinbar heiße Bügeleisen mit nassen Fingern prüfte. Dann richtete er sich langsam auf, zog seinen fadenscheinigen Rock aus und das Prachtkleid an, nahm ein Spiegelchen, kämmte sich und vollendete seinen Anzug, daß er endlich als das leibhafte Ebenbild des Grafen dastand. Unversehens ging die Musik in eine rasche, mutige Weise über, der Mann wickelte seine Siebensachen in den alten Mantel und warf das Pack weit über die Köpfe der Anwesenden hinweg in die Tiefe des Saales, als wollte er sich ewig von seiner Vergangenheit trennen. Hierauf beging er als stolzer Weltmann in stattlichen Tanzschritten den Kreis, hie und da sich vor den Anwesenden huldreich verbeugend, bis er vor das Brautpaar gelangte. Plötzlich faßte er den Polen, ungeheuer überrascht, fest ins Auge, stand als eine Säule vor ihm still, während gleichzeitig wie auf Verabredung die Musik aufhörte und eine fürchterliche Stille wie ein stummer Blitz einfiel.

„Ei ei ei ei!" rief er mit weithin vernehmlicher Stimme und reckte den Arm gegen den Unglücklichen aus, „sieh da den Bruder Schlesier, den Wasserpolacken! Der mir aus der Arbeit gelaufen ist, weil er wegen einer kleinen Geschäftsschwankung glaubte, es sei zu Ende mit mir. Nun es freut mich, daß es Ihnen so lustig geht und Sie hier so fröhliche Fastnacht halten! Stehen Sie in Arbeit zu Goldach?"
Zugleich gab er dem bleich und lächelnd dasitzenden Grafensohn die Hand, welche dieser willenlos ergriff wie eine feurige Eisenstange, während der Doppelgänger rief: „Kommt, Freunde, seht hier unsern sanften Schneidergesellen, der wie ein Raphael aussieht und unsern Dienstmägden, auch der Pfarrerstochter so wohl gefiel, die freilich ein bißchen übergeschnappt ist!"
Nun kamen die Seldwyler Leute alle herbei und drängten sich um Strapinski und seinen ehemaligen Meister, indem sie ersterem treuherzig die Hand schüttelten, daß er auf seinem Stuhle schwankte und zitterte. Gleichzeitig setzte die Musik wieder ein mit einem lebhaften Marsch; die Seldwyler, sowie sie an dem Brautpaar vorüber waren, ordneten sich zum Abzuge und marschierten unter Absingung eines wohleinstudierten diabolischen Lachchors aus dem Saale, während die Goldacher, unter welchen Böhni die Erklärung des Mirakels blitzschnell zu verbreiten gewußt hatte, durcheinanderliefen und sich mit den Seldwylern kreuzten, so daß es einen großen Tumult gab.
Als dieser sich endlich legte, war auch der Saal beinahe leer; wenige Leute standen an den Wänden und flüsterten verlegen untereinander; ein paar junge Damen hielten sich in einiger Entfernung von Nettchen, unschlüssig, ob sie sich derselben nähern sollten oder nicht.
Das Paar aber saß unbeweglich auf seinen Stühlen gleich einem steinernen ägyptischen Königspaar, ganz still und einsam; man glaubte den unabsehbaren glühenden Wüstensand zu fühlen.
Nettchen, weiß wie ein Marmor, wendete das Gesicht langsam nach ihrem Bräutigam uns sah ihn seltsam von der Seite an.
Da stand er langsam auf und ging mit schweren Schritten hinweg, die Augen auf den Boden gerichtet, während große Tränen aus denselben fielen.
(S. 35–38)

Das zufällige Zusammentreffen der beiden sehr ungleichen Gesellschaften aus Goldach und Seldwyla war in Wirklichkeit von Melchior Böhni von langer Hand vorbereitet worden. Das Maskenspiel markiert die äußere Wende der Handlung (vgl. ↗Wendepunkt). Der Schein des Maskenspiels bringt nach außen hin alles wieder ins richtige Lot; der Schein des Maskenspiels zerstört die Illusion, in der Wenzel und die Goldacher lebten. Mit dieser Wende könnte die Geschichte eigentlich zu Ende sein: Wenzel verläßt beschämt die Bühne, Nettchen hat ihren Traum von der Frau Gräfin ausgeträumt. Aber die Geschichte geht weiter.

Nach der geplatzten Verlobungsfeier fährt Nettchen ihrem Wenzel nach; sie sprechen sich aus. Nettchen erfährt die Hintergründe für Wenzels Verhalten, die weit in die Kindheit zurückreichen. Sie erkennt auch, daß Wenzel von den Goldachern und auch von ihr selbst eher in diese Grafen-Rolle getrieben worden war, als daß er sie selbst inszeniert hätte. Allmählich legt sich ihr Groll; sie merkt, daß Wenzel sie wirklich liebt, daß er innerlich ein guter Kerl ist. Nun nimmt sie das Ruder in die Hand. Nettchen legt alle romantischen Flausen ab und stellt sich der Wirklichkeit. Resolut nimmt sie ihre und Wenzels Zukunft in die Hand. Dies ist für beide der innere Wendepunkt:

> So feierte sie erst jetzt ihre rechte Verlobung aus tief entschlossener Seele, indem sie in süßer Leidenschaft ein Schicksal auf sich nahm und Treue hielt. Doch war sie keineswegs so blöde, dieses Schicksal nicht selbst ein wenig lenken zu wollen; vielmehr faßte sie rasch und keck neue Entschlüsse. Denn sie sagte zu dem guten Wenzel, der in dem abermaligen Glückeswechsel verloren träumte:
> „Nun wollen wir gerade nach Seldwyl gehen und den Dortigen, die uns zu zerstören gedachten, zeigen, daß sie uns erst recht vereinigt und glücklich gemacht haben!"
> Dem wackeren Wenzel wollte das nicht einleuchten. Er wünschte vielmehr, in unbekannte Weiten zu ziehen und geheimnisvoll romantisch dort zu leben in stillem Glücke, wie er sagte.
> Allein Nettchen rief: „Keine Romane mehr! Wie du bist, ein armer Wandersmann, will ich mich zu dir bekennen und in meiner Heimat allen diesen Stolzen und Spöttern zum Trotze dein Weib sein! Wir wollen nach Seldwyla gehen und dort durch Tätigkeit und Klugheit die Menschen, die uns verhöhnt haben, von uns abhängig machen!"
> Und wie gesagt, so getan! (S. 52)

Anders als in den Liebensromanen, die meistens mit der Hochzeit enden, läuft die Geschichte resümierend über mehrere Jahre weiter; wie beide sich eine bürgerliche Existenz aufbauen, von allen geachtet werden, viele Kinder kriegen – und auch immer rundlicher werden, – weit weg von den alten Träumen. Deshalb Nettchens Losung:

„Keine Romane mehr!"

Nettchens Aufforderung an Wenzel ist zwar fast schon eine feste Redewendung geworden, aber die Erzählung selbst kommt auch nicht ohne erzählerische Kunstgriffe aus. Viele „Zufälle", vielleicht zu viele bis zum Märchenhaften, setzt der allwissende Erzähler (vgl. ↗Auktorialer Erzähler) ein, um alles zu einem glücklichen Ende zu führen, oder besser: zu fügen. Zwar stehen Wenzel und Nettchen nach dem kurzen Ausflug in die Wunschwelt trivialer Romane (vgl. ↗Trivialliteratur) sehr bald wieder auf dem Boden der Wirklichkeit, aber die Gründung ihrer bürgerlichen Existenz wird zumindest durch die just zu diesem Zeitpunkt fällige Erbschaft begünstigt. Die Rolle der Fee im Märchen übernimmt hier die verstorbene Mutter; sie hat für ihre Tochter und deren Glück vorgesorgt.

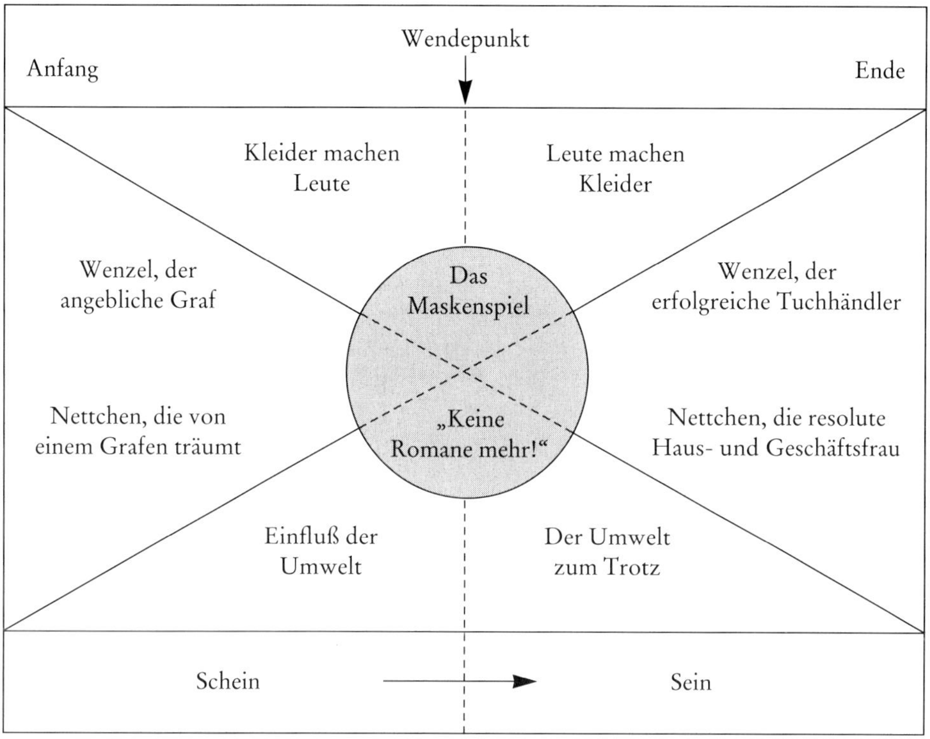

Keller ging es in dieser Novelle aber gar nicht um eine realistische Alltagsgeschichte. Durch seinen Erzähler läßt er immer wieder durchblicken, wie künstlich das ganze Erzählgebilde ist. Das heißt jedoch nicht, daß die Novelle *Kleider machen Leute* fernab jeglichen Wirklichkeitsbezugs sei. Hinter dem schließlich glücklichen Ausgang verbirgt sich einige Kritik am Verhalten der Zeitgenossen und auch allgemein:

- Viele möchten mehr scheinen als sie sind.
- Manch einer läßt sich vom äußeren Schein täuschen.
- Jeder hat seine sentimentale, „romantische“ Ecke, in der er träumt, was er gerne wäre. Gefährlich wird es nur, wenn er diese Träumereien für Wirklichkeit hält.
- Obwohl die Gestalten der Novelle – und auch das Lesepublikum – schon längst in einem Gemeinwesen leben, für das sie selbst verantwortlich sind, und der eigene Wohlstand und das Wohlergehen aller auf der Tüchtigkeit jedes einzelnen beruhen, hält sich weiterhin die Vorstellung, daß einer von Adel eben etwas Besseres sei. (Von diesem Scheinargument profitieren noch heute Werbeagenturen und Massenblätter.)

Die Geschichte wird aber nicht mit einem erhobenen Zeigefinger erzählt. Sie steht in der Sammlung „Die Leute von Seldwyla“, einem erfundenen Ort – wie auch Goldach –; die Kritik an den menschlichen Schwächen ist in die Heiterkeit eines modernen Märchens eingebettet. Am Schluß nimmt alles noch eine glückliche Wende, zumindest in der Fiktion (vgl. ↗fiktional) der dargestellten Ereignisse.

Wenzel steigt in dem Gasthof „Zur Waage“ ab. Die Waage ist das ↗Symbol der Gerechtigkeit. Sie prüft das Gewicht der Taten eines jeden; sie wägt in beiden Schalen Fehler und aufrichtiges Verhalten gegeneinander ab. – Der Schlitten des Amtsrats war mit einem Bild der Fortuna verziert. Fortuna ist die Göttin des launischen Glücks; dem einen schüttet sie ihr Glückshorn aus, den anderen läßt sie leer ausgehen. Bald ist man in ihrer Gunst, bald wird man von ihr vergessen. – Nettchen steigt nach der Aussprache mit Wenzel im Seldwyler Gasthaus „Zum Regenbogen“ ab. Der Regenbogen ist seit dem Alten Testament das Symbol der Versöhnung. Es ließen sich noch mehr Beispiele für sprechende Namen anführen, die Keller in dem Text bewußt verwendet. Aber die angeführten Beispiele reichen schon aus, um zu verdeutlichen, daß die Namen mehr sind als nur bloße Ortsbestimmungen oder andere Formen der Kennzeichnung; sie sind Teil der Interpretation. Mit ihnen stellt der ↗Autor Wegweiser auf, damit der Leser die Geschichte im Sinne des Autors liest und versteht (vorausgesetzt, daß ihm der Inhalt der einzelnen Symbole noch bekannt ist!).

Beispiele für Textinterpretationen
(Schülerarbeiten)

I. Das Verhalten des Wirts und der Köchin als Beweis für die Richtigkeit des Titels

Der Titel „Kleider machen Leute“ findet sich in dem Benehmen des Wirts und der Köchin bestätigt. Der Wirt und die Köchin bilden sich ihre Meinung über Herkunft und Stand des Gastes nur aufgrund der Bekleidung, die er trägt. Weder die Köchin noch der Wirt haben sich nach der wirklichen Herkunft und dem tatsächlichen Stand des Gastes erkundigt. Sie meinen, mit einem solchen Anzug könnte nur ein Graf herkommen, und sie finden ihre Meinung unwiderruflich. Es wäre für sie auch schwer vorstellbar, daß ihr Gast lediglich ein arbeitsloser Schneidergeselle sein sollte; denn das wäre mit dem äußeren Auftritt, der für die Köchin und den Wirt von Vornehmheit zeugt, und mit der Kleidung des Gastes nur schwer vereinbar.
So beweisen der Wirt und die Köchin durch ihr Verhalten, daß die Menschen doch sehr nach dem Äußeren urteilen und den Stand einer Person zu leicht von deren Kleidung abhängig machen. Wäre der Schneider nicht in der Kutsche angekommen und hätte er nicht den seidegefütterten Mantel getragen, hätte ihn niemand besonders beachtet; er wäre ein ganz normaler Gast gewesen, wie jeder andere.

Das Verhalten der Köchin: Die Köchin benimmt sich äußerst aufgeregt, als sie von der Ankunft eines hohen Herrn erfährt. Sie meint, man müsse einem so hohem Gast etwas ganz Besonderes vorsetzen, und gerät darüber ganz und gar durcheinander. Schließlich entscheidet sie sich, dem neuen Gast von der Pastete der Ratsherren zu geben und den Rest für die Ratsherren etwas zu strecken. Man merkt, daß der Köchin mehr daran liegt, bei dem Gast einen guten Eindruck zu hinterlassen, als von den Ratsherren gelobt zu werden, die nun von ihrer ersten Stelle im Städtchen, die sie normalerweise innehatten, auf die zweite Stelle geschoben werden.

Als die Köchin dann auch noch das ernste, fast traurige Gesicht des vermeintlichen Grafen sieht, führt sie das auf eine unerlaubte Liebe zurück, ebenso wie sie es aus Büchern und Erzählungen zu wissen glaubt, obwohl das betrübte Gesicht des Schneiders seinen Ursprung in dessen Unbehagen hat, das er in dieser ungewöhnlichen Situation empfindet, da er einerseits gerne für alle wieder der Schneidergeselle sein möchte, aber andererseits nicht den Mut aufbringt, alles richtigzustellen. Was der Gast auch tut und wenn er auch noch so zaghaft ist, wertet ihm die Köchin als Vornehmheit. Sie glaubt, in all seinem Benehmen einen tieferen Sinn erblicken zu können.

Das Verhalten des Wirtes: Der Wirt benimmt sich noch aufgeregter als die Köchin, die trotz ihrer Aufregung nicht ganz die Ruhe verliert. Er empfängt den Gast mit höchsten Ehren und führt sich als unterwürfiger Diener auf. Er möchte dem Gast jeden Wunsch von den Augen ablesen. Alles, was der Gast wünscht, soll stets schon vorhanden sein. Der Wirt macht die Köchin verrückt; man solle dem Gast das Allerbeste vorsetzen, damit er sich wohl fühle und ein seinem Stand angemessenes Mahl einnehme. Der Wirt will unbedingt einen guten, fast sogar besonderen Eindruck bei dem Gast erwecken, so als ob das Haus es gewohnt sei, hohe Gäste zu bewirten und unter seinem Dache zu haben. Der Gast soll den Eindruck haben, daß er in ein besseres Gasthaus eingekehrt sei, damit er auch für längere Zeit dort bleibe.
Hinter all dem steht aber auch noch der Wunsch des Wirtes, seinen Seldwyler Kollegen eins auszuwischen, die, wie man sagt, den Gästen die Knochen vorsetzen. Das Benehmen seines Gastes wertet der Wirt, wie die Köchin, als Vornehmheit. Und da Wenzel nicht im geringsten aufdringlich ist oder hochnäsig auftritt, wie man es eigentlich erwarten könnte, steigt er nur noch in der Achtung des Wirtes. Alles legt der Wirt seinen eigenen Wünschen entsprechend aus.

(*Stefanie Rötzer*)

II. Welche Bedeutung hat die Entlarvung des falschen Grafen für das weitere Leben von Wenzel Strapinski und Nettchen?

Da sich das Gerücht verbreitet hat, Strapinski sei ein Graf, ehren ihn alle. Sie sind stolz darauf, daß er sich in ihrem unbedeutenden Städtchen aufhält. Er hat bei ihnen unbegrenzten Kredit, obwohl er niemals von seinen Vermögensverhältnissen gesprochen hat.
Auch Nettchen will Strapinski nur heiraten, weil sie, wie alle anderen im Ort, glaubt, er komme aus sehr hohem Hause. Sie denkt an eine vorteilhafte Partie. Aus seiner Zurückhaltung schließt sie nur, daß er sicherlich Sorgen habe, über die er nicht sprechen wolle.
Die Bürger lassen ihrer Phantasie freien Lauf. Sie beobachten an Wenzel so viel gräfliche Eigenschaften, daß Nettchen es für eine große Ehre halten muß, seine Frau zu werden. Deshalb will sie ihn auch heiraten, ohne daß sie ihn richtig liebt und ohne seinen Charakter zu kennen. Sie denkt nur an die künftige „Frau Gräfin“.

Als nun bei der Verlobungsfeier alles herauskommt, da ist Nettchen ziemlich enttäuscht; denn beinahe hätte sie ja einen Betrüger geheiratet. Aber diese Entlarvung hat auch etwas Gutes für sich; denn nun, da sie sich keine falschen Hoffnungen mehr macht, entdeckt sie ihre richtige Liebe zu Wenzel. Sie merkt, daß sie eigentlich, obwohl sie vorher immer nur den Grafen vor Augen hatte, mehr den Menschen Strapinski als den Grafen liebt. Und nach einer entscheidenden Aussprache heiratet sie ihren Wenzel. Sie holt ihn, wie sich selbst vorher, aus einer Traumwelt, in der er, zum Teil auch durch eigenes Verschulden, lebt, heraus: „Keine Romane mehr!" (S. 52)

Nettchen legt nun eine Entschlossenheit an den Tag, die auch Wenzel nicht unberührt läßt. So bekennt sich Wenzel zu sich selbst und fährt mit Nettchen nach Seldwyla. Da er jetzt weiß, daß Nettchen nicht nur den Grafen heiraten wollte, sondern auch nach der peinlichen Entlarvung noch zu ihm hielt und ihn wirklich liebt, faßt er neuen Mut. Nettchens Liebe zu ihm und sein Trachten danach, diese Liebe nicht mehr zu verlieren, bestimmen seine Handlungen. So wird er ein fleißiger, rechtschaffener Schneider, immer darauf bedacht, seinem Nettchen, das aus einem reichen Elternhause stammt und zu ihm, dem armen Schneider, gehalten hat, ein angenehmes Leben zu schaffen.

Wenzel hat gemerkt, daß er, wenn er es zu etwas bringen will, Willensstärke braucht und nicht alles über sich ergehen lassen kann. Das bekommen auch die Seldwyler zu spüren: „Denn um neue, noch schönere Sachen zu erhalten, welche er kommen oder anfertigen ließ, mußten sie ihm das Frühere bezahlen, so daß sie untereinander klagten, er presse ihnen das Blut unter den Nägeln hervor" (S. 57). Er hat von den Seldwylern gelernt.

(*Bettina Rötzer*)

Rückfragen und Aufgaben

1. *Was ist an der ganzen Geschichte „märchenhaft"?*

2. *Warum kann man mit Recht von zwei Wendepunkten, einem äußeren und einem inneren, sprechen?*

3. *Wenzel wird eher in die Rolle getrieben, als daß er sie sich selbst ausgedacht hätte. Aber trotzdem ist sie ihm nicht ganz fremd, zumindest in seinen geheimen Wünschen. An welchen Stellen geht der Erzähler darauf ein?*

4. *Vergleiche Nettchens Verhalten vor der Entlarvung mit ihrem Verhalten danach. Was hat sich in ihrem Verhalten geändert?*

Schachnovelle

Stefan Zweig

Überblick über den Inhalt

Ein nicht näher genannter Ich-Erzähler berichtet von Ereignissen, die er auf einem Passagierdampfer während der Fahrt von New York nach Buenos Aires miterlebt hat. Unter den Passagieren befindet sich der Schachweltmeister Mirko Czentovic. Von einem Freund erfährt der Erzähler die Geschichte der Entdeckung und des Aufstiegs des Schachmeisters. Bemerkenswert ist an Czentovic seine einseitige Begabung für das Schachspiel und seine von den Kollegen bespöttelte Unfähigkeit, Schachpartien nur in Gedanken durchzuspielen, blind zu spielen. Czentovic wird in der Erzählung des Freundes als humorloser und geldgieriger Karrieretyp dargestellt.
Auf diese Charakterisierung hin möchte der Erzähler „dieses sonderbare Spezimen intellektueller Eingleisigkeit auf der zwölftägigen Fahrt bis Rio näher unter die Lupe" (S. 17) nehmen. Die ersten Versuche des Erzählers, mit Czentovic ins Gespräch zu kommen, mißlingen. Schließlich faßt er, selbst nur ein dilettantischer Schachspieler, den Plan, den Schachmeister durch das Schachspiel aus der Reserve zu locken. Demonstrativ spielt er mit McConnor, einem im Ölgeschäft reich gewordenen Tiefbauingenieur. Czentovic würdigt die beiden zwar keines Blickes; aber als McConnor erfährt, wer Czentovic ist, hat der Erzähler in McConnor einen Partner für seinen Plan. Und McConnor verpflichtet den Schachmeister für ein Honorar von 250 Dollar zu einer Simultanpartie.
Die Partie geht verloren. McConnor, durch Czentovics Arroganz gereizt, fordert Revanche und bezahlt das Honorar ein zweites Mal. In dem Moment, als McConnor einen, wie er meint, für ihn günstigen Zug durchführen will, greift ein unbekannter Fahrgast erregt ein, hindert ihn am Zuge, zeigt ihm eine bessere Strategie und reißt schließlich das Spiel an sich. Es endet wider Erwarten unentschieden.
Nun bietet Czentovic von sich aus eine dritte Partie an. Die Gäste fordern den Fremden auf, allein gegen den Weltmeister zu spielen. Der Fremde aber lehnt, für alle unverständlich, das Angebot ab.
Auch der Erzähler versteht diesen Entschluß nicht. Daher will er hinter den Grund kommen, warum der Unbekannte diese einmalige Chance, gegen den Weltmeister zu spielen und ihn vielleicht zu besiegen, ausschlägt. Im Gegensatz zu den früheren vergeblichen Versuchen, mit Czentovic ins Gespräch zu kommen, bedarf es bei dem Unbekannten keines besonderen Tricks. Als der Erzähler dem Unbekannten nochmals die Bitte der Gäste übermittelt, das Angebot des Weltmeisters anzunehmen, und als der Unbekannte nach einigem Zögern endlich zusagt, erfährt er gleichsam als Erklärung für das vorherige Zaudern die Geschichte des Dr. B.

Dr. B. hatte in den dreißiger Jahren in Österreich eine Anwaltspraxis, die das Vermögen einiger Mitglieder der kaiserlichen Familie und auch mehrerer Klöster verwaltete. Als die Nationalsozialisten in Deutschland an die Macht kamen, übernahm die Kanzlei des Dr. B. im Geheimen auch die Verwaltung klösterlichen Vermögens, das aus Deutschland gerettet worden war. Durch einen Spitzel, den die Nationalso-

zialisten in die Kanzlei eingeschleust hatten, wurde Dr. B. beschattet. Er gehörte zu den ersten, die beim Einmarsch der Deutschen in Österreich verhaftet wurden. Da die Nationalsozialisten nicht in erster Linie an seiner Person interessiert waren, sondern an möglichen Informationen über Vermögenstransaktionen, die sie von ihm erfahren könnten, kam er in ein Hotel in Isolationshaft zur psychischen Sonderbehandlung. Monatelang war er ohne Kontakt zur Außenwelt, ohne Zeitungen, ohne Schreibmaterial in das vollkommenste Nichts gestellt. Als seine Widerstandskraft zu erlahmen drohte, kam er durch Zufall an ein Schachrepetitorium mit 150 Meisterpartien. Obwohl er in der Schulzeit nur ein mittelmäßiger Spieler war, lernte er diese 150 Partien auswendig und wiederholte sie sich ständig, er spielte sie blind durch. Diese Übung hielt seine Widerstandskraft wach, zumindest für einige Zeit, aber nicht auf die Dauer, da die ständige Rekapitulation der Meisterspiele schließlich zu einer monotonen, mechanischen Übung wurde. Da verfiel er auf die Idee, neue Partien zu erfinden und – in einer Art von Schizophrenie – gegen sich selbst zu spielen. Diese Bewußtseinsspaltung steigerte sich zu Aggressionen gegen das eigene Ich. Es kam zu einem psychischen Zusammenbruch.
Dr. B. wurde in ein Hospital eingeliefert. Ein hilfreicher Arzt erreichte, daß Dr. B. (vielleicht weil er ihn als unzurechnungsfähig erklärt hatte, oder auch, weil Dr. B. für die Gestapo mittlerweile uninteressant geworden war) entlassen wurde mit der Auflage, das Land umgehend zu verlassen. Soweit die nachgeholte Geschichte des Dr. B.

Das Angebot des Weltmeisters zu einer Revanche will Dr. B. nur annehmen, um zu prüfen, ob er überhaupt fähig sei, auch eine normale Partie auf einem wirklichen Schachbrett zu spielen. Dr. B. gewinnt die Partie; aber der Erzähler, der die Vorgeschichte kennt, bemerkt, im Verlauf des Spiels, wie Dr. B. zunehmend wieder in das schizophrene Schachfieber zurückfällt und sich gar nicht mehr bewußt ist, daß er gegen einen realen Gegner spielt. Als Dr. B. dann Czentovics Angebot zu einem weiteren Spiel schon mit Zeichen unnatürlicher Erregtheit annimmt, will ihn der Erzähler warnen; aber vergeblich. Das Spiel beginnt. Immer weniger sieht Dr. B. sein reales Gegenüber, immer mehr steigert er sich in einen Kampf gegen sich selbst, so sehr, daß er am Schluß eine ganz andere Partie als die auf dem Brett vor ihm spielt, eine imaginäre. Die Krise der Isolationshaft wiederholt sich.
Durch eine Bemerkung des Erzähler wird er sich plötzlich der Situation bewußt; er bricht die Partie ab, entschuldigt sich vor den Zuschauern, die sein Verhalten nicht verstehen, und verschwindet. Es ist für ihn das endgültig letzte Schachspiel. Er kann keine Partie spielen, ohne daß ihn die Erinnerung an die grausame Haftzeit wieder überfällt.

Über den Autor

Aus einem Jugend-Lexikon:

Stefan Zweig

* 28.11.1881 *in Wien*
† 23.2.1942 *in Petrópolis bei Rio de Janeiro*

Die Welt von gestern. Erinnerungen eines Europäers ist der Titel eines der bekanntesten Werke von Stefan Zweig. Die Welt von gestern – das war für Zweig eine Welt der Geborgenheit in der Zeit vor dem Ersten Weltkrieg. Er erinnert sich wehmütig an das alte Österreich und an Wien, wo er als Sohn einer sehr reichen jüdischen Familie aufwuchs. Als er neunzehn Jahre alt war, erschien sein erster Gedichtband. Sein Gesamtwerk umfaßt Romane und Novellen, Dramen und Gedichte, Biographien und Übersetzungen aus anderen europäischen Literaturen. Ab 1919 lebte Zweig in Salzburg in einer hochkultivierten, luxuriösen Umgebung. Doch auch diese Welt war bedroht. Schon Jahre vor dem Einmarsch der Deutschen in Österreich (1938) ging er nach England und später nach Brasilien. Aber es gelang ihm nicht mehr, in einer veränderten Welt Fuß zu fassen. „Nach dem sechzigsten Jahr bedürfte es besonderer Kräfte, um noch einmal zu beginnen. Und die meinen sind durch die langen Jahre heimatlosen Wanderns erschöpft“, schrieb er in einem Abschiedsbrief. Im Februar 1942, als Hitler auf dem Höhepunkt seiner Macht zu sein schien, ging Zweig zusammen mit seiner Frau freiwillig in den Tod.

Der Autor Stefan Zweig war schon früh erfolgreich, und der Erfolg blieb ihm sein Leben lang treu. Er hatte ein sicheres Gespür für interessante und packende Stoffe; sein farbiger, dramatischer Stil kam dem Verlangen vieler Leser entgegen. Er war ein Meister der Novellendichtung. Berühmt wurde die *Schachnovelle* (1942). Doch viel populärer, auch bei jungen Lesern, war das Bändchen *Sternstunden der Menschheit* aus dem Jahr 1927, mit seinen knappen, dramatischen Geschichtserzählungen geworden. Sternstunden sind schicksalsvolle historische Augenblicke von weittragender Bedeutung, sei es die Eroberung von Konstantinopel durch die Türken oder der Untergang des Polarforschers Scott im Eis der Antarktis. Zu den geschichtlichen Werken dürfen wir auch die Biographien interessanter Persönlichkeiten der europäischen Geschichte zählen, wie etwa der französischen Königin *Marie Antoinette*, der schottischen Königin *Maria Stuart* oder des ersten Weltumseglers *Magellan. Baumeister der Welt* heißt eine Sammlung von neun europäischen Dichterbiographien, mit der Zweig bewies, daß für ihn Europa trotz nationaler Gegensätze eine geistige Einheit bildete.

[*dtv junior Literatur-Lexikon,* 79013, S. 196]

Zeitgeschichtliche Hintergründe

Die *Schachnovelle* ist Stefan Zweigs letzte Erzählung. Sie erschien ein Jahr vor seinem Freitod im brasilianischen Exil. Sie ist die Geschichte eines Autors, der vor den Nationalsozialisten fliehen mußte, und sie handelt von einem Verfolgten, der die Stationen des brutalen Terrors der Nationalsozialisten durchlaufen hat.

Die Zeitgeschichte ist Bestandteil der Erzählung, besonders im Bericht des Dr. B.; historische Daten und Namen sind die Markierungspunkte:

1933 – „Als Hitler in Deutschland ans Ruder kam [...]" (S. 43)[1]
1934 – Dollfuß (S. 44), seit 1932 österreichischer Bundeskanzler und Außenminister; gegen den Anschluß an Deutschland; Vertreter einer autoritären, christlich–ständischen Staatsstruktur. 1934 bei einem Putschversuch der Nationalsozialisten ermordet.
– Schuschnigg (S. 44) folgte Dollfuß als Bundeskanzler; versuchte Hitler auf dem Verhandlungswege von einer Annexion Österreichs abzuhalten; 1938 von Hitler nach dem Einmarsch gestürzt.
1938 – „noch am selben Abend, da Schuschnigg seine Abdankung bekannt gab, und einen Tag, ehe Hitler in Wien einzog [...]" (S. 46)
1938 – Österreich unter nationalsozialistischer Herrschaft, als Teil des Großdeutschen Reiches; Verfolgung politischer Gegner.

Zweigs ↗Novelle ist zwar eine erfundene (vgl. ↗fiktional) Geschichte; aber vor dem Hintergrund der Zeitgeschichte werden die Ereignisse an einem Enzelfall verdeutlicht.

[1] Zitiert wird hier und im folgenden nach der Ausgabe Fischer Taschenbuch, Nr. 1522. (Rechte bei Bermann-Fischer AB, Stockholm 1943)

Der Beginn der Erzählung

(1) Auf dem großen Passagierdampfer, der um Mitternacht von New York nach Buenos Aires abgehen sollte, herrschte die übliche Geschäftigkeit
(2) und Bewegung der letzten Stunde. Gäste vom Land drängten durcheinander, um ihren Freunden das Geleit zu geben, Telegraphenboys mit schiefen Mützen schossen Namen ausrufend durch die Gesellschaftsräume, Koffer und Blumen wurden geschleppt, Kinder liefen neugierig treppauf und treppab, während das Orchester unerschütterlich zur
(3) Deck–show spielte. Ich stand im Gespräch mit einem Bekannten etwas abseits von diesem Getümmel auf dem Promenadendeck, als neben uns zwei- oder dreimal Blitzlicht scharf aufsprühte – anscheinend war irgendein Prominenter knapp vor der Abfahrt noch rasch von Reportern
(4) interviewt und photographiert worden. Mein Freund blickte hin und lächelte. „Sie haben da einen raren Vogel an Bord, den Czentovic." Und da ich offenbar ein ziemlich verständnisloses Gesicht zu dieser Mitteilung machte, fügte er erklärend bei: „Mirko Czentovic, der Weltschachmeister. Er hat ganz Amerika von Ost nach West mit Turnierspielen abgeklappert und fährt jetzt zu neuen Triumphen nach Argentinien." (S. 7)

Die Eingangsszene ist kurz und prägnant. Der Autor kommt sehr schnell zum Thema, das im Titel bereits angekündigt ist: „Schachnovelle". Der Eingangstext ist in vier Erzählschritte aufgeteilt. zunächst (1) wird mit wenigen Worten „die übliche Geschäftigkeit" vor der Abfahrt eines großen Passagierdampfers mehr skizziert als ausgeführt. Nur das Wichtigste wird gesagt (Ziel der Reise). Im nächsten Erzählschritt (2) werden einzelne Gruppen aus dem Gesamtbild hervorgehoben; das Bild belebt sich, die Geschäftigkeit nimmt Gestalt an: Abschiedsszenen, eilendes Personal, neugierige Kinder, die Musik-Kapelle. Nach dieser Art Überblick bringt sich der Ich-Erzähler (vgl. ↗Ich-Erzählung) selbst ins Spiel (3). Er ist einer der Passagiere. Er unterhält sich mit einem Freund. Beide stehen etwas abseits an Deck und beobachten das „Getümmel". Plötzlich werden sie auf einige Bildreporter aufmerksam, die anscheinend einen prominenten Fahrgast photographieren. Der Freund erkennt den prominenten Gast und nennt seinen Namen (4). Da der Name dem Ich-Erzähler nichts sagt, ergänzt der Freund, daß es sich um den Weltschachmeister Mirko Czentovic handle; er präzisiert seine Mitteilung: Czentovic fahre zu Turnierspielen nach Argentinien. (Darauf erinnert sich dann auch der Ich-Erzähler an Zeitungsberichte über Czentovics phänomenalen Aufstieg.)

Die Erzählweise erinnert an Techniken des Films. Zunächst fängt die Kamera das Gesamtbild ein, dann greift sie Ausschnitte heraus und konzentriert sich zuletzt auf Personen, die für das weitere Geschehen wichtig sind: vom allgemeinen Überblick über Ausschnitte zur wichtigen Einzelszene. Der Erzähler kommt über wenige Sätze zum Thema.

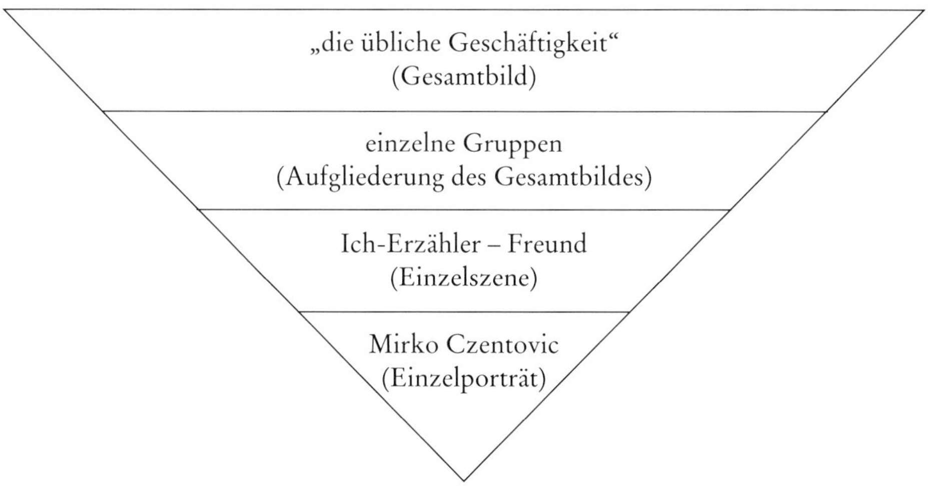

Durch diese Einkreisungstechnik wird das Interesse des Lesers sofort auf zwei Gestalten gelenkt, die auch tatsächlich im weiteren Verlauf der Geschichte wichtige Rollen spielen. Gleichzeitig ist der Ort der Handlung bekannt: an Deck eines großen Passagierdampfers auf der Reise von New York nach Buenos Aires. Der Ich-Erzähler führt sich als Beobachter ein, dessen Aufmerksamkeit sich auf die Person des mitreisenden Weltschachmeisters konzentriert.

Die beiden Hauptgestalten

1. *Czentovics Auftritt:*

Am nächsten Tage war unsere kleine Gruppe zur vereinbarten Stunde vollzählig erschienen. Der Mittelplatz gegenüber dem Meister blieb selbstverständlich McConnor zugeteilt, der seine Nervosität entlud, indem er eine schwere Zigarre nach der anderen anzündete und immer wieder unruhig auf die Uhr blickte. Aber der Weltmeister ließ – ich hatte nach den Erzählungen meines Freundes derlei schon geahnt – gute zehn Minuten auf sich warten, wodurch allerdings sein Erscheinen dann erhöhten Aplomb[1] erhielt. Er trat ruhig und gelassen auf den Tisch zu. Ohne sich vorzustellen – ‚Ihr wißt, wer ich bin, und wer ihr seid, interessiert mich nicht', schien diese Unhöflichkeit zu besagen –, begann er mit fachmännischer Trockenheit die sachlichen Anordnungen. Da eine Simultanpartie hier an Bord mangels verfügbarer Schachbretter unmöglich sei, schlage er vor, daß wir alle gemeinsam gegen ihn spielen sollten. Nach jedem Zuge werde er, um unsere Beratungen nicht zu stören, sich zu einem anderen Tisch am Ende des Raumes verfügen. Sobald wir unseren Gegenzug getan, sollten wir, da bedauerlicherweise keine Tischglocke zur Hand sei, mit dem Löffel gegen ein Glas klopfen. Als maximale Zugzeit schlage er zehn Minuten vor, falls wir keine andere Einteilung wünschten. Wir pflichteten selbstverständlich wie schüchterne Schüler jedem Vorschlage bei. Die Farbenwahl teilte Czentovic Schwarz zu; noch im Stehen tat er den ersten Gegenzug und wandte sich dann gleich dem von ihm vorgeschlagenen Warteplatz zu, wo er lässig hingelehnt eine illustrierte Zeitschrift durchblätterte.

Es hat wenig Sinn, über die Partie zu berichten. Sie endete selbstverständlich, wie sie enden mußte: mit unserer totalen Niederlage, und zwar bereits beim vierundzwanzigsten Zuge. Daß nun ein Weltschachmeister ein halbes Dutzend mittlerer oder untermittlerer Spieler mit der linken Hand niederfegt, war an sich wenig erstaunlich; verdrießlich wirkte eigentlich auf uns alle die präpotente Art, mit der Czentovic es uns allzu deutlich fühlen ließ, daß er uns mit der linken Hand erledigte. Er warf jedesmal nur einen scheinbar flüchtigen Blick auf das Brett, sah an uns so lässig vorbei, als ob wir selbst tote Holzfiguren wären, und diese impertinente Geste erinnerte unwillkürlich an die, mit der man einem räudigen Hund abgewendeten Blicks einen Brocken zuwirft. Bei einiger Feinfühligkeit hätte er meiner Meinung nach uns auf Fehler aufmerksam machen können oder durch ein freundliches Wort aufmuntern. Aber auch nach Beendigung der Partie äußerte dieser unmenschliche Schachautomat keine Silbe, sondern wartete, nachdem er „Matt" gesagt, regungslos vor dem Tische, ob man noch eine zweite Partie von ihm wünsche. (S. 28–30)

[1] veraltet für Sicherheit im Auftreten; Nachdruck; Dreistigkeit

2. *Dr. B.'s Auftritt:*

Allmählich waren wir beim siebzehnten Zuge angelangt, und zu unserer eigenen Überraschung war eine Konstellation eingetreten, die verblüffend vorteilhaft schien, weil es uns gelungen war, den Bauern der c-Linie bis auf das vorletzte Feld c2 zu bringen; wir brauchten ihn nur vorzuschieben auf c1, um eine neue Dame zu gewinnen. Ganz behaglich war uns freilich nicht bei dieser allzu offenkundigen Chance: wir argwöhnten einmütig, dieser scheinbar von uns errungene Vorteil müsse Czentovic, der doch die Situation viel weitblickender übersah, mit Absicht uns als Angelhaken zugeschoben sein. Aber trotz angestrengtem gemeinsamem Suchen und Diskutieren vermochten wir die versteckte Finte nicht wahrzunehmen. Schließlich, schon knapp am Rande der verstatteten Überlegungsfrist, entschlossen wir uns, den Zug zu wagen. Schon rührte McConnor den Bauern an, um ihn auf das letzte Feld zu schieben, als er sich jäh am Arm gepackt fühlte und jemand leise und heftig flüsterte: „Um Gottes willen! Nicht!"
Unwillkürlich wandten wir uns alle um. Ein Herr von etwa fünfundvierzig Jahren, dessen schmales, scharfes Gesicht mir schon vordem auf der Deckpromenade durch seine merkwürdige, fast kreidige Blässe aufgefallen war, mußte in den letzten Minuten, indes wir unsere ganze Aufmerksamkeit dem Problem zuwandten, zu uns getreten sein. Hastig fügte er, unseren Blick spürend, hinzu:
„Wenn Sie jetzt eine Dame machen, schlägt er sie sofort mit dem Läufer c1, Sie nehmen mit dem Springer zurück. Aber inzwischen geht er mit seinem Freibauern auf d7, bedroht Ihren Turm, und auch wenn Sie mit dem Springer Schach sagen, verlieren Sie und sind nach neun bis zehn Zügen erledigt. Es ist beinahe dieselbe Konstellation, wie sie Aljechin gegen Bogoljubow 1922 im Pistyaner Großturnier initiiert hat."
McConnor ließ erstaunt die Hand von der Figur und starrte nicht minder verwundert als wir alle auf den Mann, der wie ein unvermuteter Engel helfend vom Himmel kam. Jemand, der auf neun Züge im voraus ein Matt berechnen konnte, mußte ein Fachmann ersten Ranges sein, vielleicht sogar ein Konkurrent um die Meisterschaft, der zum gleichen Turnier reiste, und sein plötzliches Kommen und Eingreifen gerade in einem so kritischen Moment hatte etwas fast Übernatürliches. Als erster faßte sich McConnor.
„Was würden Sie raten?" flüsterte er aufgeregt.
„Nicht gleich vorziehen, sondern zunächst ausweichen! Vor allem mit dem König abrücken aus der gefährdeten Linie g8 auf h7. Er wird wahrscheinlich den Angriff dann auf die andere Flanke hinüberwerfen. Aber das parieren Sie mit Turm c8–c4; das kostet ihm zwei Tempi, einen Bauern und damit die Überlegenheit. Dann steht Freibauer gegen Freibauer, und wenn Sie sich richtig defensiv halten, kommen Sie noch auf Remis. Mehr ist nicht herauszuholen."
Wir staunten abermals. Die Präzision nicht minder als die Raschheit seiner Berechnung hatte etwas Verwirrendes; es war, als ob er die Züge aus einem

> gedruckten Buch ablesen würde. Immerhin wirkte die unvermutete Chance, dank seines Eingreifens unsere Partie gegen einen Weltmeister auf Remis zu bringen, zauberisch. Einmütig rückten wir zur Seite, um ihm freieren Blick auf das Brett zu gewähren. (S. 32–34)

Die Einführung der beiden Gestalten – Czentovic und Dr. B. – unterscheidet sich in wesentlichen Punkten:

- Czentovic ist dem Ich-Erzähler bekannt, noch bevor er ihn am Spieltisch vor sich sieht. Der Ich-Erzähler hat über ihn bereits ein Urteil, als das Spiel beginnt. Im Grunde ist das, was er sieht, nur eine Bestätigung dessen, was der Freund über Czentovic erzählt hat. Czentovic führt sich nicht selbst ein; es wird über ihn erzählt, er äußert sich auch sonst kaum: Nur was das Spiel betrifft, wird in Sprache umgesetzt. Der ↗Erzähler steht nicht auf der Seite Czentovics; er ist gegen ihn voreingenommen, – und seine Ablehnung verstärkt sich, je genauer er ihn beobachten kann. Czentovic ist für ihn nur ein Fall, den er aus der Distanz beobachtet, eher neugierig als aus persönlicher Sympathie.

- Anders bei der Einführung des Fremden. Niemand kennt ihn, niemandem ist er bisher aufgefallen: ein Mann, der kein Aufsehen erregen will, der sich entschuldigt für sein plötzliches und überraschendes Eingreifen in die laufende Schachpartie. Äußerste Spannung beherrscht diese erste Einführung des Fremden: Der Unbekannte spielt aufregend, leidenschaftlich, aggressiv; – aber eben ganz anders als Czentovic. Alle Umstehenden fragen sich nach dem Grund dieses Verhaltens, – und mit ihnen auch der Leser, der durch die Lektüre in die Geschichte hineingezogen wird.

Die Erzählperspektive

Die Geschichte wird aus der Perspektive (vgl. ↗Erzählperspektive) eines Ich-Erzählers erzählt. Dieser Ich-Erzähler ist nicht mit dem ↗Autor gleichzusetzen. Er ist Teil der Geschichte; ihr Verlauf wird durch ihn bestimmt. Dieser Ich-Erzähler ist kein distanzierter Beobachter, er interpretiert das Geschehen. Er wählt aus den Informationen der Vorgeschichte aus, er charakterisiert die einzelnen Gestalten und urteilt über sie wie auch über die Ereignisse. Der Ich-Erzähler ist Partei, er beschreibt seine eigene Position in der Konstellation der Ereignisse. Er verfolgt mit seiner Erzählung eine bestimmte Absicht. Und nach dieser Absicht setzt er die Schwerpunkte im Erzählverlauf. Der Leser erfährt also keinen tendenzfreien Bericht. Die Erzählung ist durch das Erzählinteresse des Ich-Erzählers – und das heißt: auch des Autors – gefiltert. Zwischen den Ereignissen und dem Leser steht der Ich-Erzähler als parteiliche Vermittlungsinstanz. Dies besagt, daß der Ich-Erzähler in die Interpretation der Geschichte mit einbezogen werden muß.

Die Erzählebenen

Die Erzählung umfaßt – auf der ersten Ebene – die Ereignisse von fünf Tagen, den ersten fünf Tagen der Schiffreise, die chronologisch mit unterschiedlicher Geschwindigkeit und Ausführlichkeit erzählt werden. Zweimal wird dieser Erzählverlauf (vgl. ↗Erzählstruktur, ↗Erzählzeit) der ersten Ebene unterbrochen: Das erste Mal durch die nachgeholte Vorgeschichte von Czentovics Jugend und Aufstieg bis zur Weltmeisterschaft, referiert durch den Erzähler, der den Bericht seines Freundes über Czentovic zusammenfaßt. Das zweite Mal durch Dr. B.'s eigene Erzählung über seine Haftzeit. Beide Vorgeschichten – sozusagen die zweite Erzählebene – münden jeweils gegen Ende zu in die erste Ebene der erzählten Zeit ein. Sie unterbrechen jeweils an markanten Punkten den Erzählverlauf der ersten Ebene. Czentovics „Schach"-Biographie erfährt der Erzähler (und der Leser), unmittelbar bevor der Erzähler die Bekanntschaft mit dem Weltmeister macht. Sie erklärt, warum der Erzähler diesen erstaunlichen Mann kennenlernen will. Dr. B.'s Bericht ist nach dem allen unverständlichen Entschluß eingefügt, die Revanche (zunächst) nicht anzunehmen. Der Bericht ist die nachträgliche Begründung für das Verhalten beim ersten Spiel und gleichzeitig auch die vorweggenommene Erklärung für den sensationellen Abbruch der vierten Partie.

Erste Erzählebene	Zweite Erzählebene
1. Tag Beginn der Schiffsreise	← Information des Freundes über Czentovic
2. Tag Versuch des Erzählers, mit Czentovic zu reden.	
3. Tag McConnors Erfolg	
4. Tag Erste Partie (verloren); zweite Partie (durch Hilfe des noch unbekannten Dr. B. unentschieden).	← Bericht Dr. B.'s
5. Tag Dritte Partie (Dr. B. gewinnt); vierte Partie (abgebrochen).	

Der Aufbau

Der Ich-Erzähler führt sich selbst ein. Durch den Freund erfährt er, wer der prominente Gast an Bord ist. Durch die weiteren Informationen des Freundes wird er auf den Gast neugierig; er sucht seine Bekanntschaft, aber vergeblich. Er verlegt sich auf eine Taktik (Schachspiel als Lockmittel). McConnor kommt ihm dabei zu Hilfe. Bereits bei der ersten Begegnung findet der Erzähler bestätigt, was der Freund ihm über Czentovic berichtet hat; er verliert daher das Interesse an einem weiteren Kontakt. Nun aber übernimmt McConnor die Initiative; er fordert Czentovic zur Revanche. Die Spielwut McConnors überträgt sich während des zweiten Spiels auf alle Gäste, auch auf den Erzähler.

Bis hierher scheint die ganze Erzählung auf die Konfrontation mit Czentovic ausgerichtet zu sein: für den Erzähler, um das Phänomen Czentovic kennenzulernen und zu begreifen; für McConnor, um wenigstens einmal gegen einen Weltmeister spielen zu dürfen. Und es scheint auch, als hätte McConnor in der zweiten Partie eine Chance.

Kurz vor dem vermeintlichen dramatischen Höhepunkt schlägt das Geschehen plötzlich um. Die Herausforderer haben tatsächlich eine Chance, aber ganz anders als sie vermuten. Ein unbekannter Gast greift ein und bringt die Partie zu einem Unentschieden.

Eine völlig neue Situation ist entstanden; Czentovic hat plötzlich einen ernstzunehmenden Gegner. Das ist es, was die Gäste an dem Unbekannten interessiert, mehr nicht. Der Ich-Erzähler will aber hinter das Geheimnis des Mannes kommen, um sich dessen sonderbares Verhalten erklären zu können.

Der weitere Verlauf der Handlung spitzt sich für die Gäste zu einem Zweikampf zwischen dem Weltmeister und dem unbekannten Schachgenie zu, – für den Ich-Erzähler aber, der über beide Gegner informiert ist, zu einem Zweikampf zwischen zwei geistigen Welten. Der Kampf endet in einer Katastrophe: unverständlich für die Gäste und Czentovic, – aber für den Ich-Erzähler und für Dr. B. als Bestätigung einer unterdrückten Befürchtung.

Der Aufbau dieser Novelle erinnert an die Struktur fünfaktiger Dramen; die Handlung ist auf eine sich steigernde Spannung angelegt:

I Ausgangspunkt:	Czentovic, die vermeintliche Hauptfigur; Interesse des Ich-Erzählers an ihr.
II Zielgerichtete Handlung:	McConnor, die erste Schachpartie.
III Handlungswende:	Die zweite Schachpartie, Eingreifen von Dr. B.
IV Steigerung (mit der Hoffnung auf einen glücklichen Ausgang):	Dr. B. besiegt den Weltmeister.
V Das Scheitern (Katastrophe):	Abbruch der vierten Schachpartie, unverständlich für die Zuschauer, aber befürchtet vom ↗Erzähler (und auch von Dr. B.).

Die Erzählabsicht

Schon aus der Verknüpfung mit den zeitgeschichtlichen Ereignissen wird die Erzählabsicht deutlich. Zum einen soll der Terror dokumentiert werden; zum anderen geht es um die Selbstprüfung eines Verfolgten, der seinen Peinigern zwar entkommen konnte, aber nicht weiß, ob er die Erinnerung an die Haftzeit überwinden und wieder in eine menschlichere Wirklichkeit zurückkehren kann.

Dr. B.'s Biographie steht stellvertretend für die konservative Opposition gegen den Nationalsozialismus, die glaubte, mit den Mitteln des Geistes aus der Kraft der abendländisch-humanistischen Tradition den Nationalsozialismus aufhalten zu können. Aber dieser individuelle Protest kam gegen die Wirklichkeit der geist-verneinenden Gewalt nicht an; die einzige Möglichkeit, die ihm blieb, war der Rückzug auf eine geistige Selbstbehauptung, die vor der politischen Wirklichkeit resignierte. Diese Opposition war durch ihre eigenen Prinzipien, durch den Appell an die Vernunft, gefährdet, weil sie von Voraussetzungen ausging, deren Spielregeln bereits außer Kraft gesetzt waren. Die humanistische Bildung war gegenüber dem Nationalsozialismus eine ohnmächtige Größe. Dies wird an der Gestalt des Dr. B. exemplifiziert. Sein Protest war ein individuell-geistiger, ohne real-politische Folgen.
Czentovic, Dr. B.'s Gegner in der Erzählung, oder besser: seine Testperson, war kein Anhänger oder Vertreter der nationalsozialistischen Ideologie; er war politisch desinteressiert. Er war – so wie ihn der Ich-Erzähler schildert – ein intellektueller unmenschlicher Automat, der überall einsetzbar war; er konnte in jedem Lager angesiedelt werden, da ihn nichts außer die Befriedigung seiner extrem einseitigen Fähigkeit interessierte.
Dr. B. sagt zwar, daß er die Einladung, gegen Czentovic zu spielen, nur angenommen habe, um sich seiner selbst zu vergewissern, um zu überprüfen, ob er in der Haft bereits die Grenze zum Wahnsinn überschritten habe, aber durch die Person seines Gegners wird diese Partie mehr als nur ein Zweikampf zwischen einem professionellen Spieler und einem genialen Außenseiter; es wird – im übertragenen Sinn – ein Zweikampf zwischen einer unmenschlichen Roboter-"Intelligenz" (automatisch, beliebig einsetzbar) und einem moralisch geprägten Bewußtsein. Von diesem inneren Kampf Dr. B.'s ahnt Czentovic nichts; auch die Schiffsgäste sind verwundert, – bis auf den Ich-Erzähler, der Dr. B. vor der letzten, vor der entscheidenden Schachpartie gewarnt hatte:

> Czentovic hob langsam seine schwere Hand, die bisher unbeweglich auf dem Tisch gelegen. Gespannt blickten wir alle auf seine Entscheidung. Aber Czentovic tat keinen Zug, sondern sein gewendeter Handrücken schob mit einem entschiedenen Ruck alle Figuren langsam vom Brett. Erst im nächsten Augenblick verstanden wir: Czentovic hatte die Partie aufgegeben. Er hatte kapituliert, um nicht vor uns sichtbar mattgesetzt zu werden. Das Unwahrscheinliche hatte sich ereignet, der Weltmeister, der Champion zahlloser Tur-

niere hatte die Fahne gestrichen vor einem Unbekannten, einem Manne, der zwanzig oder fünfundzwanzig Jahre kein Schachbrett angerührt. Unser Freund, der Anonymus, der Ignotus, hatte den stärksten Schachspieler der Erde in offenem Kampfe besiegt!
Ohne es zu merken, waren wir in unserer Erregung einer nach dem anderen aufgestanden. Jeder von uns hatte das Gefühl, er müßte etwas sagen oder tun, um unserem freudigen Schrecken Luft zu machen. Der einzige, der unbeweglich in seiner Ruhe verharrte, war Czentovic. Erst nach einer gemessenen Pause hob er den Kopf und blickte unseren Freund mit steinernem Blick an.
„Noch eine Partie?" fragte er.
„Selbstverständlich", antwortete Dr. B. mit einer mir unangenehmen Begeisterung und setzte sich, noch ehe ich ihn an seinen Vorsatz mahnen konnte, es bei einer Partie bewenden zu lassen, sofort nieder und begann mit fiebriger Hast die Figuren neu aufzustellen. Er rückte sie mit solcher Hitzigkeit zusammen, daß zweimal ein Bauer durch die zittrigen Finger zu Boden glitt; mein schon früher peinliches Unbehagen angesichts seiner unnatürlichen Erregtheit wuchs zu einer Art Angst. Denn eine sichtbare Exaltiertheit war über den vorher so stillen und ruhigen Menschen gekommen; das Zucken fuhr immer öfter um seinen Mund, und sein Körper zitterte wie von einem jähen Fieber geschüttelt.
„Nicht!" flüsterte ich ihm leise zu. „Nicht jetzt! Lassen Sie's für heute genug sein! Es ist für Sie zu anstrengend."
„Anstrengend! Ha!" lachte er laut und boshaft. „Siebzehn Partien hätte ich unterdessen spielen können statt dieser Bummelei! Anstrengend ist für mich einzig bei diesem Tempo nicht einzuschlafen! – Nun! Fangen Sie schon einmal an!"
Diese letzten Worte hatte er in heftigem, beinahe grobem Ton zu Czentovic gesagt. Dieser blickte ihn ruhig und gemessen an, aber sein steinerner Blick hatte etwas von einer geballten Faust. Mit einemmal stand etwas Neues zwischen den beiden Spielern; eine gefährliche Spannung, ein leidenschaftlicher Haß. Es waren nicht zwei Partner mehr, die ihr Können spielhaft aneinander proben wollten, es waren zwei Feinde, die sich gegenseitig zu vernichten geschworen.
Czentovic zögerte lange, ehe er den ersten Zug tat, und mich überkam das deutliche Gefühl, er zögerte mit Absicht so lange. Offenbar hatte der geschulte Taktiker schon herausgefunden, daß er gerade durch seine Langsamkeit den Gegner ermüdete und irritierte. So setzte er nicht weniger als vier Minuten aus, ehe er die normalste, simpelste aller Eröffnungen machte, indem er den Königsbauern die üblichen zwei Felder vorschob. Sofort fuhr unser Freund mit seinem Königsbauern ihm entgegen, aber wieder machte Czentovic eine endlose, kaum zu ertragende Pause; es war, wie wenn ein starker Blitz niederfährt und man pochenden Herzens auf den Donner wartet, und der Donner kommt und kommt nicht. Czentovic rührte sich nicht. Er überlegte still, langsam und, wie ich immer gewisser fühlte, boshaft langsam; damit aber gab er mir reichlich Zeit, Dr. B. zu beobachten. Er hatte eben das

dritte Glas Wasser hinabgestürzt; unwillkürlich erinnerte ich mich, daß er mir von seinem fiebrigen Durst in der Zelle erzählte. Alle Symptome einer anomalen Erregung zeichneten sich deutlich ab; ich sah seine Stirne feucht werden und die Narbe auf seiner Hand röter und schärfer als zuvor. Aber noch beherrschte er sich. Est als beim vierten Zug Czentovic wieder endlos überlegte, verließ ihn die Haltung, und er fauchte ihn plötzlich an:
„So spielen Sie doch schon einmal!"
Czentovic blickte kühl auf. „Wir haben meines Wissens zehn Minuten Zugzeit vereinbart. Ich spiele prinzipiell nicht mit kürzerer Zeit."
Dr. B. biß sich die Lippe; ich merkte, wie unter dem Tisch seine Sohle unruhig und immer unruhiger gegen den Boden wippte, und wurde selbst unaufhaltsam nervöser durch das drückende Vorgefühl, daß sich irgend etwas Unsinniges in ihm vorbereitete. In der Tat ereignete sich bei dem achten Zug ein weiterer Zwischenfall. Dr. B., der immer unbeherrschter gewartet hatte, konnte seine Spannung nicht mehr verhalten; er rückte hin und her und begann unbewußt mit den Fingern auf dem Tisch zu trommeln. Abermals hob Czentovic seinen schweren bäurischen Kopf.
„Darf ich Sie bitten, nicht zu trommeln? Es stört mich. Ich kann so nicht spielen."
„Ha!" lachte Dr. B. kurz. „Das sieht man."
Czentovics Stirn wurde rot. „Was wollen Sie damit sagen?" fragte er scharf und böse.
Dr. B. lachte abermals knapp und boshaft. „Nichts. Nur daß Sie offenbar sehr nervös sind."
Czentovic schwieg und beugte seinen Kopf nieder. Erst nach sieben Minuten tat er den nächsten Zug, und in diesem tödlichen Tempo schleppte sich die Partie fort. Czentovic versteinte gleichsam immer mehr; schließlich schaltete er immer das Maximum der vereinbarten Überlegungspause ein, ehe er sich zu einem Zug entschloß, und von einem Intervall zum andern wurde das Benehmen unseres Freundes sonderbarer. Es hatte den Anschein, als ob er an der Partie gar keinen Anteil mehr nehme, sondern mit etwas ganz anderem beschäftigt sei. Er ließ sein hitziges Aufundniederlaufen und blieb an seinem Platz regungslos sitzen. Mit einem stieren und fast irren Blick ins Leere vor sich starrend, murmelte er ununterbrochen unverständliche Worte vor sich hin; entweder verlor er sich in endlosen Kombinationen, oder er arbeitete – dies war mein innerster Verdacht – sich ganz andere Partien aus, denn jedesmal, wenn Czentovic endlich gezogen hatte, mußte man ihn aus seiner Geistesabwesenheit zurückmahnen. Dann brauchte er immer eine einzige Minute, um sich in der Situation wieder zurechtzufinden; immer mehr beschlich mich der Verdacht, er habe eigentlich Czentovic und uns alle längst vergessen in dieser kalten Form des Wahnsinns, der sich plötzlich in irgendeiner Heftigkeit entladen konnte. Und tatsächlich, bei dem neunzehnten Zug brach die Krise aus. Kaum daß Czentovic seine Figur bewegt, stieß Dr. B. plötzlich ohne recht auf das Brett zu blicken, seinen Läufer drei Felder vor und schrie derart laut, daß wir alle zusammenfuhren:
„Schach! Schach dem König!"

Wir blickten in der Erwartung eines besonderen Zuges sofort auf das Brett. Aber nach einer Minute geschah, was keiner von uns erwartet. Czentovic hob ganz, ganz langsam den Kopf und blickte – was er bisher nie getan – in unserem Kreise von einem zum anderen. Er schien irgendetwas unermeßlich zu genießen, denn allmählich begann auf seinen Lippen ein zufriedenes und deutlich höhnisches Lächeln. Erst nachdem er diesen seinen uns noch unverständlichen Triumph bis zur Neige genossen, wandte er sich mit falscher Höflichkeit unserer Runde zu.
„Bedaure – aber ich sehe kein Schach. Sieht vielleicht einer von den Herren ein Schach gegen meinen König?"
Wir blickten auf das Brett und dann beunruhigt zu Dr. B. hinüber. Czentovics Königsfeld war tatsächlich – ein Kind konnte das erkennen – durch einen Bauern gegen den Läufer völlig gedeckt, also kein Schach dem König möglich. Wir wurden unruhig. Sollte unser Freund in seiner Hitzigkeit eine Figur danebengestoßen haben, ein Feld zu weit oder zu nah? Durch unser Schweigen aufmerksam gemacht, starrte jetzt auch Dr. B. auf das Brett und begann heftig zu stammeln:
„Aber der König gehört doch auf f7 ... er steht falsch, ganz falsch. Sie haben falsch gezogen! Alles steht ganz falsch auf diesem Brett... der Bauer gehört doch auf g5 und nicht auf g4... das ist doch eine ganz andere Partie... Das ist..."
Er stockte plötzlich. Ich hatte ihn heftig am Arm gepackt oder vielmehr ihn so hart in den Arm gekniffen, daß er selbst in seiner fiebrigen Verwirrtheit meinen Griff spüren mußte. Er wandte sich um und starrte mich wie ein Traumwandler an.
„Was ... wollen Sie?"
Ich sagte nichts als „Remember!" und fuhr ihm gleichzeitig mit dem Finger über die Narbe seiner Hand. Er folgte unwillkürlich meiner Bewegung, sein Auge starrte glasig auf den blutroten Strich. Dann begann er plötzlich zu zittern, und ein Schauer lief über seinen ganzen Körper.
„Um Gottes willen", flüsterte er mit blassen Lippen. „Habe ich etwas Unsinniges gesagt oder getan... bin ich am Ende wieder...?"
„Nein", flüsterte ich leise. „Aber Sie müssen sofort die Partie abbrechen, es ist höchste Zeit. Erinnern Sie sich, was der Arzt Ihnen gesagt hat!"
Dr. B. stand mit einem Ruck auf. „Ich bitte um Entschuldigung für meinen dummen Irrtum", sagte er mit seiner alten höflichen Stimme und verbeugte sich vor Czentovic. „Es ist natürlich purer Unsinn, was ich gesagt habe. Selbstverständlich bleibt es Ihre Partie." Dann wandte er sich zu uns. „Auch die Herren muß ich um Entschuldigung bitten. Aber ich hatte Sie gleich im voraus gewarnt, Sie sollten von mir nicht zuviel erwarten. Verzeihen Sie die Blamage – es war das letztemal, daß ich mich im Schach versucht habe."
Er verbeugte sich und ging, in der gleichen bescheidenen und geheimnisvollen Weise, mit der er zuerst erschienen. Nur ich wußte, warum dieser Mann nie mehr ein Schachbrett berühren würde, indes die anderen ein wenig verwirrt zurückblieben mit dem ungewissen Gefühl, mit knapper Not etwas Unbehaglichem und Gefährlichem entgangen zu sein. „Damned fool!" knurrte

McConnor in seiner Enttäuschung. Als letzter erhob sich Czentovic von seinem Sessel und warf noch einen Blick auf die halbbeendete Partie. „Schade“, sagte er großmütig. „Der Angriff war gar nicht so übel disponiert. Für einen Dilettanten ist dieser Herr eigentlich ungewöhnlich begabt.“
(Schluß, S. 88–94)

Sprachliche Aspekte: Die Beschreibung der totalen Isolation

Ein eigenes Zimmer in einem Hotel – nicht wahr, das klingt an sich äußerst human? Aber Sie dürfen mir glauben, daß man uns keineswegs eine humanere, sondern nur eine raffiniertere Methode zudachte, wenn man uns „Prominente“ nicht zu zwanzig in eine eiskalte Baracke stopfte, sondern in einem leidlich geheizten und separaten Hotelzimmer behauste. Denn die Pression, mit der man uns das benötigte „Material“ abzwingen wollte, sollte auf subtilere Weise funktionieren als durch rohe Prügel oder körperliche Folterung: durch die denkbar raffinierte Isolierung. Man tat uns nichts – man stellte uns nur in das vollkommene Nichts, denn bekanntlich erzeugt kein Ding auf Erden einen solchen Druck auf die menschliche Seele wie das Nichts. Indem man uns jeden einzelnen in ein völliges Vakuum sperrte, in ein Zimmer, das hermetisch von der Außenwelt abgeschlossen war, sollte, statt von außen durch Prügel und Kälte, jener Druck von innen erzeugt werden, der uns schließlich die Lippen aufsprengte. Auf den ersten Blick sah das mir angewiesene Zimmer durchaus nicht unbehaglich aus. Es hatte eine Tür, ein Bett, einen Sessel, eine Waschschüssel, ein vergittertes Fenster. Aber die Tür blieb Tag und Nacht verschlossen, auf dem Tisch durfte kein Buch, keine Zeitung, kein Blatt Papier, kein Bleistift liegen, das Fenster starrte eine Feuermauer an: rings um mein Ich und selbst an meinem eigenen Körper war das vollkommene Nichts konstruiert. Man hatte mir jeden Gegenstand abgenommen, die Uhr, damit ich nicht wisse um die Zeit, den Bleistift, daß ich nicht etwa schreiben könne, das Messer, damit ich mir nicht die Adern öffnen könne; selbst die kleinste Betäubung wie eine Zigarette wurde mir versagt. Nie sah ich außer dem Wärter, der kein Wort sprechen und auf keine Frage antworten durfte, ein menschliches Gesicht, nie hörte ich eine menschliche Stimme; Auge, Ohr, alle Sinne bekamen von morgens bis nachts und von nachts bis morgens nicht die geringste Nahrung, man blieb mit sich, mit seinem Körper und den vier oder fünf stummen Gegenständen Tisch, Bett, Fenster, Waschschüssel rettungslos allein; man lebte wie ein Taucher unter der Glasglocke im schwarzen Ozean dieses Schweigens und wie ein Taucher sogar, der schon ahnt, daß das Seil nach der Außenwelt abgerissen ist und er nie zurückgeholt werden wird aus der lautlosen Tiefe. Es gab nichts zu tun, nichts zu hören, nichts zu sehen, überall und ununterbrochen war um einen das Nichts, die völlig raumlose und zeitlose Leere. Man ging auf und ab, und mit einem gingen die Gedanken auf und ab, auf und ab, immer wieder. Aber selbst Gedanken, so substanzlos sie scheinen, brauchen einen Stützpunkt, sonst beginnen sie zu rotieren und sinnlos um sich selbst zu kreisen; auch sie ertragen nicht das Nichts. Man wartete auf etwas, von morgens bis abends, und es geschah nichts. Man wartete wieder und wieder. Es geschah nichts. Man wartete, wartete, wartete, man dachte, dachte, man dachte, bis einem die Schläfen schmerzten. Nichts geschah. Man blieb allein. Allein. Allein. (S. 48–50)

Dr. B. beschreibt dem Erzähler seine Situation in der Isolationshaft. Der Befund lautet: „Nichts geschah. Man blieb allein." Aber diese Aussage ist abstrakt; sie gibt keinen Eindruck der tatsächlichen Verfassung des Inhaftierten und der Grausamkeit der Methode. Deshalb „zerlegt" Dr. B. den Befund in Einzelheiten, er rekonstruiert vor dem Erzähler, wie das Nichts und das Alleinsein ihm sinnlich bewußt wurde. Das ihm zugewiesene Zimmer war auf den ersten Blick ein „durchaus nicht unbehaglich" eingerichtetes Hotelzimmer. Die Besonderheit dieses Zimmers wird aber nun durch Negationsreihen beschrieben, die den Zustand der Isolation sinnlich konkretisieren:

„Aber die Tür blieb Tag und Nacht verschlossen,	*Abgeschlossenheit von der Außenwelt: die verschlossene Tür.* *Die vollständige, auch zeitliche Abgeschlossenheit: Tag und Nacht.*
auf dem Tisch durfte kein Buch, keine Zeitung, kein Blatt Papier, kein Bleistift liegen,	*Fehlen der Möglichkeit einer indirekten Kommunikation; konkretisiert durch Aufzählung einzelner Gegenstände:*
das Fenster starrte eine Feuermauer an; [...]	*Das Fenster, das keinen Sinn hat.*
Man hatte mir jeden Gegenstand abgenommen,	*Die Unmöglichkeit,*
die Uhr, damit ich nicht wisse um die Zeit,	– *sich zeitlich zu orientieren: ohne Uhr,*
den Bleistift, daß ich nicht etwa schreiben könne,	– *sich schriftlich mitzuteilen: ohne Bleistift,*
das Messer, damit ich mir nicht die Adern öffnen könne;	– *sich der Folter zu entziehen: ohne Messer.*
selbst die kleinste Betäubung wie eine Zigarette wurde mir versagt.	*Verweigerung von Bedürfnissen: ohne Zigarette.*
Nie sah ich außer dem Wärter, der kein Wort sprechen durfte, ein menschliches Gesicht,	*Das Fehlen menschlicher Kontakte: ohne Ansprache.*
nie hörte ich eine menschliche Stimme;	*Absolutes Schweigen um Dr. B.*
Auge, Ohr, alle Sinne bekamen von morgens bis nachts und von nachts bis morgens nicht die geringste Nahrung,	*Die totale sinnliche Isolation.* *Die Monotonie der unstrukturierten Zeit.*
man blieb mit sich, mit seinem Körper und den vier oder fünf stummen Gegenständen Tisch, Bett, Fenster, Waschschüssel rettungslos allein;"	*Darstellung des Alleinseins durch die stummen Gegenstände.*

Über die Negation, über die Aufzählung des nicht Vorhandenen und nicht Möglichen, beschreibt Dr. B. – das einzelne aneinanderreihend – die elementaren mensch-

lichen Bedürfnisse, durch deren Entzug sein Widerstand gebrochen werden soll. Diese erste Negationsreihe ist von Substantiven, von den Gegenständen bestimmt. In der zweiten dominieren die Verben, die (verhinderte) Aktion: „Es gab nichts zu *tun*, nichts zu *hören*, nichts zu *sehen*, überall und ununterbrochen war um einen das Nichts, die völlig raumlose und zeitlose Leere. Man *ging auf und ab*, und mit einem gingen die Gedanken *auf und ab, auf und ab*, immer wieder."
Jede Tätigkeit ist ohne Ziel, sie wiederholt sich endlos. Dieser Verlust jeglicher Orientierung wird durch die mehrfache Wiederholung gleicher Wörter oder Wortgruppen „versprachlicht", und zwar innerhalb des Absatzes in steigendem Maße:

Tätigkeit	Dauer	Ergebnis
1. „Man wartete auf etwas	von morgens bis abends,	und es geschah nichts.
2. Man wartete	wieder und wieder.	Es geschah nichts.
3. Man wartete, wartete, wartete, man dachte, dachte, man dachte,	bis einem die Schläfen schmerzten.	Nichts geschah. Man blieb allein. Allein. Allein."

Nach dieser sprachlichen Vorarbeit gewinnt die Zusammenfassung – „Nichts geschah. Man blieb allein. Allein. Allein." – erst ihr Gewicht, verstärkt noch dadurch, daß sie am Ende steht und selbst die Dreizahl wiederholt: „allein. Allein. Allein." Dieser Erzählausschnitt beweist die rhetorische Meisterschaft des Autors, einen Zustand – hier: „die denkbar raffinierteste Isolierung" – zu versinnlichen.

Rückfragen und Aufgaben

1. *Wie viele „Erzähler" treten in der* Schachnovelle *auf? Aus welcher Perspektive wird erzählt?*

2. *An welcher Stelle und wie wird Dr. B. in die Handlung eingeführt? Wie reagiert der Ich-Erzähler? Wie beschreibt er die Reaktion der Fahrgäste?*

3. *Der Ich-Erzähler – und mit ihm der Leser – weiß mehr über die Hintergründe des plötzlichen Spielabbruchs als das Publikum an Bord des Schiffes. Wie wirkt sich dies auf die Darstellung der Ereignisse aus?*

4. *Warum bricht Dr. B. die letzte Schachpartie ab?*

5. *Vergleiche Anfang und Ende der* Schachnovelle *miteinander.*
   Kriterien für den Vergleich können sein:
   - *Erzähltempo;*
   - *der „Blick" des Erzählers;*
   - *die Personen;*
   - *die Spannung zwischen dem Erzählgeschehen und dem Informationsstand der Beteiligten;*
   - *die Verbindung zwischen dem momentanen Geschehen und den zeitgeschichtlichen Hintergründen.*

Merkmale der Novelle (am Beispiel der *Schachnovelle*)

- „Die Novelle bedarf entscheidender Wendepunkte, so daß die Hauptmassen der Geschichte deutlich in die Augen fallen. [...]
  Die Novelle ist eine Geschichte außer der Geschichte, sie erzählt folglich merkwürdige Begebenheiten, die gleichsam hinter dem Rücken der bürgerlichen Verfassung und Anordnung vorgefallen sind.“ [August Wilhelm Schlegel, 1803/04]
- „[...] denn was ist eine Novelle anders als eine sich ereignete unerhörte Begebenheit.“ [Johann Wolfgang von Goethe, 1827]

Aus der Fülle der Definitionsversuche zur Novelle sind hier zwei frühe Beispiele zitiert, die bereits wesentliche Punkte auch späterer Theorien zur Novelle nennen.

- Die Novelle ist eine dramatische Erzählung mit einem oder mehreren ↗Wendepunkten.
- Die Novelle behandelt einen einzelnen Fall; sie ist übersichtlich.
- Die Novelle erzählt von einer merkwürdigen oder unerhörten Begebenheit.
- In der Novelle kann ein Gegenstand (Dingsymbol, vgl. ↗Symbol) oder ein Sachverhalt (↗Leitmotiv) eine besondere Rolle spielen.

Stefan Zweig hat seine Erzählung eine Novelle genannt; deshalb sollten wir sie auf die vier Merkmale hin (nur als ungefährer Gattungsrahmen gedacht) untersuchen.
Auf die *dramatische Struktur* der Erzählung ist bereits hingewiesen worden. Ihr Aufbau erklärt sich aus der Schlußpointe, dem Abbruch der vierten Schachpartie. – Sie hat zwei *Wendepunkte*; der erste ist Dr. B.'s unerwarteter Eingriff in die zweite Schachpartie (S. 32); der zweite fällt mit dem Schluß zusammen, dem plötzlichen Abbruch der letzten Schachpartie. Beide Wendepunkte liegen auf zwei verschiedenen Argumentationsebenen. Durch den ersten ändert sich Czentovics Situation; er verliert seine Sicherheit. Durch den zweiten wird sich Dr. B. bewußt, daß er den Kampf mit der Erinnerung nicht aufnehmen kann.
Die Erzählung ist *übersichtlich* aufgebaut. Sie handelt von dem *erstaunlichen Schachduell* zwischen dem Weltmeister und einem Unbekannten. Durch die beiden nachgeholten biographischen Berichte erweitert sich aber für den wissenden Erzähler (und den Leser) das Duell der beiden Schachspieler zu einer Konfrontation zweier geistiger Welten. Der Einzelfall wird repräsentativ; er weist über den Anlaß hinaus.
Die Begebenheit an Bord des Passagierschiffes kann *merkwürdig und unerhört* genannt werden, 1. wegen der Gegensätzlichkeit der Kontrahenten und 2. wegen der besonderen Umstände und Zufälle, die diese Begegnung ermöglichten.
In der Erzählung spielt das *Schachspiel eine wichtige Rolle*, aber für jeden der beiden Hauptfiguren aus einem anderen Grund; sie treffen nur im Schachspiel aufeinander. Für Czentovic ist das Schachspiel der Beweis seiner Überlegenheit über seine Umwelt; eine verlorene Partie bedeutet für ihn eine Gefährdung seiner (angemaßten) Sicherheit; deshalb tritt er gegenüber Dr. B. aus seiner (hochmütigen) Reserve heraus und fordert Revanche. Für Dr. B. ist das Schachspiel Symbol seiner Widerstandskraft. Das Spiel selbst interessiert ihn nicht, nur wozu es ihn befähigt. Es ist Instrument seiner Selbstprüfung (davon wissen aber die Gäste und Czentovic nichts).

2.4 Romane

Johanna

Renate Welsh

Zur Autorin und zum Buch

Renate Welsh, Jahrgang 1937, geboren in Wien, erhielt 1980 für ihren Roman *Johanna* den Deutschen Jugendbuchpreis.
Der Roman – sein zeitlicher Rahmen reicht von 1931 bis 1936 – erzählt die Geschichte der Bauernmagd Johanna, eines „Gemeindekindes", vor dem Hintergrund der wirtschaftlichen Situation und der politischen Ereignisse jener Jahre.
Der Roman ist 1992 bei rororo rotfuchs (Nr. 719) als Sonderausgabe erschienen. Danach wird im folgenden zitiert.

Wer ist Johanna?

Zu Beginn des Romans, im Jahre 1931, lebt Johanna auf einem Bauernhof im Burgenland (Österreich). Sie ist fast 14 Jahre alt und gerade aus der Schule entlassen worden. Die Bauersleute sind nicht ihre richtigen Eltern, sondern ihre Zieheltern. Die Mutter hatte ihr uneheliches Kind, als es zwei Monate alt war, „hergeschenkt" (S. 11). Johanna macht die Arbeiten einer Magd wie auch ihre Ziehschwester Maria. Trotzdem besteht ein wichtiger Unterschied: Maria ist die Erbtochter, sie hat einen Preis; Johanna, das Gemeindekind, für das die öffentliche Fürsorge aufkommen muß, hat keinen Preis. Das hat sie schon in der Schule erfahren; doch dagegen will sie sich wehren:

> Im nächsten Sommer würde Maria heiraten, sobald ihr Franz von den Dragonern zurückkam. Die Zieheltern würden ihnen den Hof übergeben, und Maria würde hier Bäuerin sein und eigene Kinder haben.
> „Vielleicht ist es ohnehin besser, du gehst jetzt", hatte die Ziehmutter gesagt. „Hier im Dorf ist es nirgends so, daß du einheiraten könntest."
> Johanna hatte gefragt, warum sie denn heiraten müsse. „Ich bin doch erst dreizehn."
> „In zehn Jahren ist es auch nicht anders", hatte die Ziehmutter gesagt. „Zum Heiraten gehört Geld. Das ist einmal das Wichtigste. Du sieht ja, wie es mit der Maria ist. Kommt nur der Franz in Frage, die haben auch nicht mehr, oder höchstens noch der Gruber, aber der sauft."
> Die Ziehmutter redete manchmal mit Johanna wie mit einer Erwachsenen. Oder doch nicht wie mit einer Erwachsenen. Mit den Erwachsenen redete sie gar nicht so offen. „Es hat eben alles seinen Preis", sagte sie. „Gott sei Dank ist der Franz ein ordentlicher Mensch. Man wird ja sehen."
> Johanna wußte, daß die Ziehmutter recht hatte, und wollte trotzdem nicht glauben, daß es so sein müsse. Obwohl sie schon in der Schule erlebt hatte, daß jeder seinen Preis hatte und seinen Wert im Dorf. Wenn einer vorbeiging, wußten alle, wie viele Joch Boden da gingen und wie viele Kühe. Genau wie jeder wußte, welche Mitgift ein Mädchen zu erwarten hatte.

> Nur Johanna hatte keinen Preis.
> Ihre Mutter hatte sie hergeschenkt, als sie zwei Monate alt war.
> Manchmal dachte sie: Ein Geschenk ist doch etwas Gutes. Verschenken ist nicht dasselbe wie Wegwerfen.
> Immerhin hatte die Mutter gute Leute ausgesucht, als sie ihr Kind herschenkte. Die Ziehmutter war gut, auch wenn sie sehr streng war. Sie arbeitete selbst hart, den ganzen Tag lang, und sie verlangte harte Arbeit von allen im Haus, von Maria genauso wie von Johanna. Der Unterschied war nur, daß Maria hierher gehörte, und Johanna gehörte nicht hierher. Vielleicht lag es daran, daß ihr nichts gehörte. Wenn einem nichts gehört, gehört man auch nirgends hin. (S. 10–11)

Den Preis, den andere durch Herkunft und Besitz haben, will Johanna sich mit einem Beruf erwerben: „Vielleicht, dachte Johanna, ist etwas gelernt haben genausogut wie etwas haben“ (S. 11). Sie will Schneiderin, notfalls auch Friseuse werden. Damit beginnt Johannas Geschichte, fünf Jahre aus ihrem Leben bis 1936.

Johannas Geschichte

Johanna, die noch nicht volljährig ist, kann nur in der Gemeinde eine Lehrstelle bekommen, die für sie zuständig ist; das ist in der Heimatgemeinde der Mutter. Voll Hoffnung tritt sie mit der Fürsorgerin die Reise nach Gloggnitz an. Unterwegs hört sie ein Gespräch, das die Fürsorgerin, Frau Kürner, mit der Wirtin, wo sie übernachteten, führt:

> Als sie vor sieben Uhr früh hinunter ging, hörte sie Frau Kürner zur Wirtin sagen: „Wo die Mutter zuständig ist, da bringe ich sie hin. Eine Person muß das sein. Hat acht Kinder, jedes von einem anderen Mann. Die ist die älteste. War lange genug bei uns. Und so was brauchen wir nicht in unserer Gemeinde, erst recht nicht in der heutigen Zeit, und es ist ja auch nicht unsere Angelegenheit. Wenn sie was lernen will – bitte sehr. Aber nicht bei uns!“
> Johanna blieb vor der Tür zur Gaststube stehen.
> Sie war also nicht einmal mehr „so eine“. Nur noch „so was“. Das tat weh. Aber sie würde es ihnen noch zeigen. Allen. Und ganz besonders dieser Kürner. (S. 13–14)

In Gloggnitz wird Johanna in einem Altersheim abgeliefert. Die letzte Belehrung durch die Fürsorgerin: „Und eines merke dir für deinen späteren Lebensweg: es wird gut sein, wenn du beizeiten lernst, dich zu fügen. Sonst wird es ein schlimmes Ende nehmen mit dir“ (S. 15). Am nächsten Morgen wird sie vom Lahnhofer, dem Armenrat, abgeholt. Keine Rede mehr von einer versprochenen Lehrstelle. Sie muß als Magd ohne Lohn auf seinem Hof arbeiten; und der Lahnhofer streicht noch zusätzlich das Fürsorgegeld ein. Johanna wehrt sich, daß es so nicht ausgemacht gewesen sei; aber vergeblich. Sie muß sich weitere Belehrungen anhören: „Das wäre ja noch schöner, wenn ledige Kinder bestimmen könnten, was sie wollen." – „Merk dir eines: du tust, was man dir sagt, verstanden? Eine wie du hat nicht frech zu sein, sonst ..." – „Es tut nie gut, wenn man sich überhebt über seinen Stand" (S. 19–20).

Fast vier Jahre muß sich Johanna auf dem Hof des Amtsrats abrackern – zunächst nicht einmal für ein ausreichendes Essen, später um ein Entgelt unter dem Mindestlohn –, bis sie eine neue Stelle – keine Lehrstelle, sondern eine Anstellung in einem Gasthof – bekommt. Dort hat sie aber wenigstens ein eigenes Zimmer, und sie bekommt den ihr zustehenden Lohn.

In diesen insgesamt fünf Jahren, nach außen eine Alltagsfolge ohne Höhepunkte, erlebt und lernt Johanna Wichtiges, das ihren weiteren Weg – jenseits des Romanendes – prägen wird. Es sind Einzelheiten, Erlebnisse und Beobachtungen, die sich erst später zu Erkenntnissen zusammenfügen, die über Johannas Einzelschicksal weit hinausreichen. Denn Johannas Geschichte ist nicht irgendwo angesiedelt, sondern im Österreich der Jahre 1931 bis 1936, in vielem vergleichbar mit Entwicklungen in Deutschland.

Johanna sammelt im Lauf der Jahre Beobachtungen und Erfahrungen: sie sind ihre Lehrzeit, die man ihr als Ausbildung für einen Beruf verweigert hatte. Sie sind zufällig, ihr einziger Leitfaden ist die zeitliche Reihenfolge:

- Das Kind einer Ledigen hat keinen „Preis"; es ist durch den „Fehltritt" der Mutter gebrandmarkt.
- Es gibt nur einen Ausweg, den „Preis" aus Herkunft und Besitz durch eigene Leistung, durch berufliche Qualifikation, zu ersetzen oder zu überbieten.
- Dieser Ausweg – dieses neue Modell – setzt die Bereitschaft der „Etablierten" voraus, von ihren alten Vorurteilen Abschied zu nehmen, über den eigenen Schatten zu springen. (Aber die Autorin läßt hinter dem Versteckspiel mit Figuren, die sie vorschiebt, keinen Zweifel darüber, daß Vorurteile, ob beweisbar oder nicht, dann wenn sie in das Denkschema/Weltbild der Herrschenden passen, auch rücksichtslos eingesetzt werden.)
- Johanna ist in dem Dorf mit ihrer Situation nicht allein. Die Mägde treffen sich in ihren freien Stunden und erzählen sich, wie ihr Alltag abläuft. Aber, im Unterschied zu Johanna, haben sich alle mit den Zuständen abgefunden. Johanna hält sich aber an ihrem Willen fest: „Irgendwann zeig ich es ihnen. Irgendwann wird alles anders. Die werden noch schauen. Alle" (S. 42)
- Johanna schreibt ihrem Vater, warum er die Mutter nicht geheiratet habe. Es kommt eine ausweichende Antwort, die für Johanna keine Antwort ist.
- Plötzlich taucht die Mutter auf, nicht um die Tochter wieder zu sich zu nehmen; die Tochter soll ihr helfen, denn sie sei ja schließlich an dem Unglück der Mutter schuld. Johanna hat nur die ohnmächtige Antwort: „Vor zehn Jahren hättest du kommen sollen" (S. 60).

- Nach mehr als einem Jahr auf dem Hof des Armenrats scheint Johanna zum erstenmal zu resignieren, daß sie jemals aus dem Kreislauf ausbrechen könnte. Sie greift ihre letzte Reserve, ihr eingenähtes Reisegeld, an: „Es war, als breche sie alle Brücken ab“ (S. 89).
- Ein fremder Bauer macht sich auf einem Feuerwehrball an Johanna ran; er hält die Dienstmagd, die „Dirn“, für Freiwild. Aber Johanna wehrt sich. Wütend beschimpft sie der Abgewiesene: „Was bildest du dir ein, wer du bist? Ein Dienstfetzen, sonst nichts. Kannst froh sein, wenn dich überhaupt einer anschaut“ (S. 132). Wieder war es die Frage nach dem Preis. Ein „Dienstfetzen“ hat keinen Preis. Er darf froh sein, wenn man ihn beachtet und aufhebt.

Dies ist der Moment der größten Erniedrigung Johannas: Sie wird nicht als Individuum anerkannt; die Rolle, die ihr von der Gesellschaft zugewiesen wurde, hat nichts mit ihr selbst zu tun, sondern nur mit der öffentlichen Meinung über uneheliche Kinder von Dienstmägden. Warum sie in diese Not geraten sind – wie Johannas Mutter –, darüber schweigt sich die öffentliche Meinung aus; notfalls zitiert sie scheinheilig einige Verdammungsurteile aus der Sonntagspredigt. Wenn eine Erbtochter ein Kind erwartet, dann ist es ein Grund, endlich zu heiraten. Wenn eine Stallmagd „ohne Preis“ ein Kind erwartet, dann tut sich ein Abgrund der Sittenlosigkeit auf.

Im Dorf lebt Peter Steiner, ein Kleinbauer. Die paar Äcker reichen zum Leben nicht aus. Deshalb arbeitet Peter zusätzlich im Bergwerk. Zu Hause hat er eine kranke Mutter; die Schwester ist nicht ganz richtig im Kopf. Peter und Johanna mögen sich. Mit Peter erlebt Johanna ihre ersten glücklichen Stunden. Peter fragt nicht nach Herkunft und Mitgift. Er weiß, was es heißt, am Rande oder gar außerhalb der Dorfgesellschaft zu leben:

> Die Steiner hatten nicht einmal eine Dirn. Peters Vater war tot, er bewirtschaftete den Hof mit der Mutter und der Schwester, und die waren sicher keine große Hilfe. Er besaß keine Scheune, und wenn er dreschen wollte, mußte er die Bauern reihum fragen, ob er bei ihnen dreschen könne, und dann einen Tag lang als Gegenleistung für sie arbeiten. Johanna erinnerte sich, wie er den Bauern gefragt hatte, ob er sein Kraut und seine Erdäpfel an das Altersheim verkaufen könne.
> „Zahlt sich kaum aus für deine drei Krauthappeln“, hatte der Bauer gesagt. „Aber bring sie halt in Gottes Namen herüber.“ Der Bauer war nicht die hundert Meter mit dem Wagen hinuntergefahren, Peter hatte die Säcke heraufschleppen müssen. Er ging selten mit den anderen jungen Männern aus. Meistens mußte er Sonntag die Arbeiten erledigen, für die unter der Woche keine Zeit war. Nur wenn die Musik irgendwo spielte, sah man ihn in seiner dunkelgrauen Uniform mit dem funkelnden Horn unterm Arm durch das Dorf fahren. Sein Fahrrad war immer frisch geputzt und geölt.
> Er ist ein Bauer und ist doch kein Bauer, dachte Johanna. Er ist irgendwie anders. (S. 137–138)

Als Johanna von Peter ein Kind erwartet, scheint sich die Geschichte ihrer Mutter an ihr selbst zu wiederholen. Johanna ist ratlos; mit einem ledigen Kind wird sie die Arbeit im Gasthof, die sie gegen den Willen des Armenrats angenommen hat, verlieren. Sie fährt zu ihrer Ziehmutter, mit der sie über die Jahre den Kontakt nicht unterbrochen hatte. Die Ziehmutter gehört, neben Peter, zu den wenigen Leuten, denen sie vertraut. Die Ziehmutter will Johanna mit dem Kind zu sich nehmen. Aber in langen Gesprächen entscheidet sich Johanna anders als ihre Mutter; ihr Kind soll nicht bei fremden Leuten aufwachsen:

[...] wenn ich geblieben wäre, da hätte doch wieder alles von vorn angefangen. Ich und mein Kind, wir müssen uns einen eigenen Platz suchen. Vielleicht mit Peter, vielleicht ohne ihn.

Peter wartete an der Autobushaltestelle. Er half ihr beim Aussteigen.
„Wie geht's dir?"
„Gut. Und dir?"
Warum war er so befangen? Warum baumelten seine Arme so merkwürdig?
Sie gingen langsam die Straße entlang, Peter trug ihre Tasche.
„Stell dir vor", erzählte er, „die Maria ist weg. Sie hat sich eine Arbeit im Krankenhaus gefunden. Der Lahnhofer hat gebrüllt wie ein Stier, daß er's nicht duldet, daß seine Tochter fremden Leuten die Ärsche putzt, aber sie ist weg."
Johanna neigte sich zu ihm und gab ihm einen Kuß auf die Wange.
„Ich freu mich ja so!"
„Weil der Lahnhofer endlich eine auf den Deckel kriegt?"
„Nein", sagte sie. „Für die Maria."
Peter räusperte sich. „Du ... also ich hab mit der Mutter gesprochen, und ... also sie sagt, wir können das Schlafzimmer haben. Und sie mag dich." Johanna blieb stehen.
„Warum sagst du nichts?" fragte er.
Sie nahm seine Hand. „Hast es dir gut überlegt?"
„Da ist nichts zu überlegen. Da war nie was zu überlegen. Nur ... ich hab nicht gewußt, wie. Auch wegen der Mutter. Weil sie krank ist. Sei mir nicht bös?"
Sie küßte ihn. Ein Lastauto hupte sie an.
„Gehen wir gleich hinauf?" fragte er.
„Nein, das nicht. Zwei Monate kann ich noch arbeiten. Dann hab ich wenigstens die notwendigste Wäsche, verstehst du?"
„Wenn du meinst. Aber mir wäre lieber ... Ich möchte am liebsten, daß wir gleich heiraten!"
Sie schüttelte den Kopf. „Ich komm nicht mit leeren Händen."
„Du bist ein Dickschädel", sagte er.
„Ja. Mindestens weißt du's rechtzeitig."
Sie waren beim Gasthaus angekommen. Die Wirtin öffnete die Tür, als hätte sie schon gewartet.

„Na, also du brauchst bald kein Tablett mehr“, sagte der Wirt. „Kannst die Gläser auf deinem Bauch tragen.“
Peter stellte die Tasche hin. Die Wirtin befahl ihm, die Tasche in Johannas Zimmer zu bringen.
„Jetzt kommt's ja nimmer drauf an“, grinste der Wirt. Seine Frau schimpfte über sein Mundwerk.“
Johanna schloß ihre Zimmertür.
Peter nahm sie in seine Arme und legte eine Hand auf ihren Bauch.
„Wie geht's unserem Sepperl?“ fragte er.
„Wer sagt denn, daß es ein Sepperl ist?“ Das Kind strampelte so heftig, daß man die Bewegungen durch das Kleid deutlich sah.
„Ist das ein Fuß oder die Hand?“ fragte Peter.
„Ich weiß nicht. Manchmal glaub ich, es hat acht Hände.“
„Gott behüt!“ Peter fuhr vorsichtig mit den Fingerspitzen über ihren Bauch.
„Johanna!“ schrie die Wirtin. „Komm schon endlich!“
Sie gingen nebeneinander die enge Treppe hinunter.
„Wie du deinen Bauch vor dir hertragst“, sagte die Wirtin. (S. 182–183, Schluß)

Über dem letzten Kapitel des Romans steht „Anfang“. Johanna will den Kreislauf „Eine wie du...“ – so lautet eine Überschrift im ersten Teil – für ihr Kind durchbrechen. Vielleicht schafft sie es, gemeinsam mit Peter.

Die Männergesellschaft

Das uneheliche Kind der Magd, das auch noch der öffentlichen Fürsorge zur Last fällt, kann nur wieder Magd werden. An eine Ausbildung, an eine Lehre, die dem Kind eine Chance geben könnte, denkt niemand. So ergeht es nicht nur Johanna, sondern auch allen anderen Mägden. Die Mehrzahl hat sich in ihr Schicksal gefügt. Aber auch den Bäuerinnen und den Bauerntöchtern, die einen „Preis“ haben, ergeht es – wenn auch auf anderer Ebene – nicht viel anders. Sie schuften wie die Mägde. Nach der Volksschule arbeiten sie auf dem Hof. Sie sollen sich einen Mann suchen, der ihrem „Preis“ entspricht. Wer nicht rechtzeitig unter die Haube kommt, gilt als Belastung und bekommt es auch deutlich zu spüren. Auch die Bauerntöchter sind in eine Rolle gezwängt; was sie selbst wollen, wie sie sich ihre eigene Zukunft vorstellen, – darüber wird in der Familie nicht gesprochen. Sie haben sich zu fügen, wie auch die Mägde. Anders ist es mit den Söhnen. Wer nicht dafür vorgesehen ist, den Hof zu übernehmen, wird auf die Höhere Schule in die Kreisstadt geschickt. Was auf dem Hof geschieht, bestimmt der Bauer; die anderen fügen sich. Der Bauer wird von der Bäuerin als erster beim Essen bedient, und er bekommt das größte Stück Fleisch; dann kommen erst die anderen dran. Im Essensritual spiegelt sich die Rangordnung.

Maria, die Tochter des Lahnhofer, bei dem Johanna als Magd dient, kann man eine Parallelfigur zu Johanna nennen. Maria und Johanna wohnen in einer Kammer zusammen; beide müssen auf dem Hof hart arbeiten. Wie Johanna, die sich nicht einfach in ihr Schicksal fügt, unterscheidet sich auch Maria von den anderen Bauerntöchtern:

- Sie verteidigt Johanna gegen die scheinheiligen Vorhaltungen des Vaters. Für sie ist Johanna nicht das geduldete Gemeindekind, sondern jemand, der nach besten Kräften arbeitet und dafür seinen Lohn verdient. Sie unterhält sich mit Johanna wie mit ihresgleichen; sie hilft ihr und berät sie, wo sie kann.
- Maria ist älter als Johanna. Sie weiß auch mehr als Johanna. Sie nimmt nicht unkritisch hin, was der Vater über die politischen Ereignisse sagt und wie er sich die richtige Staatsordnung – so ähnlich wie auf seinem Hof – vorstellt. Sie diskutiert mit Argumenten.
- Zunächst hatte sich Maria zwar auch in die dörfliche Rollenerwartung gefügt, und sie hätte den Franz, da der „Preis" stimmte, vielleicht auch geheiratet. Aber als der Franz sich den Rechtsradikalen anschließt, trennt sie sich von ihm. Sie will nicht nur ein „Preis" sein, sie will auch vor sich selbst bestehen, trotz aller wirtschaftlichen Nachteile:

Franz Gruber kam zwar nicht mehr in Braunhemd und Reitstiefeln, aber er redete immer noch von der neuen Zeit. „Du wirst schon sehen", sagte er zu Maria. „Wir kommen! Glaubst du vielleicht, ein Adolf Hitler laßt sich von eurem Dollfuß aufhalten? Uns kann nichts aufhalten."
Maria blickte von ihrer Näherei auf. „Er ist nicht mein Dollfuß. Übrigens, wie war es denn gestern beim Hausputzen?"
Franz fuhr auf, holte mit der rechten Hand aus.
„Schlag mich nur", sagte Maria. „Dazu gehört ja nicht viel. Das kann bald einer, so wie das Hakenkreuzschmieren an den Häusern von anderen Leuten, besonders in der Nacht. Ich wär ja gern hinuntergekommen und hätte zugeschaut, wie ihr eure Schmiererei mit der Bürste abgekratzt habt. Ihr seid genau wie die Buben in der Volksschule, die Schweinereien auf den Abort schreiben. Kommt davon euer Drittes Reich schneller? Oder hilft's mehr, wenn ihr zu fünft auf den Löwy losgeht?"
„Du Hur du!" schrie Franz. „Mit uns ist es aus, daß du es nur weißt!"
Er knallte die Tür hinter sich zu.
Die Bäuerin kam aus der Stube. „Lauf ihm nach! Entschuldig dich! So kannst ihn doch nicht gehen lassen!"
Maria nahm einen neuen Socken aus dem Flickkorb.
„Reg dich nicht auf. Ist eh besser so."
Die Bäuerin packte ihren Arm, schüttelte sie. „Geh schon! Du weißt ja nicht, was du tust. Wer nimmt dich denn jetzt noch? Geh, bevor es zu spät ist, ich bitte dich."
„Nein", sagte Maria.
Die Bäuerin wurde immer erregter, sie schrie Maria ins Gesicht: „Wofür hältst du dich? Für was Besseres? Sei froh, wenn er dich noch nimmt, geh, entschuldig dich!"

„Ich halte mich nicht für was Besseres, und ich entschuldige mich nicht." Maria schüttelte die Hand ihrer Mutter ab, dann stand sie auf, legte ihr die Hand auf den Arm. „Du hast den Löwy nicht gesehen, nachdem sie ihn zusammengeschlagen haben, der Franz und seine Nazifreunde. Fünf gegen einen alten Mann!"
„Junge Leute sind halt übermütig", sagte die Bäuerin. „Und überhaupt – was geht dich der Löwy an?"
Maria starrte sie an, als sähe sie sie zum ersten Mal.
„Du hast die Gesichter nicht gesehen! Die waren – geil waren die!"
„Pfui Teufel, wie du redest!"
Maria stand auf, schob die Bäuerin zur Seite und ging über den Hof, aber nicht zum Tor hinaus, sie schloß es nur mit Nachdruck und sperrte zu.
(S. 115–116)

– Als der Lahnhofer tobt, weil Johanna sich eine neue Stelle im Gasthof gesucht hat, tritt Maria für sie ein. Sie sieht Johannas Entscheidung, das Leben selbst in die Hand zu nehmen, für eine Chance, die sie verpaßt habe:

Der Bauer war wütend, die Bäuerin jammerte: „Jetzt, wo so viel zu tun ist!"
„So was von Undank! Da haben wir sie durchgefüttert bis jetzt, und jetzt geht sie!" schimpfte der Bauer.
„Recht hat sie", sagte Maria.
Der Bauer schwenkte um. „Mir kann es ja egal sein. Zehne kann ich haben, die mehr wert sind."
„Dann stell sie doch an", sagte Maria. „Kannst auch gleich eine suchen, die meine Arbeit macht."
„Du wirst mir doch nicht erzählen, daß dich noch einer heiratet!"
„Wer sagt, daß ich heiraten will?"
„Wozu wärst du denn sonst gut, sag mir das?" fragte der Bauer.
„Da muß ich erst noch draufkommen." Maria ging zur Tür. Sie redete meistens von der Türschwelle ins Zimmer zurück, fiel Johanna auf.
Die Bäuerin seufzte. „Die spinnt wirklich. Es ist ein Kreuz, daß das mit dem Franz auseinandergegangen ist. Aber sie ist ja selbst schuld."

Am Abend sagte Maria: „Ich bin froh, daß du gehst. Ich hätte auch gehen sollen, solange noch Zeit war."
„Aber du bist doch hier daheim!"
„Das ist genauso arg. Wenn nicht ärger."
Nach vier Jahren hatte Johanna immer noch sehr wenig Ahnung davon, was Maria dachte, was sie wollte. Sie hatte geglaubt, Maria sei zwar anders als ihre Familie, aber doch ein Teil davon.
„Ich bin zu alt", sagte Maria. „Das ist es. Ich hätte was lernen müssen."
(S. 159)

- Als Johanna – gegen Ende des Romans – vom Besuch bei der Ziehmutter zurückkommt, erzählt ihr Peter:

> „Stell dir vor", erzählte er, „die Maria ist weg. Sie hat eine Arbeit im Krankenhaus gefunden. Der Lahnhofer hat gebrüllt wie ein Stier, daß er's nicht duldet, daß seine Tochter fremden Leuten die Ärsche putzt, aber sie ist weg."
> Johanna neigte sich zu ihm und gab ihm einen Kuß auf die Wange.
> „Ich freu mich ja so!"
> „Weil der Lahnhofer endlich eine auf den Deckel kriegt?"
> „Nein", sagte sie. „Für Maria." (S. 182)

Marias und Johannas Weg sind ähnlich: Beide kämpfen gegen die herrschenden Vorurteile um ihr Recht auf Selbstverwirklichung, um ihr Recht, sie selbst sein zu dürfen.

Johanna – Ein Dorfroman?

Die Landschaft, in der die Geschichte spielt, und die einzelnen Orte sind auf der Landkarte wiederzufinden: das Burgenland, südlich von Wien. Die Ereignisse (vgl. ↗Erzählzeit) reichen von 1931 bis 1936; es sind die Jahre, in denen sich in Österreich der Machtkampf zwischen Sozialdemokraten, Christlich-Konservativen und Rechtsradikalen (Sympathisanten der Nationalsozialisten, die den Anschluß an Deutschland forderten) zuspitzte; es waren auch die Jahre der großen Arbeitslosigkeit, wie in Deutschland. Johannas Geschichte ist nicht ganz frei erfunden; sie geht auf eine tatsächliche Lebensgeschichte in jenen Jahren zurück. Renate Welsh, die Autorin, hat für ihren Roman einen sehr konkreten Rahmen gewählt. In der Ausgabe, nach der ich zitiere, steht am Ende ein *Zeitgeschichlicher Überblick 1931–1935* (S. 185–190) von Johann Luger, der die politischen Hintergründe jener Jahre erläutert.

Johannas Geschichte ist nicht an einem erfundenen Ort angesiedelt, wie Kellers Novelle *Kleider machen Leute*: sie hat Zeitbezüge die überprüfbar sind.

Der Roman wird in der dritten Person erzählt, durch einen Er-Erzähler oder eine Sie-Erzählerin. Es ist keine ↗Ich-Erzählung. Aber der Leser erfährt die Ereignisse – ob im Dorf oder in der großen Politik – nur durch Johanna. Der ↗Erzähler oder die Erzählerin machen sich Johannas Perspektive, wie sie alles sieht und wahrnimmt, zu eigen (vgl. ↗Erzählperspektive). Diese Perspektive reicht von der Außenansicht – der Erzähler/die Erzählerin beschreiben, was sie sehen, ohne es zu kommentieren – bis zur Identifikation mit der Hauptfigur – was Johanna denkt, wie sie sich alles vorstellt (vgl. ↗Auktorialer Erzähler, ↗Erlebte Rede, ↗Innerer Monolog) – und dem versteckten Zusatz eigener Ansichten des Erzählers oder der Erzählerin. Wichtig ist aber, daß durch die Erzählweise der Erfahrungshorizont der Hauptfigur nicht überschritten wird: alles, was der Leser erfährt, läuft über das Wahrnehmungs- und Erkenntnisvermögen Johannas. Ein Beispiel: Der Leser oder die Leserin erfahren nicht, was Maria, die Tochter des Lahnhofer, wirklich denkt; man erfährt nur, wie Johanna das Gesagte aufnimmt und zu verstehen versucht.

Ein Dorfroman ist *Johanna* nur in dem Sinn, daß Renate Welsh die wirtschaftlichen und politischen Entwicklungen in Österreich anfangs der dreißiger Jahre auf die überschaubare Bühne eines Dorfspektakels stellte. Was in dem Dorf abläuft, ist ein Echo auf die politische Entwicklung insgesamt. In der überschaubaren Geographie eines Romans spiegelt sich die historische Wirklichkeit, die auch späteren Lesern vergegenwärtigt werden sollte. In diesem Sinne ist Johanna keine ↗Dorfgeschichte, sondern der Versuch, Geschichte aufzuarbeiten. Drei Erzählansätze bestimmen den Geschehensverlauf:

- Johannas Geschichte.
- Das Verhalten der Leute im Dorf.
- Die Rückwirkung der politischen Ereignisse „von draußen" auf das Leben im Dorf.

Renate Welsh hat ihre Hauptfigur nicht mit dem Wissen ausgestattet, das sie, als Autorin, im Nachhinein zur Verfügung hatte. Johanna ist die Hauptfigur, und ihr Erfahrungshorizont bestimmt den Erzählverlauf oder zumindest die Auswahl der wichtigsten Ereignisse.
Man kann es auch so sagen: Die Autorin fordert ihre Leser auf, in die erzählte Geschichte einzusteigen, sich mit den gesellschaftlichen Ereignissen, die sich in dieser „Dorfgeschichte" spiegeln, auseinanderzusetzen. Renate Welsh, als Autorin, die natürlich auch hinter ihren Figuren steht, sofern sie aus dem Kreislauf des ewig Gestrigen ausbrechen wollen, verläßt sich aber nicht auf eine einfache Einteilung in Schwarz und Weiß; sie greift auf die Fakten zurück: Was erzählen die Betroffenen? So entsteht eine Geschichte oder ein Roman, den erst der Leser beenden kann.

Rückfragen und Aufgaben

1. *Wie und wonach wird Johanna von ihrer Umwelt eingeschätzt und beurteilt?*

2. *Gehört das Thema des Romans der Vergangenheit an oder gibt es auch heute noch vergleichbare Situationen?*

Das Versprechen — Friedrich Dürrenmatt

Der Autor

Der Schweizer Schriftsteller und Dramatiker Friedrich Dürrenmatt (1921–1990) ist vor allem durch seine Theaterstücke bekannt geworden. Er wurde mit vielen Literaturpreisen ausgezeichnet. Seine Stücke wurden und werden auf vielen Bühnen in der ganzen Welt gespielt. Er nannte sie – z.B. *Der Besuch der alten Dame* (1956) oder *Die Physiker* (1962) – tragische Komödien oder einfach Komödien, obwohl in ihnen sehr ernste Themen behandelt werden: die Bereitschaft einer ganzen Stadt zum Mord als Gegenleistung für versprochenen Wohlstand; die Verantwortung des Naturwissenschaftlers für die Folgen seiner Forschung. Ihm schien das Lachen der Verzweiflung die einzige noch mögliche, ohnmächtige Geste angesichts der selbstverschuldeten Weltkatastrophen in unserem Jahrhundert. Zur Tragik und zur Tragödie gehört es, daß der Held sich unwissend in Schuld verstrickt; unser Zeitalter aber stürze sich wissend in die Katastrophe.

Dürrenmatt hat in den fünfziger Jahren auch drei Kriminalromane oder besser: Detektivromane (vgl. ↗Kriminalgeschichte) geschrieben: *Der Richter und sein Henker* (1952), *Der Verdacht* (1953) und *Das Versprechen* (1958).
Sie weichen von dem überlieferten Schema ab, daß am Ende das Verbrechen aufgeklärt ist dank der klugen und vernünftigen Kombination der Fahnder, daß der Verbrecher letztlich keine Chance habe. So einfach – dies ist Dürrenmatts Überzeugung – sei die Welt im kleinen und im großen nicht in Ordnung zu halten. Der klassische Argumentationsaufbau des Kriminal- oder Detektivromans sei eine beschönigende Verfälschung der statistischen Erfahrungswerte aus Rücksicht auf die stillen Erwartungen und Hoffnungen des Publikums, das diese Bücher kauft. Im letzten dieser drei Detektivromane hat Dürrenmatt die Spannung zwischen der Publikumserwartung und dem, was der Autor als gesichert mitteilen kann, zum eigentlichen Thema der Berichterstattung gemacht.

Der Detektivroman *Das Versprechen* orientiert sich an den überlieferten Vorgaben, die das Publikum kennt und erwartet; durch die Art der Darstellung werden aber diese Erwartungen in Frage gestellt: so einfach, wie das literarische Schema der Kriminal- oder Detektivgeschichte es vorsieht, sind die Konflikte unserer alltäglichen Gegenwart – auch wenn sie irgendwo, nicht in unserem eigentlichen Einzugsbereich, angesiedelt sind – auf keinen Fall mit der Hoffnung auf Glaubwürdigkeit darzustellen. Aber dieser literarische Protest gegen die Publikumserwartung ist erst das Ergebnis einer längeren Beschäftigung mit dem Thema der Geschichte. Die Kritik an der traditionellen Form des Detektivromans, wie sie in dem Roman *Das Versprechen* artikuliert wird, ist erst das Ergebnis des Autors aus seiner Erfahrung mit dem Filmprojekt, das man ihm angeboten hatte.

Vom Film zum Roman

Gewöhnlich steht die Erzählung vor dem Film. Bei der Detektivgeschichte *Das Versprechen* ist es umgekehrt. Dürrenmatt hatte 1957 den Auftrag erhalten, eine Filmerzählung über das Thema „Sexualverbrechen an Kindern" zu schreiben: „Beabsichtigt war, vor dieser leider immer häufigeren Gefahr zu warnen" (S. 203, Nachwort: Zitiert wird hier und im folgenden nach der *Werkausgabe in dreißig Bänden*, Band 22, Diogenes Verlag, Zürich 1986). Aus dieser Vorfassung des späteren Romans entstand in Zusammenarbeit mit dem Regisseur der Film *Es geschah am hellichten Tag* (Schweiz 1958).

Zum Inhalt:

Ein Hausierer meldet der Polizei einen grausigen Fund; im Wald liegt die Leiche eines ermordeten Mädchens. Bei den polizeilichen Ermittlungen häufen sich die Verdachtsmomente, daß der Hausierer selbst der Mörder sei. Für die Leute im Dorf gilt es bereits als Gewißheit. Nach mehreren Verhören legt der Hausierer zermürbt ein Geständnis ab – und begeht Selbstmord. Der Fall scheint gelöst zu sein. Nur nicht für den Kommissar, der den Hausierer kannte und ihm diese Tat nicht zutraute. Obwohl er eigentlich einen Auftrag im Ausland übernehmen wollte, bleibt er und recherchiert auf eigene Faust. Die Indizienkette, die er aus vielen Details erstellt, ergibt für ihn ein ganz anderes Bild: Der Mörder muß aus der Gegend sein, ein großes, altes Auto fahren und sich durch Geschenke (Schokolade, Pralinen) in das Vertrauen der Kinder einschleichen. Der Kommissar mietet eine Tankstelle an der Straße, die er als die Route des Mörders vermutet, und nimmt eine Frau zu sich mit einem Mädchen, das der Ermordeten ähnelt. Mit dem Mädchen will er dem Triebtäter, von dem er überzeugt ist, daß er erneut morden will, eine Falle stellen. Der Plan gelingt; im letzten Moment wird das Mädchen im Wald durch eine Puppe ausgetauscht, und der Mörder wird vor Ort überführt.

Die ↗Fabel des Films ist nach dem klassischen Schema der Detektivgeschichte aufgebaut und ausgestaltet:

> Im ersten Teil wird eine falsche Spur gelegt. Ein Unschuldiger wird verdächtigt und dann auch scheinbar überführt, so daß der Fall als abgeschlossen gilt. Im zweiten Teil nimmt sich ein Detektiv erneut des Falles an, kommt zu ganz anderen Schlußfolgerungen und überführt dank seiner Kombinationsgabe auf ungewöhnliche Weise den wirklichen Mörder.

Auch der Roman *Das Versprechen* hält sich im allgemeinen Geschehensverlauf an den Film. Allerdings mit einer wichtigen Ausnahme im zweiten Teil: Der Kommissar scheitert mit seinem Plan und verzweifelt daran. Erst Jahre später kommt dann durch ein Geständnis am Totenbett heraus, daß der Kommissar mit seiner Täterbeschreibung doch recht hatte. Der Mörder war nur deshalb nicht in die Falle gegangen, weil er unterwegs tödlich verunglückt war.

Im Nachwort zum Roman schrieb Dürrenmatt 1958:

> Es liegt mir daran, hier festzuhalten, daß der Film meinen Intentionen im Wesentlichen entspricht, daß der Roman einen andern Weg gegangen ist, stellt keine Kritik an der hervorragenden Arbeit des Regisseurs dar. Der Grund liegt allein darin, daß ich mich nach der Fertigstellung des Drehbuches noch einmal an die Arbeit machte. Ich griff die Fabel aufs neue auf und dachte sie weiter, jenseits des Pädagogischen. Aus einem bestimmten Fall wurde der Fall des Detektivs, eine Kritik an einer der typischen Gestalten des neunzehnten Jahrhunderts, und so schoß ich notgedrungen über das Ziel hinaus, das der Film, als eine Kollektivarbeit, sich setzen mußte. (S. 203)

Dürrenmatt hatte sich aus pädagogischen Gründen mit dem Handlungsverlauf des Films einverstanden erklärt. Ein Film, der ein breites Publikum aufklären sollte, welche Gefahren Kindern durch Triebtäter drohen, konnte nicht mit dem Mißerfolg der Fahndungsorgane enden. So setzte er wenigstens einen eigenwilligen Kommissar ein, der den Fall beharrlich weiterverfolgte und schließlich auch den Täter überführte. Dies ist der bestimmte Fall, das Einzelereignis, von dem er im Nachwort spricht. Im Roman aber wurde die literarische Figur des Detektivs, der nie scheitert, sondern immer seinen Fall aufklärt, selbst zum Thema. Dürrenmatt entlarvt diese Publikumserwartung als ein unrealistisches Klischee, das sich in dieser selbstverständlichen Zwangsläufigkeit eben nur in einer erfundenen Geschichte erfüllt.

„Requiem auf den Kriminalroman"

So lautet der Untertitel des Romans *Das Versprechen*. Das Requiem ist eine Totenfeier. Im übertragenen Sinne ist es als der Nachruf auf den Tod des Kriminal- oder Detektivromans zu verstehen. Für Dürrenmatt ist das Argumentationsschema des Detektivromans, so wie es sich im 19. Jahrhundert ausgebildet hat, unglaubwürdig, unwirklich und sogar aller Erfahrung widersprechend. Im Nachwort ist dies angedeutet, im Roman ist es ausführlich dargestellt.

In der Rahmenhandlung kommt Dr. H., „der ehemalige Kommandant der Kantonspolizei Zürich" (S. 12) zu Wort. Er hatte den Vortrag des Ich-Erzählers (vgl. ➚Ich-Erzählung), eines Kriminalschriftstellers, gehört:

> [...] um ehrlich zu sein, ich habe nie viel von Kriminalromanen gehalten und bedaure, daß auch Sie sich damit abgeben. Zeitverschwendung. Was Sie gestern in Ihrem Vortrag ausführten, läßt sich zwar hören; seit die Politiker auf eine so sträfliche Weise versagen – und ich muß es ja wissen, bin selbst einer, Nationalrat, wie Ihnen bekannt sein dürfte (es war mir nicht bekannt, ich hörte seine Stimme wie von ferne, verschanzt hinter meiner Müdigkeit, doch aufmerksam wie ein Tier im Bau) –, hoffen die Leute eben, daß wenigstens die

Polizei die Welt zu ordnen verstehe, wenn ich mir auch keine lausigere Hoffnung vorstellen kann. Doch wird leider in all diesen Kriminalgeschichten ein noch ganz anderer Schwindel getrieben. Damit meine ich nicht einmal den Umstand, daß eure Verbrecher ihre Strafe finden. Denn dieses schöne Märchen ist wohl moralisch notwendig. Es gehört zu den staatserhaltenden Lügen, wie etwa auch der fromme Spruch, das Verbrechen lohne sich nicht – wobei man doch nur die menschliche Gesellschaft zu betrachten braucht, um die Wahrheit über diesen Punkt zu erfahren –, all dies will ich durchgehen lassen, und sei es auch nur aus Geschäftsprinzip, denn jedes Publikum und jeder Steuerzahler hat ein Anrecht auf seine Helden und sein Happy-End, und dies zu liefern sind wir von der Polizei und ihr von der Schriftstellerei gleicherweise verpflichtet. Nein, ich ärgere mich vielmehr über die Hoffnung in euren Romanen. Hier wird der Schwindel zu toll und zu unverschämt. Ihr baut eure Handlungen logisch auf; wie bei einem Schachspiel geht es zu, hier der Verbrecher, hier das Opfer, hier der Mitwisser, hier der Nutznießer; es genügt, daß der Detektiv die Regeln kennt und die Partie wiederholt, und schon hat er den Verbrecher gestellt, der Gerechtigkeit zum Siege verholfen. Diese Fiktion macht mich wütend. Der Wirklichkeit ist mit Logik nur zum Teil beizukommen. Dabei, zugegeben, sind gerade wir von der Polizei gezwungen, ebenfalls logisch vorzugehen, wissenschaftlich; doch die Störfaktoren, die uns ins Spiel pfuschen, sind so häufig, daß allzu oft nur das reine Berufsglück und der Zufall zu unseren Gunsten entscheiden. Oder zu unseren Ungunsten. Doch in euren Romanen spielt der Zufall keine Rolle, und wenn etwas nach Zufall aussieht, ist es gleich Schicksal und Fügung gewesen; die Wahrheit wird seit jeher von euch Schriftstellern den dramaturgischen Regeln zum Fraße hingeworfen. Schickt diese Regeln endlich zum Teufel. Ein Geschehen kann schon allein deshalb nicht wie eine Rechnung aufgehen, weil wir nie alle notwendigen Faktoren kennen, sondern nur einige wenige, meistens recht nebensächliche. Auch spielt das Zufällige, Unberechenbare, Inkommensurable eine zu große Rolle. Unsere Gesetze fußen nur auf Wahrscheinlichkeit, auf Statistik, nicht auf Kausalität, treffen nur im allgemeinen zu, nicht im besonderen. Der Einzelne steht außerhalb der Berechnung. Unsere kriminalistischen Mittel sind unzulänglich, und je mehr wir sie ausbauen, desto unzugänglicher werden sie im Grunde. Doch ihr von der Schriftstellerei kümmert euch nicht darum. Ihr versucht nicht, euch mit einer Realität herumzuschlagen, die sich uns immer wieder entzieht, sondern ihr stellt eine Welt auf, die zu bewältigen ist. Diese Welt mag vollkommen sein, möglich, aber sie ist eine Lüge. Laßt die Vollkommenheit fahren, wollt ihr weiterkommen, zu den Dingen, zu der Wirklichkeit, wie es sich für Männer schickt, sonst bleibt ihr sitzen, mit nutzlosen Stilübungen beschäftigt. (S. 17–19)

Im Verlauf der eigentlichen Erzählung unterbricht Dr. H. noch einmal seinen Bericht über die Suche nach dem Mörder. Dr. H. war zunächst von der Schuld des Hausierers überzeugt oder hielt die Tatrekonstruktion der Polizei zumindest für wahrscheinlich. Dann aber ließ er sich von der Argumentation des Kommissars – im

Roman heißt er Dr. Matthäi – überzeugen und ordnete die Observation des Ortes eines möglichen weiteren Verbrechens an, – ohne Erfolg. Als Dr. H. an diese Stelle seines Berichts gelangt:

> Doch Sie werden sich nun schon längst gefragt haben, was denn meine Geschichte mit der Kritik zu tun hat, die ich an Ihrem Vortrag anbrachte, und weshalb ich denn Matthäi ein Genie nannte. Begreiflicherweise. Sie werden einwenden, ein ausgefallener Einfall müsse ja noch lange nicht richtig oder gar ein genialer Einfall sein. Auch das stimmt. Ich kann mir sogar vorstellen, was Sie sich nun in Ihrem Schriftstellerhirn ausdenken. Man brauche nur, werden Sie sich listigerweise sagen, Matthäi recht bekommen und den Mörder fangen zu lassen, und schon ergebe sich der schönste Roman oder Filmstoff, die Aufgabe der Schriftstellerei bestehe schließlich darin, die Dinge durch einen bestimmten Dreh durchsichtig zu machen, damit die höhere Idee hinter ihnen durchschimmere, ahnbar werde, [...]
> So stelle ich mir Ihren Gedankengang ungefähr vor, und ich kann geradezu voraussagen, daß diese Variante meiner Geschichte so erhebend ist und positiv, daß sie demnächst einfach erscheinen muß, sei es nun als Roman oder als Film. Alles werden Sie im großen und ganzen erzählen, wie ich es versucht habe, nur besser selbstverständlich. Sie sind schließlich ein Mann von der Branche, und nur am Schlusse kommt dann eben wirklich der Mörder, erfüllt sich die Hoffnung, triumphiert der Glaube, womit die Erzählung für die christliche Welt doch noch annehmbar wird. Dazu sind noch weitere Milderungen denkbar. Ich schlage etwa vor, daß es für Matthäi, kaum hat er die Trüffeln entdeckt, in Erkenntnis der Gefahr, in der Annemarie schwebt, unmöglich wird, den Plan, das Kind als Köder zu benützen, weiterzuverfolgen, sei es aus reifer Menschlichkeit oder aus väterlicher Liebe zum Kinde, worauf er Annemarie mit seiner Mutter in Sicherheit bringen könnte und an das Bächlein eine große Puppe setzen würde. Gewaltig und feierlich käme dann der Mörder aus dem Walde auf das vermeintliche Kind zugeschritten, in der Abendsonne, Annemaries Zauberer, voll Lust, endlich wieder einmal mit dem Rasiermesser hantieren zu können; die Erkenntnis, daß er in eine teuflische Falle geraten, brächte ihn zur Raserei, zum Wahnsinnsausbruch, Kampf mit Matthäi und Polizei und dann vielleicht am Schluß – Sie müssen mir meine Dichterei schon verzeihen – ein ergreifendes Gespräch des verletzten Kommissärs mit dem Kinde, nicht lang, nur einige halbe Sätze, warum nicht, das Mädchen wäre einfach seiner Mutter entwichen, um den geliebten Zauberer zu treffen, seinem unerhörten Glück entgegenzueilen, und so wäre sogar noch ein Lichtblick voll sanfter Humanität und entsagungsvoller märchenhafter Poesie möglich nach all den Greueln; (S. 142–143)

Selbstkritisch und mit einiger Selbstironie läßt Dürrenmatt den Kommandanten die „Dichterei", wie sie der Filmfassung zugrundeliegt, als poetische Scheinlösung entwerfen, die der Wirklichkeitserfahrung widerspreche. Nur liegt die Pointe, durch die alle Einwände des Kommandanten selbst wieder aufgehoben werden, eben darin, daß Dr. Matthäi mit seinen Recherchen recht behielt; allein ein Zufall – der tödliche Autounfall des Mörders – hatte den Fahndungserfolg vereitelt. Dies bedeutet, daß Dürrenmatt auch seinen Roman *Das Versprechen* als eine erfundene, als eine konstruierte Geschichte vorstellt, – eben als einen Detektivroman.

Der Erzählrahmen

Die eigentliche Erzählung ist in eine Rahmenhandlung (vgl. ↗Rahmenerzählung) eingebettet. Der Ich-Erzähler, ein Kriminalschriftsteller, hat in Chur einen Vortrag gehaltengehalten über das Thema „Die Kunst, Kriminalromane zu schreiben". Im Hotel trifft er Dr. H., den ehemaligen Kommandanten der Kantonspolizei Zürich. Dieser hat den Vortrag gehört, und er übt auch Kritik. Er lädt den Schriftsteller ein, mit ihm im Auto nach Zürich zurückzufahren. Unterwegs halten sie an einer Tankstelle. Was der Schriftsteller dort sieht und sich nicht recht erklären kann, ist der Anlaß für Dr. H., die Geschichte des Tankstellenwarts, seines ehemaligen Kollegen Dr. Matthäi, zu erzählen. Die Detektivgeschichte selbst ist eine Ich-Erzählung in einer Ich-Erzählung.

Als Dr. H. und der Kriminalschriftsteller bereits in Zürich angekommen sind und in einem Restaurant sitzen, unterbricht dieser die Erzählung des Dr. H. – an der Stelle, als Dr. Matthäi vergeblich dem Mörder aufgelauert hatte – , um den Leser zu informieren, wie er für den Roman den Bericht bearbeitet habe. Zwar kommt der Kriminalschriftsteller zu Wort, aber hinter ihm verbirgt sich auch der Autor.

> Andererseits aber wäre noch beizufügen, rein technisch, der schriftstellerischen Ehrlichkeit und dem Metier zuliebe, daß ich die Erzählung des redegewaltigen Alten natürlich nicht immer so wiedergegeben habe, wie sie mir berichtet wurde, wobei ich nicht etwa an den Umstand denke, daß wir natürlich Schweizerdeutsch sprachen, sondern an jene Teile seiner Geschichte, die er nicht von seinem Standpunkt aus, von seinem Erlebnis her, sondern gleichsam objektiv als Handlung an sich erzählte, wie etwa bei der Szene, in der Matthäi sein Versprechen ablegt. Bei solchen Stellen war einzugreifen, zu formen, neu zu formen, wenn ich mir auch die größte Mühe gab, die Vorkommnisse nicht zu verfälschen, sondern nur das Material, das mir der Alte lieferte, nach bestimmten Gesetzen der Schriftstellerei zu bearbeiten, druckfertig zu machen. (S. 140–141)

Es ist auffallend, wie Dürrenmatt immer wieder – auch in der Gestalt seines Ich-Erzählers – den Leser darauf hinweist, daß die Geschichte eine gestaltete Erzählung sei „nach bestimmten Gesetzen der Schriftstellerei", also nicht wie ein Protokoll wirklicher Ereignisse zu lesen sei. Dürrenmatt betont immer wieder den Kunstcharakter und die Fiktionalität (vgl. ↗fiktional). Das hat er von Bertolt Brecht (1898–1956) gelernt: Die Kunst ist immer nur eine Auseinandersetzung mit der Wirklichkeit, ein

Angebot, die Wirklichkeit zu deuten, – aber niemals die Wirklichkeit selbst. Das klingt eigentlich selbstverständlich. Aber: Wie oft wird die erfundene Wirklichkeit auf der Bühne und in Romanen für die tatsächliche Wirklichkeit gehalten! Das gilt auch für den Film.

Dürrenmatt verwendet zwar die erzähltechnischen Requisiten der einzelnen literarischen Gattungen, er läßt den Leser aber auch nicht im unklaren darüber. Dies ist der Grund, warum er nicht einfach eine Detektivgeschichte erzählt, sondern sich auch mit den Erwartungen des Publikums auseinandersetzt, das Kriminal- und Detektivgeschichten liest.

Der Titel

Der Titel bezieht sich auf eine zentrale Stelle der Erzählung. Nach dem grausigen Fund im Wald geht Dr. Matthäi zu den Eltern des Mädchens, um ihnen alles zu erzählen:

> Da begann plötzlich die Frau zu sprechen.
> „Wer ist der Mörder?“ fragte sie mit einer Stimme, die so ruhig und sachlich war, daß Matthäi erschrak.
> „Das werde ich schon herausfinden, Frau Moser.“
> Die Frau schaute ihn nun an, drohend, gebietend.
> „Versprechen Sie das?“
> „Ich verspreche es, Frau Moser“, sagte der Kommissär, auf einmal nur vom Wunsche bestimmt, den Ort zu verlassen.
> „Bei Ihrer Seligkeit?“
> Der Kommissär stutzte. „Bei meiner Seligkeit“, sagte er endlich. Was sollte er anderes.
> „Dann gehen Sie“, befahl die Frau. „Sie haben bei Ihrer Seligkeit geschworen.“ (S. 32)

Dr. Matthäi hält sich an dieses Versprechen, aber anders als erwartet. Mit dem Geständnis des Hausierers, der sich anschließend erhängte, scheint der Fall gelöst zu sein. Auf der Beerdigung des ermordeten Mädchens bedankt sich die Mutter bei Dr. Matthäi. Er habe sein Versprechen gehalten. Sie danke ihm. (S. 71)
In diesem Moment wird ihm der Widersinn des Fahndungsverlaufs deutlich, und er entschließt sich, sein Versprechen einzulösen, nämlich den wirklichen Mörder zu suchen. Das Versprechen, das er der Frau gegeben hat, wird zu einem Versprechen, das er für sich selbst einlösen will, mit allen Mitteln. Und auch für alle Kinder, die in Gefahr geraten könnten. (S. 73)

Zum Aufbau

Dürrenmatt hat den Detektivroman *Das Versprechen* in dreißig durchnumerierte Kapitel oder Abschnitte eingeteilt, die manchmal nur ein oder zwei Seiten umfassen. Diese Szeneneinteilung geht sicherlich auf das ursprüngliche Film-Manuskript zurück.

Der Roman wird auf zwei Ebenen erzählt:

- Auf der ersten Ebene, dem Erzählrahmen, begegnet der Ich-Erzähler, ein Kriminalschriftsteller, nach einem Vortrag in Chur, dem ehemaligen Kommandanten der Kantonspolizei in Zürich. Dieser hatte sich den Vortrag des Ich-Erzählers über die Kunst, Kriminalromane zu schreiben, angehört, war aber mit den Ausführungen des Ich-Erzählers überhaupt nicht einverstanden. Er nimmt ihn im Auto nach Zürich mit. Unterwegs halten sie an einer Tankstelle, und danach erzählt der Kommandant seinem Fahrgast die Geschichte des sonderbaren Tankstellenwartes, seines ehemaligen Mitarbeiters Dr. Matthäi.
- Die zweite Ebene ist der Bericht – sehr wortreich – des Kommandanten – auf der Rückfahrt nach Zürich und dort in einem Restaurant – über den letzten Fall des Dr. Matthäi, den dieser außerhalb der üblichen Fahndungspraktiken – wie ein Detektiv aus dem Roman – zu lösen versuchte. Er hat ihn zwar, wie sich Jahre später zeigte, gelöst, aber er ist an diesem Fall auch zugrunde gegangen.

Beide Ebenen hängen zusammen. Der Kommandant will anhand der Geschichte des Dr. Matthäi zeigen, daß die Verbrechensbekämpfung der Polizei nicht immer so erfolgreich abläuft, wie sie in Kriminalromanen inszeniert ist. Für den Ich-Erzähler, für den Kriminalschriftsteller, ist der Bericht des Kommandanten ein wichtiger Anlaß, um über das Verhältnis zwischen Wirklichkeitserfahrung und seiner Schriftstellerei oder „Dichterei“ nachzudenken. Er äußert sich sehr zurückhaltend; er überläßt die Antworten auf die wichtigen Fragen seinem Gesprächspartner. Man muß aber auch sagen, daß er ihm eher stillschweigend zuhört; Einwände und Gegenfragen bleiben aus.

Was erzählt Dr. H. seinem Begleiter?

Dr. H. ist kein Unbeteiligter, kein objektiver Beobachter. Dr. Matthäi war einer seiner besten Leute. Auch als man nach dem – scheinbaren – Abschluß des Falls – durch den Selbstmord des Hausierers – sich über Matthäis Entschluß, einer neuen Spur nachzugehen, wunderte, unterstützt Dr. H. nach anfänglichem Zögern die Initiative seines ehemaligen Mitarbeiters. Sein Bericht besteht aus zwei Teilen, die sich überlagern oder ineinandergehen:

- Dr. H. ist bemüht, seinem Begleiter – schon, um ihm seine Kritik an dessen Vortrag zu begründen – das ganze Geschehen in der richtigen chronologischen Reihenfolge zu erzählen.

- Gleichzeitig ist aber dieser Bericht über den Alleingang des Dr. Matthäi auch eine selbstkritische Auseinandersetzung des Dr. H., ob er sich nicht zu schnell durch voreilige Schlußfolgerungen auf eine – wie sich später, Jahre danach, zeigte – falsche Spur festgelegt habe.

Der Autor Friedrich Dürrenmatt läßt viele Fragen offen. Man kann sogar sagen, daß er durch die Erzählweise den Leser geradezu provoziert, sich selbst in die Geschichte einzumischen. Der Ich-Erzähler hält sich zurück; er protokolliert die Erzählung des Dr. H. in wörtlicher Rede. Die einzige Ausnahme ist der Einschub (S. 141), daß er den Bericht „nach bestimmten Gesetzen der Schriftstellerei" bearbeitet habe.

Bevor die Geschichte in der Geschichte beginnt, fährt Dr. H. mit seinem Begleiter zu der Tankstelle auf dem Weg zwischen Chur und Zürich, die in dem Bericht eine wichtige Rolle spielt:

„Steigen wir aus", sagte der ehemalige Kommandant, und ich gehorchte, ohne zu begreifen, was er vorhatte, doch froh, an die frische Luft zu kommen. Neben der offenen Haustüre saß ein alter Mann auf einer Steinbank. Er war unrasiert und ungewaschen, trug einen hellen Kittel, der schmuddelig und verfleckt war, und dazu dunkle, speckig schimmernde Hosen, die einmal zu einem Smoking gehört hatten. An den Füßen alte Pantoffeln. Er stierte vor sich hin, verblödet, und ich roch schon von weitem den Schnaps. Absinth. Um die Steinbank herum war das Pflaster mit Zigarettenstummeln bedeckt, die im Schmelzwasser schwammen.
„Grüß Gott", sagte der Kommandant, auf einmal verlegen, wie mir schien. „Füllen Sie bitte auf. Super. Und reinigen Sie auch die Scheiben." Dann wandte er sich zu mir. „Gehen wir hinein."
Erst jetzt bemerkte ich über dem einzigen sichtbaren Fenster ein Wirtshausschild, eine rote Blechscheibe, und über der Tür war zu lesen. Zur Rose. Wir betraten einen schmutzigen Korridor. Gestank von Schnaps und Bier. Der Kommandant ging voran, öffnete eine Holztürre, offenbar kannte er sich aus. Die Gaststube war armselig und dunkel, einige rohe Tische und Bänke, an den Wänden Filmstars, aus Illustrierten herausgeschnitten und an die Mauer geklebt; der österreichische Rundfunk gab einen Marktbericht für Tirol durch, und hinter der Theke stand kaum erkennbar eine hagere Frau. Sie trug einen Morgenrock, rauchte eine Zigarette und spülte die Gläser.
„Zwei Kaffee-Creme", bestellte der Kommandant.
Die Frau begann zu hantieren, und aus dem Nebenzimmer kam eine schlampige Kellnerin, die ich auf etwa dreißig schätzte.
„Sie ist sechzehn", brummte der Kommandant.
Das Mädchen servierte. Es trug einen schwarzen Rock und eine weiße, halb offene Bluse, unter der es nichts anhatte; die Haut war ungewaschen. Die Haare waren blond, wie wohl auch einmal die der Frau hinter der Theke, und ungekämmt.

„Danke, Annemarie", sagte der Kommandant und legte das Geld auf den Tisch. Auch das Mädchen antwortete nicht, bedankte sich nicht einmal. Wir tranken schweigend. Der Kaffee war entsetzlich. Der Kommandant zündete sich eine Bahianos an. Der österreichische Rundfunk war zum Wasserstand übergewechselt und das Mädchen ins Nebenzimmer gelatscht, in welchem wir etwas Weißliches schimmern sahen, offenbar ein ungemachtes Bett.
„Gehen wir", meinte der Kommandant.
Draußen zahlte er nach einem Blick auf die Tanksäule. Der Alte hatte Benzin nachgefüllt und auch die Scheiben gereinigt.
„Das nächste Mal", sagte der Kommandant zum Abschied, und wieder fiel mir seine Hilflosigkeit auf; doch antwortete der Alte auch jetzt nichts, sondern saß schon wieder auf seiner Bank und stierte vor sich hin, verblödet, erloschen. Als wir den Opel Kapitän erreicht hatten und uns noch einmal umwandten, ballte der Alte seine Hände zu Fäusten, schüttelte sie und flüsterte, die Worte ruckweise hervorstoßend, das Gesicht verklärt von einem unermeßlichen Glauben: „Ich warte, ich warte, er wird kommen, er wird kommen." (S. 14–16)

Für Dr. H. ist der Halt an der Tankstelle, obwohl dort das Ende einer gescheiterten Detektivgeschichte zu besichtigen ist, der Anlaß, die Chronologie der Ereignisse und die Hintergründe nochmals aufzurollen. Die Geschichte liegt fast neun Jahre zurück. Nun folgt der Bericht: Bis zu dem Entschluß des Kommissars, eine Tankstelle zu mieten und dem Mörder eine Falle zu stellen, folgt der Roman ziemlich genau der Filmerzählung. Erst im letzten Teil nimmt die Geschichte einen anderen Verlauf. Dr. Matthäi weiß, daß der Triebtäter wieder unterwegs ist; das Mädchen hat ihn schon mehrmals heimlich im Wald getroffen, wie im anderen Fall auch. Als ihm die Polizei aber auflauert, tagelang, kommt er nicht. Vielleicht, so muß sich Dr. Matthäi sagen lassen, war die erste Version, daß der Hausierer der Täter war, die richtige – und alles andere nur ein Hirngespinst. Der Schluß der Geschichte steht am Anfang des Romans: Dr. Matthäi will nicht aufgeben. Er wartet und wartet. Und er verkommt dabei zu einem verblödeten Säufer. (S. 14)

Wer war Dr. Matthäi?

„Die Geschichte hat sich vor nun bald neun Jahren ereignet", fuhr H. fort, nachdem er einen Lastwagen der Shell-Kompanie überholt hatte. „Matthäi war einer meiner Kommissäre, oder besser, einer meiner Oberleutnants, denn wir führen bei der Kantonspolizei militärische Rangbezeichnungen. Er war Jurist wie ich. Er hatte als Basler in Basel doktoriert und wurde, zuerst in gewissen Kreisen, die mit ihm „beruflich" in Berührung kamen, dann aber auch bei uns „Matthäi am Letzten" genannt. Er war ein einsamer Mensch,

Aus der Perspektive des Dr. H.:

- Polizeikommissar
- promovierter Jurist

- korrekt
- erfolgreich
- kaum Freunde
- mit überragendem Verstand
- Mann der Organsation
- Kriminalist von Format, aber ohne Leidenschaft
- ledig, ohne Privatleben
- hartnäckig, aber auch etwas gelangweilt
- auf dem Höhepunkt der Karriere
- Schwierigkeiten beim Departement
- parteilos
- statt der Beförderung ein Sonderauftrag im Ausland
- fünfzig Jahre alt
- wahrscheinlich der letzte Auftrag vor der Pensionierung

stets sorgfältig gekleidet, unpersönlich, formell, beziehungslos, der weder rauchte noch trank, aber hart und unbarmherzig sein Metier beherrschte, ebenso verhaßt wie erfolgreich. Ich bin nie recht klug aus ihm geworden. Ich war wohl der einzige, der ihn mochte – weil ich klare Menschen überhaupt liebe, wenn mir auch seine Humorlosigkeit oft auf die Nerven ging. Sein Verstand war überragend, doch durch das allzu solide Gefüge unseres Landes gefühllos geworden. Er war ein Mann der Organisation, der den Polizei-Apparat wie einen Rechenschieber handhabte. Verheiratet war er nicht, sprach überhaupt nie von seinem Privatleben und hatte wohl auch keines. Er hatte nichts im Kopf als seinen Beruf, den er als Kriminalist von Format, doch ohne Leidenschaft ausübte. So hartnäckig und unermüdlich er auch vorging, seine Tätigkeit schien ihn zu langweilen, bis er eben in einen Fall verwickelt wurde, der ihn plötzlich leidenschaftlich werden ließ.
Dabei stand Dr. Matthäi gerade damals auf dem Höhepunkt seiner Karriere. Es hatte mit ihm beim Departement einige Schwierigkeiten gegeben. Der Regierungsrat mußte damals langsam an meine Pensionierung denken und somit auch an meinen Nachfolger. Eigentlich wäre nur Matthäi in Frage gekommen. Doch stellten sich der zukünftigen Wahl Hindernisse entgegen, die nicht zu übersehen waren. Nicht nur, daß er keiner Partei angehörte, auch die Mannschaft hätte wohl Schwierigkeiten gemacht. Anderseits bestanden aber oben wiederum Hemmungen, einen so tüchtigen Beamten zu übergehen; weshalb denn die Bitte des jordanischen Staates an die Eidgenossenschaft, nach Amman einen Fachmann zu schicken, mit dem Auftrag, die dortige Polizei zu reorganisieren, wie gerufen kam: Matthäi wurde von Zürich vorgeschlagen und sowohl von Bern als auch von Amman akzeptiert. Alles atmete erleichtert auf. Auch ihn freute die Wahl, nicht nur beruflich. Er war damals fünfzigjährig – etwas Wüstensonne tat gut; er freute sich auf die Abreise, auf den Flug über Alpen und Mittelmeer, dachte wohl überhaupt an einen endgültigen Abschied, deutete er doch an, daß er nachher zu seiner Schwester in Dänemark ziehen wolle, die dort als Witwe lebte – und war eben mit der Liquidierung seines Schreibtisches im Gebäude der Kantonspolizei in der Kasernenstraße beschäftigt, als der Anruf kam." (S. 19–21)

Dr. Matthäi wird als ein erfolgreicher Polizeikommissar vorgestellt, wegen seiner Verschlossenheit von den Kollegen eher geachtet als gemocht. Am wichtigsten ist vielleicht seine Hartnäckigkeit. Mit dem Anruf ändert sich sein Leben. Als er den Eltern die Nachricht bringt, daß ihre Tochter ermordet worden sei, heißt es: „er wußte auf einmal, daß er diese Szene nie vergessen würde“ (S. 32). Er verspricht bei seiner Seligkeit, den Mörder herauszufinden. Als durch das Geständnis und den Selbstmord des Hausierers für die Polizei der Fall abgeschlossen war, denkt er noch daran, nach Jordanien zu fliegen. Aber bei dem Anblick der Kinder am Flughafen erinnert er sich an sein Versprechen und bleibt. Der Grund dafür ist ein doppelter: Zum einen fühlt er sich – nicht nur durch das Versprechen – für die Kinder verantwortlich; sie sind in Gefahr, solange der wirkliche Mörder noch frei herumläuft. Zum anderen fühlt er sich gegenüber dem toten Hausierer schuldig, der sich hilfesuchend an ihn gewandt, dem er aber nicht geholfen hatte. Und es kann auch noch einen dritten Grund geben: sein kriminalistischer Ehrgeiz. Im Gespräch mit einem Psychiater sagt Dr. Matthäi über sich selbst:

> „Sie haben sich vorhin mit Recht gewundert“, fuhr er endlich fort, „daß ich immer noch im Hotel wohne. Ich wollte mich nicht mit der Welt konfrontieren, ich wollte sie wie ein Routinier zwar bewältigen, aber nicht mit ihr leiden. Ich wollte ihr gegenüber überlegen bleiben, den Kopf nicht verlieren und sie beherrschen wie ein Techniker. Ich hielt den Anblick des Mädchens aus, doch als ich vor den Eltern stand, hielt ich es plötzlich nicht mehr aus, da wollte ich auf einmal fort von diesem verfluchten Hause im Moosbach, und so versprach ich bei meiner Seligkeit, den Mörder zu finden, nur um das Leid dieser Eltern nicht weiter sehen zu müssen, gleichgültig darüber, daß ich dieses Versprechen nicht halten konnte, weil ich doch nach Jordanien fliegen mußte. Und dann ließ ich die alte Gleichgültigkeit wieder in mir aufsteigen, Locher. Das war so scheußlich. Ich wehrte mich nicht für den Hausierer. Ich ließ alles geschehen. Ich wurde wieder die Unpersönlichkeit, die ich vorher war, „Matthäi am Letzten“, wie mich das Niederdorf nennt. Ich kniff wieder aus in die Ruhe, in die Überlegenheit, in die Form, in die Unmenschlichkeit, bis ich auf dem Flugplatz die Kinder sah.“ (S. 93–94)

Sehr bald ist auch Dr. H., sein Vorgesetzter, davon überzeugt, „daß Matthäi nicht aufgibt“ (S. 104).

Sicherlich hatte sich Dr. Matthäi zunächst aus moralischer Verantwortung entschieden, den Fall auf eigene Faust weiter zu untersuchen. Im weiteren Verlauf aber wird der Plan, den Mörder in eine Falle locken, zur Besessenheit. Dr. Matthäi sieht nur noch das Ziel vor sich, für den Erfolg ist ihm jedes Mittel recht. Matthäi nimmt eine Frau mit einem Mädchen zu sich, das dem ermordeten Gritli ähnelt; mit ihm will er den Mörder an die Tankstelle locken. Er ist sich sicher, daß der Mörder eines Tages hier vorbeikommen wird. Als Dr. H. von diesem Plan erfährt, fragt er Dr. Matthäi: „Begehen Sie da nicht eine Teufelei?“ Dr. Matthäi antwortet: „Möglich“ (S. 115).

Und: „Ich weiß vom Mörder nichts. Ich kann ihn nicht suchen. Also mußte ich sein nächstes Opfer suchen, ein Mädchen, und das Kind als Köder aussetzen“ (S. 116). Die Frau und das Kind wissen nichts von diesem Plan; sie sind ahnungslos. Der Kommissar sieht nur noch die „Methode“ vor sich; für alles andere wird er blind. Durch seine Sturheit gerät er selbst in eine Falle; sein Handeln ist moralisch nicht mehr zu rechtfertigen. Zwar kommt nach Jahren heraus, daß er richtig kombiniert hatte, aber die Methode war eine „Teufelei“. Dr. Matthäi geht an seinem eigenen Plan zugrunde; ein Zufall, von dem er nichts wußte, ließ die Rechnung nicht aufgehen. Das Ende der Geschichte steht am Anfang des Romans; Dr. Matthäi zeigt Anzeichen von Irrsinn und Verblödung.

Die falsche Spur

In vielen Detektivromanen sind falsche Spuren gelegt, um den Leser in die Irre zu führen und die Spannung bis zum Schluß wach zu halten. Auch in dem Roman *Das Versprechen* ist eine falsche Spur gelegt, nur daß der Kommissar von Anfang an die Indizienkette für sehr brüchig hält. Es paßt nicht alles zusammen. Zwar war der Hausierer zur fraglichen Zeit im Wald (an seiner Kleidung finden sich Blutspuren, er hatte Schokolade bei sich, er handelt mit Rasiermessern, er ist wegen eines Sittlichkeitsdelikts an einer Vierzehnjährigen vorbestraft), aber er kann alles erklären (nur glaubt man ihm nicht), und vor allem: er ist ein alter „Kunde“ des Kommissars. Der kennt ihn und weiß, daß er nicht der Typ eines Triebtäters ist.

Die falsche Spur hat in Dürrenmatts Roman nicht den Sinn, Verwirrung zu stiften, sie ist der Ansatz für Matthäis weiteres Vorgehen.

Wie fragwürdig Zeugenaussagen sein können, die mehr auf Voreingenommenheit als auf genauer Beobachtung beruhen, zeigt sich in folgender Szene. Für das Dorf ist der Hausierer der Mörder. Das Dorf fordert von der Polizei seine Herausgabe. Es ist eine bedrohliche Situation:

„Gebt ihn heraus!“
Fäuste erhoben sich, Pfiffe ertönten.
Matthäi schaute gebannt auf die Masse.
„Schnell, Matthäi“, befahl der Staatsanwalt, „telephonieren Sie. Holen Sie Verstärkung herbei.“
„Von Gunten ist der Mörder!“ schrie ein langer, hagerer Bauer mit sonnenverbranntem Gesicht, seit Tagen nicht mehr rasiert. „Ich habe ihn gesehen, es war sonst niemand im Tälchen!“
Es war der Bauer, der auf dem Felde gearbeitet hatte.
Matthäi trat nach vorn.
„Leute“, rief er, „ich bin Kommissär Matthäi. Wir sind bereit, den Hausierer herauszugeben!“
So groß war die Überraschung, daß es totenstill wurde.
„Sind Sie verrückt geworden?“ zischte der Staatsanwalt dem Kommissär

aufgeregt zu.
„Seit altersher werden in unserem Lande die Verbrecher durch Gerichte abgeurteilt, wenn sie schuldig, und freigesprochen, wenn sie unschuldig sind", fuhr Matthäi fort. „Ihr habt nun beschlossen, dieses Gericht selbst zu bilden. Ob ihr Recht dazu habt, wollen wir hier nicht untersuchen, ihr habt euch das Recht genommen."
Matthäi sprach klar und deutlich. Die Bauern und Arbeiter lauschten aufmerksam. Es kam ihnen auf jedes Wort an. Weil Matthäi sie ernst nahm, nahmen sie ihn auch ernst.
„Doch etwas", fuhr Mattäi fort, „muß ich von euch verlangen wie von jedem anderen Gericht: Gerechtigkeit.
Denn es ist klar, daß wir euch den Hausierer nur dann ausliefern können, wenn wir überzeugt sind, daß ihr die Gerechtigkeit wollt."
„Wir wollen sie!" schrie einer.
„Euer Gericht hat eine Bedingung zu erfüllen, wenn es ein gerechtes Gericht sein will. Dies Bedingung heißt: Das Unrecht muß vermieden werden. Dieser Bedingung habt auch ihr euch zu unterwerfen."
„Angenommen!" schrie ein Vorarbeiter der Ziegelfabrik.
„Ihr müßt deshalb untersuchen, ob dem von Gunten Recht oder Unrecht geschieht, wenn er des Mordes beschuldigt wird. Wie ist der Verdacht entstanden?"
„Der Kerl hat schon einmal gesessen", schrie ein Bauer. „Das erhöht den Verdacht, von Gunten könnte der Mörder sein", erläuterte Matthäi, „aber es ist noch kein Beweis, daß er es wirklich ist."
„Ich habe ihn im Tälchen gesehen", rief der Bauer mit dem sonnenverbrannten, struppigen Gesicht abermals.
„Kommen Sie herauf", forderte ihn der Kommissär auf.
Der Bauer zögerte.
„Geh, Heiri", rief einer, „sei kein Feigling."
Der Bauer kam herauf. Unsicher. Der Gemeindepräsident und der Staatsanwalt waren in den Hausgang des „Hirschen" zurückgetreten, so daß Matthäi mit dem Bauern allein auf der Plattform stand.
„Was wollen Sie von mir?" fragte der Bauer. „Ich bin der Benz Heiri."
Die Mägendorfer starrten gespannt auf die beiden. Die Polizisten hatten ihre Gummiknüttel wieder eingehängt. Auch sie beobachten den Vorgang atemlos. Die Dorfjugend war auf die Leiter des Feuerwehrwagens geklettert, die halb hochgefahren war.
„Sie haben den Hausierer von Gunten im Tälchen beobachtet, Herr Benz", begann der Kommissär. „War er allein im Tälchen?"
„Allein."
„Was arbeiteten Sie, Herr Benz?"
„Ich setzte mit meiner Familie Kartoffeln."
„Seit wann taten Sie das?"
„Seit zehn Uhr. Ich habe auch mit der Familie auf dem Felde zu Mittag gegessen", sagte der Bauer.
„Und Sie haben niemand außer dem Hausierer beobachtet?"

„Niemand, das kann ich beschwören“, beteuerte der Bauer.
„Das ist doch Unsinn, Benz!“ rief ein Arbeiter. „Um zwei bin ich an deinem Kartoffelacker vorbeigekommen!“
Es meldeten sich zwei weitere Arbeiter. Auch sie hatten um zwei mit dem Fahrrad das Tälchen passiert.
„Und ich bin mit dem Fuhrwerk durchs Tälchen gekommen, du Trottel“, schrie ein Bauer hinauf. „Aber du arbeitest ja immer wie verrückt, du Geizhals, und deine Familie muß schuften, daß allen der Rücken krumm geworden ist. Hunderte von nackten Weibern könnten an dir vorbeiziehen, und du würdest nicht aufschauen.“
Gelächter.
„Der Hausierer war demnach nicht allein im Tälchen“, stellte Matthäi fest. „Doch wir wollen weitersuchen. Parallel zum Walde führt eine Straße in die Stadt. Ist jemand diesen Weg gegangen?“
„Der Gerber Fritz“, rief einer.
„Ich habe den Weg gemacht“, gab ein schwerfälliger Bauer zu, der auf der Feuerspritze saß.
„Mit dem Fuhrwerk.“
„Wann?“
„Um zwei.“
„Von dieser Straße führt ein Waldweg zum Tatort“, stellte der Kommissär fest. „Haben Sie jemand bemerkt, Herr Gerber?“
„Nein“, brummte der Bauer.
„Oder vielleicht ein parkendes Automobil beobachtet?“
Der Bauer stutzte. „Ich glaube“, sagte er unsicher.
„Wissen Sie das bestimmt?“
„Irgend etwas war dort.“
„Vielleicht ein roter Mercedes Sportwagen?“
„Möglich.“
„Oder ein grauer Volkswagen?“
„Auch möglich.“
„Ihre Antworten sind reichlich unbestimmt“, sagte Matthäi.
„Ich habe schließlich auf dem Fuhrwerk halb geschlafen“, gab der Bauer zu. „Das tut jeder in dieser Hitze.“
„Dann will ich Sie bei dieser Gelegenheit darauf aufmerksam machen, daß man auf einer öffentlichen Straße nicht schlafen sollte“, wies ihn Matthäi zurecht.
„Die Pferde passen schon auf“, sagte der Bauer.
Alle lachten.
„Ihr überblickt nun die Schwierigkeiten, vor denen ihr als Richter steht“, stellte Matthäi fest. „Das Verbrechen wurde durchaus nicht in der Einsamkeit begangen. Nur fünfzig Meter von der Familie entfernt, die auf dem Felde arbeitete. Wäre sie aufmerksam gewesen, hätte das Unglück nicht geschehen können. Doch sie war sorglos, weil sie nicht im geringsten mit der Möglichkeit eines solchen Verbrechens rechnete. Sie hatte weder das Mädchen kommen sehen noch die anderen, die des Weges kamen. Der Hausierer war

ihr aufgefallen, das ist alles. Aber auch Herr Gerber döste auf seinem Fuhrwerk vor sich hin und kann jetzt keine einzige wichtige Aussage mit der nötigen Genauigkeit machen. So steht die Sache. Ist damit der Hausierer überführt? Das müßt ihr euch fragen. Zu seinen Gunsten spricht schließlich, daß er die Polizei alarmiert hat. Ich weiß nicht, wie ihr als Richter vorgehen wollt, aber ich will euch sagen, wie wir von der Polizei vorgehen möchten."
Der Kommissär machte eine Pause. Er stand wieder allein vor den Mägendorfern. Benz war verlegen in die Menge zurückgekehrt.
„Jeder verdächtige Mensch würde, ohne Rücksicht auf seine Stellung, aufs genaueste geprüft, allen nur denkbaren Spuren würde nachgegangen, und nicht nur das, die Polizei anderer Länder würde eingesetzt werden, wenn sich dies als notwendig erwiese. Ihr seht, eurem Gericht steht wenig und uns ein Riesenapparat zur Verfügung, die Wahrheit zu ermitteln. Entscheidet jetzt, was nun geschehen soll."
Schweigen. Die Mägendorfer waren nachdenklich geworden. (S. 38–42)

Rekonstruktion der Tat und Matthäis Plan

S. 28 Gritli Moser ist im Wald mit einem Rasiermesser ermordet worden.

S. 29 Es war ein Sexualverbrechen.
Gritli trug ein rotes Röcklein.

S. 31 Jeden Mittwoch- und Samstagnachmittag ging Gritli durch den Wald zur Großmutter.

S. 41 Der Bauer Gerber glaubt, am Wald ein parkendes Auto gesehen zu haben.

S. 46 Es handelt sich um den dritten Kindermord dieser Art; vor fünf Jahren bei Sankt Gallen, vor zwei Jahren im Kanton Schwyz; jetzt bei Mägendorf, in der Nähe von Zürich.

S. 47 Der Hausierer sagt, er habe den hellen Schrei eines kleinen Mädchens gehört. Später habe er die Leiche gefunden.

S. 54/55 Ursula Fehlmann, Gritlis Freundin, erzählt, Gritli habe einen Riesen getroffen, so groß wie ein Berg, und ganz schwarz. Er habe dem Gritli kleine Igel geschenkt. Es sei der Igelriese gewesen.
Nach der Aussage der Lehrerin war Gritli ein äußerst phantasievolles Kind. (S. 52 und 55)

S. 56 Matthäi stellt erste Vermutungen an. Bei allen drei Sexualmorden an Kindern müsse man von ein und demselben Täter ausgehen, von einem Autofahrer oder Reisenden, vielleicht aus Zürich aufgrund der Tatorte.

S. 65 Im Magen des toten Mädchens finden sich Reste von Schokolade.

S. 81 Ursula Fehlmann erzählt dem Kommissar, daß der Riese jede Woche auf Gritli gewartet und ihm Igel gegeben habe. Es habe den Riesen auch gezeichnet: „Die Zeichnung hängt im Schulzimmer". Der Treffpunkt mit dem Riesen war genau dort gewesen, wo der Hausierer die Leiche gefunden hat.

S. 94/100 Matthäi legt Gritlis Zeichnung einem Psychiater vor:

- großer Mann in schwarzer Kleidung
- aus der Hand des Mannes fallen kleine Sterne auf ein winziges Mädchen
- schwarzes Automobil
- Tier mit Hörnern
- der „Igelriese"

> Matthäi legte ein Papier auf den Tisch und faltete es sorgfältig auseinander. Es war eine Kinderzeichnung. Rechts unten stand in ungelenker Schrift „Gritli Moser", und mit Farbstift war ein Mann gezeichnet. Er war groß, größer als die Tannen, die ihn wie merkwürdige Gräser umstanden, gezeichnet, wie Kinder zeichnen, Punkt, Punkt, Komma, Strich, rundherum, fertig ist das Angesicht. Er trug einen schwarzen Hut und schwarze Kleider, und aus der rechten Hand, die eine runde Scheibe war mit fünf Strichen, fielen einige kleine Scheibchen mit vielen Härchen, wie Sterne, auf ein winziges Mädchen hinunter, noch kleiner als die Tannen. Ganz oben, eigentlich schon im Himmel, stand ein schwarzes Automobil, daneben ein merkwürdiges Tier mit seltsamen Hörnern.
> „Diese Zeichnung stammt von Gritli Moser", erklärte Matthäi. „Ich holte sie aus dem Schulzimmer."
> „Was soll sie denn darstellen?" fragte der Arzt, indem er die Zeichnung hilflos betrachtete.
> „Den Igelriesen."
> „Was ist darunter zu verstehen?"
> „Gritli erzählte, ein Riese habe ihm im Walde kleine Igel geschenkt. Die Zeichnung stellt diese Begegnung dar", erläuterte Matthäi und wies auf die kleinen Scheibchen.
> „Und nun glauben Sie..."
> „Der Verdacht ist nicht ganz unberechtigt, daß Gritli Moser mit dem Igelriesen seinen Mörder gezeichnet hat." (S. 94–95)

Die Interpretation des Arztes:

- Gritli habe die Begegnung mit ihrem Mörder in Form eines Märchens erzählt, weil er ihr verboten habe, jemandem von der geheimnisvollen Zusammenkunft zu erzählen.
- Das Datum unter dem Bild liegt mehr als eine Woche vor dem Mord. Sie haben sich also öfters getroffen.
- Das Auto ist wahrscheinlich ein alter Amerikaner.
- Offen bleibt die Frage, was die Igel (Sterne) und das Tier mit den großen Hörnern bedeuten sollen.
- Der Täter müsse jemand sein, der sich an Frauen rächen will, sich aber nur an Kinder heranwagt.

S. 111 Matthäi findet heraus, daß das Tier auf Gritlis Zeichnung ein Steinbock ist, das Wappentier Graubündens auf dem Nummernschild des Automobils. Daraus folgert er, daß der Mörder nicht aus Zürich kommt – wie zunächst von ihm vermutet –, sondern aus Graubünden; denn alle drei Tatorte liegen auf der Strecke Graubünden – Zürich. Deshalb mietet Matthäi auf dieser Strecke eine Tankstelle: Irgendwann müsse der Mörder wieder auftauchen.

S. 114 Matthäi unterhält sich mit einem Jungen über das Angeln. Der Junge sagt ihm sein Erfolgsrezept: „Zum Fischen muß man vor allem zweierlei kennen: den Ort und den Köder" (S. 114). Danach geht nun Matthäi vor: Die Tankstelle ist der Ort, und das Mädchen, dem Gritli ähnlich, ist der Köder.

S. 125 Annemarie, das zweite Gritli, hat im Wald von einem Unbekannten Schokolade und Trüffelpralinen, die wie Igel aussehen, geschenkt bekommen. Jetzt weiß Matthäi, was es mit den Igeln in Gritlis Zeichnung auf sich hatte. Für Matthäi, nur noch von dem Beweis für die Richtigkeit seiner Rekonstruktion der Mordfälle besessen, beginnt der Count down.

Die Rekonstruktion des „genialen" Kriminalisten, der einem Schachspieler vergleichbar ist, hat gestimmt. Nur der Zufall hat ihm den Erfolg versagt: Der Mörder verunglückte an diesem Tag tödlich.

Das Versprechen ist ein Meisterstück aus der Trickkiste des Detektivromans. Aber Dürrenmatt gibt sich mit der „Methode" oder mit dem kriminalistischen Schachspiel nicht zufrieden. Dr. Matthäi ist nahezu – mit seiner genialen Kombinationsgabe – ein Ideal-Detektiv. Dürrenmatt läßt ihn trotzdem scheitern, – durch einen Zufall, der nicht in das Planspiel paßt. Dürrenmatt geht es in seinen Kriminal- oder Detektivromanen nicht – in erster Linie – um das gedankliche Spiel einer überprüfbaren Tat-Rekonstruktion, viel wichtiger sind für ihn die Umstände (die sich nicht wie auf einem Schachbrett klar ordnen lassen) und die Charaktere der Beteiligten.

Rückfragen und Aufgaben

1. *Wie sind Rahmenhandlung und die eigentliche Erzählung miteinander verbunden?*

2. *Der Ich-Erzähler, ein Kriminalschriftsteller, kommt in der Geschichte des Dr. Matthäi kaum zu Wort. Sie wird von Dr. H. erzählt, der nicht nur Beobachter ist; denn er war als Chef des Kommissariats an den Nachforschungen beteiligt. Wie beurteilt er*
   - *den ganzen Fall – und*
   - *das Vorgehen von Dr. Matthäi?*

3. *Was kritisiert Dr. H. (und mit ihm der Autor) an den üblichen Kriminal- und Detektivgeschichten?*

4. *Dürrenmatt sagt im Nachwort, daß der Film als Aufklärungsfilm gedacht war, der Fälle, wie sie im Film dargestellt wurden, verhindern sollte. Trotzdem hat er den Roman anders enden lassen als den Film. Ist dies vielleicht auch eine Form von Aufklärungsarbeit?*

5. *Welche Merkmale des Romans kannst du dem folgenden Lexikonauszug entnehmen?*

Merkmale des Romans

Roman. „Sie hat wieder einen Roman erzählt", so sagt man in der Umgangssprache und meint damit, daß jemand in aller Ausführlichkeit ein Geschehen breit veranschaulicht hat. Auch die geläufige Wendung „ Erzähl mir doch keine Romane" spielt auf ein Merkmal an, das für den Roman als literarische Form gilt: er ist die Darstellung eines erfundenen Geschehens, mögen auch viele Ereignisse oder Figuren aus dem Leben genommen sein. Man kann also festhalten, daß ein Roman ein verhältnismäßig langer Prosatext ist, der ein insgesamt erfundenes („fiktives") Geschehen wiedergibt. Die Umfanggrenzen zwischen Roman und Erzählung sind freilich fließend und lassen sich nicht auf die Seite genau angeben. Mit dieser vorläufigen Bestimmung von Roman gaben sich die Romantheoretiker allerdings nicht zufrieden; sie haben etliche Versuche unternommen, seine vielen Erscheinungsformen zu ordnen. Man geht z.B. vom Inhalt aus und gliedert dann nach Formen wie dem Kriminal-, dem Liebes-, dem Abenteuer-, dem historischen Roman usw. Oder man sortiert nach der Darbietungsweise. Dann könnte man den subjektiven, in „Ich-Form" erzählten Romanen, die objektiven Romanformen gegenüberstellen, in denen in der 3. Person erzählt wird (Erzählperspektive). Oder man ordnet nach der „Qualität" und unterscheidet dann den Trivialroman, der nur unterhalten will, vom Kunstroman, wobei es natürlich viele Zwischenstufen gibt. Schließlich könnte man die Romanliteratur noch nach der Erzählabsicht gliedern; das gäbe dann Formen wie den humoristischen, den kritischen, den satirischen Roman. Keiner dieser Ordnugsversuche hat sich indes allgemein durchgesetzt. Über eines besteht heute in der Wissenschaft immerhin Einigkeit: von einem Roman redet man immer dann, wenn umfassende Zusammenhänge aus dem Leben eines Einzelmenschen, einer Gruppe oder einer Epoche in Prosa wiedergegeben werden. Dies geschieht in epischer Breite im Präteritum, d.h. in der Vergangenheitsform.

[Aus dem *dtv junior Literatur-Lexikon*, Nr. 79013, München 1986, S. 66–67]

3 Grundbegriffe der Erzählprosa

Abenteuerroman, der

(lat. – Ereignis, wagemutiges Unternehmen)

Dem Wort sieht man nicht ohne weiteres an, daß es lateinischen Ursprungs ist; es kam im Mittelalter über das Französische in die deutsche Sprache: Die Geschichte eines ritterlichen Helden, der auszog, um Gefahren zu bestehen und große Taten zu vollbringen, nannte man „aventiure", ein Abenteuer. Dieser Auszug in das Wagnis, ist – neben der zentralen Rolle des Helden – auch in späteren Abenteuerromanen mit bürgerlichen Helden oder sozialen Außenseitern das strukturelle Gerüst geblieben. Die Anlässe und die Umstände können sehr verschieden sein.

In die Zauberwelt gehört das *Märchen von einem, der auszog, das Fürchten zu lernen*. Die *Wunderbaren Reisen zu Wasser und zu Lande* (1786) des Freiherrn von Münchhausen sind Lügengeschichten. *Gullivers Reisen* (1726) von Jonathan Swift sind ein ↗Satirischer Roman mit phantastischen Zügen. In Daniel Defoes *Robinson Crusoe* (1719) wird der Held auf eine ferne, einsame Insel verschlagen, auf der er 28 Jahre verbringt (vgl. ↗Robinsonade). Ein frühes Beispiel der ↗Science-fiction ist Jules Vernes Roman *Von der Erde zum Mond* (1865). J.F. Coopers *Lederstrumpf*-Erzählungen (1823 ff.) führen in die amerikanische Wildnis. Einen Klassiker des Abenteuerromans kann man R.L. Stevensons *Schatzinsel* (1883) nennen. Aber es gehört nicht notwendig zum Abenteuerroman, daß die Handlung in fernen Ländern spielt. In Grimmelshausens ↗Schelmenroman *Simplicissimus* (1668) wird der Titelheld in die Wirren des Dreißigjährigen Krieges verstrickt. Der Roman *Oliver Twist* (1838) von Charles Dickens spielt im Londoner Verbrechermilieu des frühen 19. Jahrhunderts.

Eine realistische Schilderung gesellschaftlicher Zustände kann genauso spannend und „abenteuerlich" sein wie der Aufbruch in eine ferne oder phantastische Welt. Auch besteht der Held nicht immer glücklich alle Gefahren und Widerstände; nicht selten ist er ein Opfer der Umstände. Vielleicht ist der Leser zufriedener, wenn sein Buchheld stellvertretend für ihn am Schluß heil davonkommt und die gerechte Sache siegt; kritischer und realistischer sind jene Abenteuerromane, in denen der Held auch Niederlagen einstecken muß. In diesem Sinne sind Karl Mays Abenteuerromane nicht nur erfundene, sondern auch unwahrscheinliche Geschichten; sie gehören zur ↗Trivialliteratur.

Auktorialer Erzähler

(lat. – Adjektiv zu Urheber)

Der ↗Erzähler einer Geschichte ist nicht immer mit dem ↗Autor gleichzusetzen. Der Erzähler kann eine Kunstfigur sein, die der Autor zwischen sich und die ↗Erzählung setzt. Der Autor kann die Geschichte vom Helden selbst (vgl. ↗Ich-Erzählung), aus dessen Perspektive (vgl. ↗Erzählperspektive) erzählen lassen. Er kann einen Beobachter einschalten, der den Verlauf der Ereignisse von außen her beschreibt. Er kann sich aber auch für einen Erzähler entscheiden, der von Anfang an über alles Bescheid weiß oder die Geschichte nach seinen Wünschen ablaufen läßt. Den auktorialen Erzähler kann man mit einem Puppenspieler vergleichen, der die Fäden seiner Figuren fest in der Hand hält, sie nach seinen Plänen leitet oder die Geschichte aus dem Wissen um ihren Ausgang kommentierend begleitet. Da der auktoriale Erzähler ein allwissender Erzähler ist – sei es, weil er die Geschichte bewußt „erfindet", sei es, weil er weiß, welches Ende sie haben wird, – kann er vorausdeutende Bemerkungen einschieben, Zusammenhänge herstellen oder sich unmittelbar – über das eigentliche Geschehen hinweg – mit dem Leser unterhalten. Den Kombinationsmöglichkeiten sind keine Grenzen gesetzt.

In Friedrich Schillers Geschichte *Der Verbrecher aus verlorener Ehre* (1786) sagt schon der Titel etwas über das Ende aus: Christian Wolf, von der Natur und durch gesellschaftliches Vorurteil benachteiligt, „wollte ertrotzen, was ihm verweigert war; weil er mißfiel, setzte er sich vor, zu gefallen." Der Erzähler geht auf die Hintergründe dieses unglücklichen Lebenslaufes ein; wiederholt spricht er den Leser in seinen Überlegungen unmittelbar an.
In Heinrich von Kleists *Michael Kohlhaas* (1810) wird schon im ersten Absatz vorausweisend gesagt: „Das Rechtgefühl aber machte ihn zum Räuber und Mörder." Hans Castorp, die Hauptfigur in Thomas Manns Roman *Der Zauberberg* (1924), will für drei Wochen nach Davos fahren, um den kranken Vetter zu besuchen. Aber aus den drei Wochen werden sieben Jahre. Und dies weiß der Erzähler von Anfang an; schon in den ersten drei Zeilen deutet er es an: „Er fuhr auf Besuch für drei Wochen. Von Hamburg bis dorthinauf, das ist aber eine weite Reise; zu weit eigentlich im Verhältnis zu einem so kurzen Aufenthalt." Mehrmals wird der Hinweis auf die ursprünglichen geplanten drei Wochen wiederholt, so daß der Leser unwillkürlich neugierig wird.

Autobiographie, die

(griech. – Darstellung des eigenen Lebens)

Die Autobiographie ist eine literarisch gestaltete Beschreibung des eigenen Lebenslaufes in chronologischer Reihenfolge oder in Ausschnitten, als Erinnerung (vgl. ↗Memoiren) oder in der Absicht, seine Handlungsweise zu rechtfertigen und sich vor der Öffentlichkeit zu verteidigen.
Johann Wolfgang von Goethe nannte seine Lebenserinnerungen *Dichtung und Wahrheit* (1811 ff.) und deutete damit an, daß in der Erinnerung sich manches verändere oder bewußt stilisiert werde. Auch in der fiktionalen Literatur (vgl. ↗fiktional) taucht die Autobiographie als eine Erzählform auf (vgl. ↗Erzählperspektive, ↗Ich-Erzählung); die Spannweite reicht von der Übertragung eigener Erlebnisse auf eine literarische Figur bis zur frei erfundenen Lebensgeschichte eines erzählenden Ich (vgl. ↗Schelmenroman).

Autor, der

(lat. – Urheber, Verfasser)

Jeder Text hat einen Verfasser, ob man ihn kennt oder nicht. Zur vollständigen Einordnung in einen Bibliothekskatalog gehören Angaben über Autor, Titel, Verlag, Erscheinungsort und Erscheinungsjahr. Bei Werken, die eine lange mündliche Überlieferung haben, kennt man oft den Autor nicht mehr, oder es haben an der endgültigen Gestalt des Textes im Laufe der Jahrhunderte viele Bearbeiter mitgewirkt.
Die anonyme (griech. – ohne Namensnennung) Ausgabe eines Werkes kann aber auch andere Gründe haben, z.B. daß der Autor unbekannt bleiben möchte oder daß er Repressalien durch die Zensur – gleich, welcher Art – befürchtet.
In der ↗Erzählprosa und in der fiktionalen Literatur (vgl. ↗fiktional) insgesamt muß man zwischen dem Autor eines Werkes und dem ↗Erzähler unterscheiden. Autor und Erzähler können zwar ein und dieselbe Person sein – der Autor kann namentlich auftreten und das, was er erzählt, auch interpretieren oder kommentieren –; aber meist bedient sich der Autor der Kunstfigur eines Erzählers, der nicht mit dem Verfasser identisch ist.
Diese „Brechung" der Erzählweise schafft Möglichkeiten, das Geschilderte aus unterschiedlichen Blickwinkeln (vgl. ↗Erzählperspektive) zu sehen und zu deuten. Es ist anzunehmen, daß der Autor mit bestimmten Gestalten sympathisiert und sie zu seinem Sprachrohr macht; aber bei der Interpretation eines Werkes sollte man sich nicht auf diese Mutmaßungen verlassen, sondern genau lesen, was im Text steht.

Belletristik, die

(franz. – schöne, „schöngeistige“ Literatur)

Mit der Belletristik ist – im Unterschied zur wissenschaftlichen Literatur und zur zweckgebundenen Sachliteratur – die Gesamtheit der ↗Unterhaltungsliteratur vom saisonbedingten Bestseller bis zur anspruchsvollen ↗Erzählprosa gemeint. Der Begriff bezeichnet kein literarisches Qualitätsmerkmal.

Bildungsroman, der

Der Erzählfaden des Bildungsromans ist die Entwicklung bzw. Erziehung (vgl. ↗Entwicklungsroman, ↗Erziehungsroman) eines jungen Menschen, der sich durch Erfahrung und Belehrung in der Welt zurechtzufinden versucht, um seinem Leben Sinn und Inhalt zu geben. Man kann sagen, daß der Bildungsroman eine Erzählgattung des Bürgertums ist. Gegenüber den Privilegien des Adels konnte es sich nur durch eigene Leistung, d.h. durch eine gute Ausbildung behaupten. Was mit Bildung im weitesten Sinne gemeint war, hing jeweils von den gesellschaftlichen Zeitumständen ab; für das Bürgertum im 19. Jahrhundert bedeutete sie – neben der professionellen Ausbildung – auch eine umfassende kulturelle Allgemeinbildung. Das Ziel war die erfolgreiche Einordnung in die Gesellschaft, die verantwortliche Teilnahme am öffentlichen Leben. Zwar ist auch im Bildungsroman die Gesellschaft der atmosphärische Hintergrund, aber im Unterschied zum ↗Gesellschaftsroman und ↗Staatsroman, die beide sehr komplexe Erzählstrukturen haben, ist der Bildungsroman vor allem eine Individualgeschichte: Alles wird aus der Perspektive des Helden oder mit Blick auf ihn erzählt.
Der bekannteste Bildungsroman ist Goethes *Wilhelm Meister* (1795 ff.); in zwei Teilen werden die Lehrjahre und Wanderjahre des Titelhelden erzählt. Wilhelm sagt von sich selbst: „mich selbst, ganz wie ich dabin, auszubilden, das war dunkel von Jugend auf mein Wunsch und meine Absicht.“ Goethes *Wilhelm Meister* ist das Grundmuster des Bildungsromans, auf das sich auch spätere Autoren in irgendeiner Weise immer wieder beziehen. Weitere Beispiele sind *Der grüne Heinrich* (1854 ff.) von Gottfried Keller, *Der Hungerpastor* (1864) von Wilhelm Raabe oder *Das Glasperlenspiel* (1943) von Hermann Hesse.

Biographie, die

(griech. – Lebensbeschreibung)

In der Biographie wird die Lebensgeschichte eines Menschen nachgezeichnet. Im Unterschied zur ↗Autobiographie sind der Mensch, über den berichtet wird, und der Autor nicht ein und diesselbe Person. Die Lebensgeschichte wird aus der Perspektive eines anderen von außen her erzählt. Der Autor einer Biographie beschränkt sich nicht nur auf die individuellen Lebensdaten, sondern er erzählt und kommentiert den Lebenslauf vor dem Hintergrunde jeweils der Zeitumstände.
Die Biographie im engeren Sinne zeichnet das Leben und Wirken von Menschen nach, die wirklich gelebt haben, ohne daß der Autor einzelne Episoden dazuerfindet: Richard Friedenthal, *Goethe* (1960), Joachim Fest, *Hitler* (1973), Lothar Gall, *Bismarck* (1980), Fritz Böttger, *Bettina von Arnim* (1990). Der Autor kann aber auch den Lebenslauf einer historischen Gestalt zur Grundlage einer ausgestalteten Erzählung wählen: Jakob Wassermann, *Caspar Hauser* (1908). Oder die Biographie ist nur noch eine Erzählform für eine frei erfundene Geschichte: Heinrich Mann, *Der Untertan* (1918) (vgl. ↗Bildungsroman, ↗Entwicklungsroman).

Briefroman, der

In einem Briefroman werden die Ereignisse in Briefen erzählt. Die Briefe können von einem oder mehreren Schreibern sein. Meist ist ein fiktiver (vgl. ↗fiktional) Herausgeber eingeschal-

tet, der die Briefe z.B. in einem Nachlaß gefunden und nach dem Gang der Ereignisse geordnet hat. Auch können die Briefe durch den Herausgeber kommentiert und Lücken ergänzt sein oder erzählende Übergänge eingeschoben sein. Es gibt viele Kombinationen der gestalterischen Anordnung. Die private Form des Briefes gibt dem Autor die Möglichkeit, seine Gestalten sehr persönliche Dinge und Meinungen sagen zu lassen. Bei mehreren Briefschreibern kann ein und derselbe Sachverhalt durch den Perspektivenwechsel unterschiedlich beleuchtet und beurteilt werden.
Goethes *Die Leiden des jungen Werthers* (1774) ist ein monologischer Briefroman. Die Briefe Werthers sind an seinen Freund Wilhelm gerichtet, über den aus den Briefen selbst wenig zu erfahren ist. Er ist der stumme Adressat, vor dem Werther seine Konflikte ausbreitet, die schließlich zum Selbstmord führten. Im zweiten Buch der Briefsammlung schaltet sich ein Herausgeber ein, der den Inhalt der letzten Briefe ergänzt und die Ereignisse bis zu Werthers Selbstmord zu Ende erzählt. Ulrich Plenzdorf hat den Werther modernisiert. In der Geschichte *Die neuen Leiden des jungen W.* (1973) schreibt Edgar Wibeau, der neue Werther, keine Briefe mehr; er schickt seinem Freund Willi besprochene Tonbänder.

Chronik, die

(griech. – Zeitangabe)

Die Chronik ist ein Bericht oder eine Erzählung über historische Ereignisse – meist von Zeitgenossen aufgezeichnet – in ihrer zeitlichen Reihenfolge. Die Themen können von der Familiengeschichte (Familienchronik) bis zur Staatsgeschichte (Städtechronik, Kaiserchronik) reichen. Der Chronist, der Schreiber der Chronik, hält sich in seinem Urteil zurück; er berichtet und legt möglichst viel Material vor, über das andere urteilen mögen. Die Erzählweise der Chronik wurde auch in die ↗Erzählprosa übernommen; ein Beispiel dafür ist *Die Chronik der Sperlingsgasse* (1857) von Wilhelm Raabe.

Dorfgeschichten

Dorfgeschichten sind im engeren Sinn eine literarische Erzählform, die im 19. Jahrhundert weit verbreitet war. Es waren meistens Geschichten oder Episoden aus dem dörflichen Alltag, die in Sammelbänden zusammengestellt wurden; am ehesten kann man sie mit Johann Peter Hebels „Kalendergeschichten" vergleichen. Im weiteren Sinn umfaßt die Bezeichnung auch ↗Erzählungen, ↗Novellen und ↗Romane, deren Erzählhintergrund – im Unterschied zu „Stadtgeschichten" – das Leben auf dem Lande und in der Natur ist. Bei der Bezeichnung „Dorfgeschichten" denkt man vielleicht zuerst an bodenständige Heimatliteratur, in der eine heile Welt entworfen wird, die noch frei ist von den Konflikten und Problemen der Industriegesellschaft. Wesentlich interessanter als diese verfälschenden Verklärungen des Landlebens sind aber die realistischen Dorfgeschichten, die das mühselige Leben der Bauern und Landarbeiter schildern (Lena Christ, *Die Rumplhanni*, 1916), die von sozialen Konflikten und Vorurteilen auch in der dörflichen Gemeinschaft erzählen (Gottfried Keller, *Romeo und Julia auf dem Dorfe*, 1856).

Entwicklungsroman, der

Die Bezeichnung „Entwicklungsroman" wird häufig gleichbedeutend für ↗Bildungsroman verwendet; es gibt aber doch gewisse Unterschiede. Der Entwicklungsroman ist allgemeiner und umfassender als der Bildungsroman, dessen Hauptthema der individuelle Bildungsweg der Hauptgestalt ist. Im Entwicklungsroman bilden auch die historisch-gesellschaftlichen Bedingungen, in denen der einzelne lebt und durch die er in seiner Entwicklung jeweils geprägt wird, eine wichtige Rolle, so daß die Lebensgeschichte nur der Leitfaden für das gesamtgesellschaftliche Panorama sein kann. Beispiele dafür sind der *Simplicissimus* (1668) von

Grimmelshausen, *Berlin Alexanderplatz* (1929) von Alfred Döblin und *Die Blechtrommel* (1959) von Günter Grass.

Epik, die

(griech. – substantiviertes Adjektiv: zum Epos, zur Erzählung gehörend)

Unter Epik versteht man die Gesamtheit der erzählenden Dichtung, von der einfachen ↗Erzählung bis zum umfangreichen ↗Roman. Sie ist eine der drei Hauptgattungen der Dichtung. Die *Lyrik* gilt als die subjektivste und persönlichste Dichtung, weil sie unmittelbar Gefühle, Stimmungen und Meinungen in sprachliche Bilder umsetzt. In der *Dramatik* sprechen die Personen selbst; die Handlung ereignet sich auf der Bühne. Zur *Epik* gehört ein ↗Erzähler, der ein vergangenes Ereignis aus seiner Perspektive (vgl. ↗Erzählperspektive) wiedergibt.

Dieser Erzähler ist nicht mit dem Autor zu verwechseln: Er kann als erzählendes Ich (vgl. ↗Ich-Erzählung) selbst in die Ereignisse verwickelt sein; er kann in der Er-Form wie ein distanzierter Beobachter von außen her über etwas berichten oder sich anteilnehmend bis zur Identifikation in die Rolle der einzelnen Gestalten versetzen (vgl. ↗Erlebte Rede, ↗Innerer Monolog); er kann aber auch als allwissender Erzähler agieren, der mehr weiß als seine Gestalten und die Geschehensfäden fest in der Hand hält (vgl. ↗Auktorialer Erzähler).

Episch

(griech. – sich auf das Epos oder die Epik beziehend)

Das Adjektiv „episch“ hat drei Bedeutungen:

1. bezieht es sich auf die Gattung ↗Epos;
2. bezieht es sich auf die ↗Epik, auf die erzählende Dichtung (vgl. auch ↗Erzählprosa) insgesamt;
3. charakterisiert es eine Darstellungsweise, die nicht nur im Epos oder in der Epik vorkommt. Wie man von lyrischen oder dramatischen Passagen in einem Werk sprechen kann, so auch von epischen. Gemeint ist damit Ausführlichkeit und Genauigkeit, d.h. eine Darstellungsweise, die nicht unter „Zeitdruck“ steht, die auch im Detail verweilt oder größere Zusammenhänge ausleuchtet. Umgekehrt kann sich auch in einer ↗Erzählung die Handlung in einem Dialog dramatisch zuspitzen oder der Erzähler eine Stimmung in lyrischen Bildern einfangen.

Epos, das

(griech. – Erzählung)

Das Epos gehört zu den Großformen der erzählenden Dichtung. Im Unterschied zum ↗Roman, dessen Vorläufer es ist, war es in gebundener Rede, d.h. in Versen oder Strophen verfaßt. Seine Anfänge reichen weit in die Geschichte der Völker zurück. Ursprünglich wurden die Epen mündlich weitergegeben; erst später wurden sie niedergeschrieben und erhielten ihre endgültige Gestalt. Ihr Stoff waren die alten Mythen und Sagen; sie erzählten von der Entstehung der Welt, vom Wirken der Götter und von den Helden der Vorzeit. Die alten Götter- und Heldenepen – z.B. die *Ilias* und die *Odyssee*, die unter dem Namen des griechischen Dichters Homer überliefert sind – waren eine poetische Vorstufe der Geschichtsschreibung. Breit ausladend wurden die Ereignisse – z.B. der Kampf um Troja – aus der Perspektive eines Beobachters von außen her verfolgt und besungen. Dem heldischen Stoff entsprach der feierliche Ton der Sprache.

Im Mittelalter erlebte das Epos als höfischer Versroman (vgl. ↗Roman) eine neue Blüte. Zwei Richtungen sind in dieser Entwicklung zu unterscheiden:

- Zum einen frei erfundene Geschichten (vgl. ↗fiktional), die sich um die Hüter des Grals und um die Tafelrunde des Königs Artus gruppieren – z.B. *Parzival* (um 1210) von Wolfram von Eschenbach.
- Zum andern Geschichten mit einem historischen Kern wie das *Rolandslied* (um 1170) oder das *Nibelungenlied* (um 1200).

Im Spätmittelalter wurden diese höfischen Versromane und auch die antiken Epen zu Prosaromanen (vgl. ↗Erzählprosa) umgeschrieben; das Publikum interessierte sich mehr für den Inhalt als für die poetische Darstellungsweise. Es gab aber auch später immer wieder Versuche, das Versepos für zeitgenössische Stoffe zu nutzen: Für *Herrmann und Dorothea* (1798), eine Flüchtlingsgeschichte in den Wirren der Französischen Revolution, verwendete Goethe den Hexameter der antiken Versepen.

Erlebte Rede

Die erlebte Rede ist eine Erzählweise (vgl. ↗Erzählperspektive) , die zwischen wörtlicher Rede und indirekter Rede angesiedelt ist. Bei der wörtlichen Rede gibt der ↗Erzähler genau im originalen Wortlaut wieder, was seine Gestalten sagen; bei der indirekten Wiedergabe des Gehörten wechselt er in den Konjunktiv und tauscht die 1. Person durch die 3. Person aus. In beiden Fällen wird beobachtend oder berichtend von außen her erzählt. Bei der erlebten Rede schlüpft der Erzähler sozusagen in die Rolle seiner Gestalten; er erzählt von innen her, was seine Gestalten sich denken oder überlegen. Im Unterschied zum Selbstgespräch oder zum ↗Inneren Monolog werden diese Gedanken aber nicht in der Ich-Form und im Präsens wiedergeben, sondern in der 3. Person und meistens im Präteritum; d.h. daß die vermittelnde Rolle des Erzählers noch bewußt bleibt.

Wörtliche Rede:

> „Ja, nun muß ich hinein“, sagte er. „Adieu, Tonio. Das nächste Mal begleite ich dich nach Hause, sei sicher.“ „Adieu, Hans“, sagte Tonio, „es war nett, spazierenzugehen.“

Erlebte Rede:

> [Tonio auf dem Nachhause-Weg, nachdem er sich von Hans verabschiedet hatte]:
> Wie gut sie einander verstanden! Wer wußte, – vielleicht brachte er ihn noch dazu, ebenfalls Verse zu schreiben? ... Nein, nein, das wollte er nicht! Hans sollte nicht werden wie Tonio, sondern bleiben, wie er war, so hell und stark, wie ihn alle liebten und Tonio am meisten!
> (Thomas Mann, *Tonio Kröger*, 1903)

Erzähler, der

Zunächst ist ein Erzähler jemand, der vor einem Kreis von Zuhörern erzählt, was er selbst erlebt, von andern gehört oder in einem Buch gelesen hat. So geschah es in den Karawansereien des Orients, in den Spinnstuben auf den Dörfern während des Winters, – und so ist es auch noch heute, wenn jemand etwas zu erzählen hat: Das Publikum hat den Erzähler vor sich; es weiß, wer die Geschichte erzählt; es sieht und hört, wie er die Geschichte erzählt. Ob die erzählte Geschichte auf Wahrheit beruht, sich wirklich so ereignet hat oder ob sie frei erfunden ist, vielleicht auch auf ältere (mündliche oder schriftliche) Überlieferung zurückgeht, – die Antwort darauf mag sich jeweils in der Diskussion zwischen dem Erzähler und seinem Publikum ergeben.
Anders ist es in der Literatur, d.h. in der gedruckten ↗Erzählung. Das Publikum, d.h. der Leser, hat ein Buch vor sich, in dem er liest. Jedes Buch hat einen ↗Autor; sein Name steht auf der Titelseite. In einer ↗Autobiographie erzählt ein Autor sein Leben; Autor und Erzähler sind ein und dieselbe Person. In der fiktionalen (vgl. ↗fiktional) Literatur aber, d.h. in erfun-

denen Geschichten, kann man Autor und Erzähler nicht ohne weiteres gleichsetzen. Das wird schon deutlich, wenn die autobiographische Form, z. B. in einer ↗Ich-Erzählung oder einem Ich-Roman, als Erzählweise oder ↗Erzählperspektive benutzt wird; dieser Ich-Erzähler ist nicht der Autor, sondern eine von ihm erfundene Figur. Der Erzähler, seine Sichtweise und seine Art der Darstellung, ist Teil der Erzählung.
Zur subjektiven Erzählperspektive gehören die Ich-Form, die ↗Erlebte Rede und der ↗Innere Monolog: Der Autor taucht nicht selbst auf, sondern überläßt scheinbar einzelnen Gestalten, meistens der Titelheldin oder dem Titelhelden (der Hauptfigur) den Erzählverlauf und die Handlungsgestaltung. Zur objektiven Erzählperspektive gehören der ↗Auktoriale Erzähler und der Beobachter von außen, sozusagen der Berichterstatter. Der auktoriale Erzähler weiß mehr als die Personen in der Erzählung, er hat alles in der Hand und er weiß schon am Anfang, wie die Geschichte ausgehen wird. Als Berichterstatter gibt der Erzähler wieder, was er hört und sieht; er mutmaßt über die Gedanken der einzelnen Personen, aber er schlüpft nicht in deren Rolle.
Es gibt aber auch eine Tiefengliederung des Erzählens. Es kann anfangs oder in der ↗Rahmenerzählung ein Erzähler auftreten, der in alten Chroniken eine Geschichte gelesen hat, die er nachfolgend in den Worten eines anderen Erzählers, z.B. des Chronisten, wiedergibt, oder er trifft auf jemand, der ihm eine Geschichte erzählt. Für diese Abstufungen der Erzählverantwortung gibt es viele Kombinationsmöglichkeiten.
Und es gibt auch die Möglichkeit, daß der Autor bzw. der Erzähler die Geschichte unterbricht und den Leser direkt anspricht, mit ihm ein Gespräch über den Lauf der Ereignisse führt.
Dies alles zeigt, wie sehr die jeweils verwendete Rolle des Erzählers zur Erzählkunst selbst gehört.

Erzählperspektive, die
(lat. – Blickwinkel)

Eine Geschichte kann aus unterschiedlichen Blickwinkeln erzählt werden; es kommt jeweils darauf an, wer der ↗Erzähler ist und „wo er steht“. Auch ist die jeweilige Erzählperspektive eng mit der Rolle verbunden, die der Erzähler in der Geschichte spielt. Meistens hat eine ↗Erzählung keine durchgehend einheitliche Erzählperspektive; eine Ausnahme ist vielleicht die ↗Ich-Erzählung. Viel häufiger sind Mischformen.

Im einzelnen lassen sich folgende Erzählperspektiven unterscheiden:

- Der ↗Autor läßt einen Ich-Erzähler selbst zu Wort kommen, der rückblickend aus einem bestimmten Erfahrungsstand über sich und seine Umwelt, was er erlebt hat, was ihm widerfahren ist, berichtet. Der Ich-Erzähler ist mit seinem Charakter, seinem Wissenshorizont und seinen Meinungen selbst Teil der Erzählung.
  Dies gilt auch für den ↗Briefroman oder für in die Erzählung eingefügte Briefe.
- Der Erzähler kann aber sozusagen auch außerhalb der Geschichte stehen:
  - Er nimmt die Rolle eines Beobachters von außen ein und erzählt die Ereignisse, wie sie ablaufen oder abgelaufen sind. Oder: Er zeichnet die Dialoge der handelnden Personen wortwörtlich auf.
  - Er kann aber auch als allwissender Erzähler (vgl. ↗Auktorialer Erzähler) über allem stehen; er weiß, wie alles ablaufen wird; er hat alle Fäden in der Hand; er kann dem Leser schon vorab andeuten, was noch kommen wird und wie sich die einzelnen Gestalten verhalten oder entscheiden werden. Er kann kommentierend mit Blick auf den Leser die Ereignisse begleiten; er weiß mehr als die Gestalten, die in der Geschichte auftreten. Er blickt wie Zeus aus dem Olymp auf das menschliche Treiben; deshalb spricht man auch vom „olympischen“ Standpunkt des Erzählers.

- Zwischen der Perspektive eines erzählenden Ich und der Perspektive eines auktorialen Erzählers gibt es noch Mischformen:
  - In der ↗Erlebten Rede versetzt sich der Erzähler in die Gedanken, Überlegungen und Selbstgespräche der Gestalten. Er gibt sie aber weder in wörtlicher noch in indirekter Rede wieder, sondern in der Er-Form und im Indikativ/Präteritum (z.B.: Sollte er sich auf diesen Handel einlassen? Nein, dafür war er sich zu gut. Er hatte auch seinen Stolz.)
  - Beim ↗Inneren Monolog wiederholt der Erzähler den Gedankenstrom, d.h. das Selbstgespräch einer Person, möglichst unmittelbar in Wortbrocken, Gedankenfetzen oder unvollständigen Sätzen.

  Die erlebte Rede und der innere Monolog sind keine bloße Wiedergabe von Sachverhalten oder Gedanken; in diesen Erzählweisen oder Erzählperspektiven wird auch versucht, das Umfeld der jeweiligen Situation, die Verfassung der Betroffenen und die Meinung des Erzählers einzufangen.

Bei allem Wechsel des „Blickwinkels" darf aber nicht vergessen werden, daß der Erzähler nicht der Autor selbst, sondern eine erfundene Gestalt des Autors in einer erfundenen Erzählung ist.

Erzählprosa, die

(lat. – gerade ausgerichtete Rede)

Der Begriff meint jede Art von ↗Erzählungen, die nicht in gebundener Rede, d.h. in Versen oder Strophen verfaßt sind. Den ↗Roman als eine Form der Erzählprosa hat es zwar auch schon im Altertum und im Mittelalter gegeben, aber er stand lange im Schatten des ↗Epos.

Erzählstruktur, die

Die Erzählstruktur eines Werkes ist unter zwei Gesichtspunkten zu untersuchen:

1. ob der Erzählverlauf einsträngig oder mehrsträngig ist (*Handlungsstruktur*);
2. in welcher *Reihenfolge* erzählt wird.

Zur Handlungsstruktur:

- Die Geschichte hat eine einzige Handlung; sie ist einsträngig oder einlinig. Im Mittelpunkt steht meistens eine Hauptfigur (Luise Rinser, *Die rote Katze*, 1948) oder ein Hauptgeschehen (Wolfgang Borchert, *Schischyphusch*, 1947). Eine Geschichte ist auch dann einsträngig, wenn eine Geschehensfolge aus mehreren Episoden oder Handlungsteilen an eine einzige Person gebunden ist (Heinrich von Kleist, *Michael Kohlhaas*, 1810; Joseph von Eichendorff, *Aus dem Leben eines Taugenichts*, 1826).

- Mehrere Handlungsstränge laufen parallel nebeneinander oder überschneiden sich immer wieder; z.B. die gegenläufigen Lebenswege zweier Jugendfreunde in Wilhelm Raabes Roman *Der Hungerpastor* (1864). Oder mehrere getrennt erzählte Geschehensfolgen laufen am Ende zusammen (Alfred Andersch, *Sansibar oder Der letzte Grund*, 1957; Peter Handke, *Die Abwesenheit. Ein Märchen,* 1987).

- Die Geschichte in der Geschichte: Die eigentliche Geschichte, die erzählt werden soll, ist in eine ↗Rahmenerzählung eingebettet (Conrad Ferdinand Meyer, *Das Amulett,* 1873; Marie von Ebner-Eschenbach, *Er laßt die Hand küssen*, 1886).

Zur Reihenfolge:

- Die Ereignisse, die einzelnen Erzählschritte, werden in chronologischer Reihenfolge nacheinander erzählt. Das kann am Leitfaden eines Lebenslaufes (Ulrich Bräker, *Der arme Mann im Tockenburg*, 1789), in chronologisch geordneten Briefen (Johann Wolfgang Goethe, *Die Leiden des jungen Werthers*, 1774) oder in der Form einer großen Familienchronik (Thomas Mann, *Buddenbrooks. Verfall einer Familie*, 1901) geschehen.
- Der chronologische Ablauf wird durch eingeschobene Rückblenden, durch die nachgeholte Vorgeschichte, unterbrochen (Stefan Zweig, *Schachnovelle*, 1941).
- Die Geschichte beginnt mitten in der Handlung oder kurz vor dem entscheidenden Schluß. Die Vorgeschichte, die für das Verständnis wichtig ist, wird im weiteren Verlauf nachgeholt. Erst am Schluß kann sich der Leser selbst eine Chronologie der Ereignisse erstellen (Theodor Storm, *Im Schloß*, 1861) und die Zusammenhänge begreifen.
- Die Geschichte wird vom Ende her erzählt; erst im Schluß erhellen sich die Zusammenhänge der einzelnen Handlungsstränge: Die erzählte Zeit fällt mit der ↗Erzählzeit zusammen (Clemens Brentano, *Geschichte vom braven Kasperl und dem schönen Annerl*, 1817). Eine Sonderform ist die Detektivgeschichte (vgl. ↗Kriminalgeschichte): Die eigentlichen Ereignisse, z.B. das Verbrechen, liegen vor dem Erzählbeginn; sie werden nachträglich aufgerollt und aufgeklärt.
- Um die Spannung bis zum Schluß durchzuhalten, kann der ↗Erzähler auch wichtige Informationen aus dem Erzählverlauf zunächst ausklammern und sie erst am Schluß preisgeben.

Diese Auflistung von Beispielen für die Handlungsstruktur und die Reihenfolge ist nicht erschöpfend, und es finden sich mehr Beispiele für Mischformen als für abgegrenzte Erzählstrukturen. Die Auswahl und Verbindung der einzelnen Erzählstrukturen hängt jeweils von der Erzählabsicht und ↗Erzählperspektive ab; Spannung zu erzeugen und Neugier zu erwecken ist wohl das oberste Kriterium.

Erzählung, die

Unter der Bezeichnung „Erzählung" meint man im engeren Sinne einen kürzeren Erzähltext; im weiteren Sinne sind es alle Texte, in denen ein ↗Erzähler vermittelnd zwischen dem Erzählstoff (was wert ist, erzählt zu werden) und dem Publikum eingreift, von der ↗Kurzgeschichte bis zum ↗Roman.
Der Inhalt einer Erzählung kann eine wirkliche, wahrscheinliche oder erfundene (vgl. ↗fiktional) Geschichte sein. Er kann sogar bewußt erlogen sein, z.B. in den Lügengeschichten des Barons von Münchhausen. Die Erzählung kann als eigenes Erlebnis (vgl. ↗Ich-Erzählung) oder in der dritten Person (vgl. ↗Erzähler, ↗Erzählperspektive) erzählt sein. In der Er-Erzählung verhält sich der Erzähler entweder als Beobachter, oder er versetzt sich selbst in seine Gestalten und erzählt aus dem Blickwinkel seiner Gestalten (vgl. ↗Erlebte Rede). Das Augenmerk des Erzählers kann sich bevorzugt auf die Handlung oder die Charaktere richten, – oder auf beides zugleich. Auf jeden Fall wird durch seine Darstellungsweise dem Leser eine bestimmte Richtung vorgegeben oder angeboten, wie das Erzählte zu verstehen und zu interpretieren sei. Die Freiheit des Hörers oder Lesers ist es, dem Erzähler zuzustimmen oder ihm zu widersprechen, d.h. sich mit dem Erzählten auseinanderzusetzen.

Die Zeitstufe der Erzählung kann Vergangenheit (in den meisten Fällen) oder Gegenwart sein; bei spannenden Szenen wechselt die Zeitstufe von der Vergangenheit plötzlich in die Gegenwart.

Eine Erzählung ist in mehrere Erzählschritte oder Erzählabschnitte gegliedert. Für die Spannung, um den Leser zu fesseln, ist es wichtig, in welcher Reihenfolge (vgl. ↗Erzählstruktur) etwas erzählt wird, wie die Geschichte eingeleitet wird, wie der Höhepunkt vorbereitet und ausgestaltet wird, wie sie endet.

Erzählzeit/Erzählte Zeit

Thomas Manns Roman *Buddenbrooks* (1901) spielt in der Zeit von 1835 bis 1877 über vier Generationen; er umfaßt in den verschiedenen Ausgaben 600 bis 700 Seiten. Der Zeitraum, über den erzählt wird, beträgt 42 Jahre; lesen läßt sich der Roman vielleicht in acht Tagen.

Die Erzählzeit bezieht sich auf den zeitlichen Umfang, der benötigt wird, um eine Geschichte zu erzählen bzw. zu hören oder zu lesen. *Die erzählte Zeit* ist der Zeitraum, über den sich die Erzählung erstreckt. Der Erzähler wählt aus der Gesamtheit des erzählten Zeitraums aus; er rafft die Ereignisse, faßt mehrere Tage, Monate oder Jahre zusammen; an anderer Stelle wieder erzählt er genau und ausführlich, so daß Erzählzeit und erzählte Zeit im Umfang fast zusammenfallen. Man kann sagen, er gewichtet oder akzentuiert die Gesamtheit der erzählten Zeit durch eine jeweils unterschiedlich lange Erzählzeit, er verfügt in der Erzählzeit nach eigenem Ermessen über die erzählte Zeit. Der Erzähler ist auch nicht an die Chronologie gebunden; er kann Einzelheiten vorwegnehmen oder nachholen (vgl. ↗Erzählperspektive, ↗Erzählstruktur). Die Erzählzeit hat verschiedene Geschwindigkeiten, sie ist nicht an den gleichmäßigen, kontinuierlichen Zeitlauf gebunden. Der Umfang der Erzählzeit für die einzelnen Ereignisse hängt von der Bedeutung ab, die der Erzähler ihnen jeweils zumißt.

Erziehungsroman, der

Der Erziehungsroman ist eine Nebenform des ↗Bildungsromans und ↗Entwicklungsromans; eine genaue Abgrenzung im einzelnen ist nicht immer möglich. Im Mittelpunkt steht der Erziehungsweg eines jungen Menschen. Charakter und äußere Einflüsse (das soziale Milieu und normative Erziehungsvorstellungen) spielen eine wichtige Rolle. Oft sind Diskussionen über Erziehungsfragen eingefügt (Johann Heinrich Pestalozzi, *Lienhard und Gertrud*, 1781 ff.; Emmy von Rhoden, *Der Trotzkopf*, 1885; Hermann Hesse, *Unterm Rad*, 1906). Einzelne Passagen und Abschnitte, die man mit dem Erziehungsroman vergleichen kann, kommen auch in anderen ↗Romanen und ↗Erzählungen vor (Günter Grass, *Katz und Maus*, 1961; Siegfried Lenz, *Deutschstunde*, 1968).

Fabel, die

(lat. – Erzählung)

Fabel ist im engeren Sinne eine kurze lehrhafte ↗Erzählung in Versen oder in Prosa, bei der oft Tiere (auch Pflanzen und Gegenstände) stellvertretend für die Menschen auftreten und ihnen den Spiegel vorhalten, in dem sie sich und ihre Fehler wiedererkennen können.
Im weiteren Sinne meint man mit dem Begriff „Fabel" eine kurze, prägnante Information über das Handlungsschema und die Kernaussage einer ↗Erzählung, eines Dramas, einer Ballade usw. Die Frage lautet jeweils: „Worum geht es in der Geschichte?" Gefragt ist nicht nach dem Inhalt, wie er in einer Inhaltsangabe referiert wird, sondern nach dem zentralen Thema oder ↗Motiv.

Beispiele:
- Wie ein Mensch durch seinen ausgeprägten Gerechtigkeitssinn in der Verfolgung seines Rechts sich selbst schuldig macht (Heinrich von Kleist, *Michael Kohlhaas*, 1810).
- Wie der Haß der Väter das Leben der Kinder, die sich lieben, zerstört (Gottfried Keller, *Romeo und Julia auf dem Dorfe*, 1856).

– Oft ist die Kernaussage, d.h. die Fabel, schon im Untertitel angesprochen: Heinrich Böll, *Die verlorene Ehre der Katharina Blum oder: Wie Gewalt entstehen und wohin sie führen kann*, 1974.

Falke, der

Die Forderung nach einem „Falken" in der ↗Novelle greift auf eine Geschichte im *Dekameron* (1350 ff.) von Giovanni di Boccaccio zurück. Dort heißt es im Vorspann zur neunten Geschichte des fünften Tages: „Federigo degli Alberighi liebt, ohne geliebt zu werden, und verschwendet in ritterlichem Aufwande sein ganzes Vermögen, so daß ihm nur noch ein Falke bleibt; den setzt er, da er sonst nichts hat, seiner Dame, die zu ihm gekommen ist, als Speise vor: als sie das erfährt, ändert sie ihren Sinn, nimmt ihn zum Gatten und macht ihn zum Herrn ihres Reichtums."

Der Falke, das Letzte und Liebste, was der Ritter noch sein eigen nennt, den er seiner Dame zur Speise vorlegt, ist ein Zeichen seiner bedingungslosen Liebe. Und gleichzeitig führt er auch in der Einstellung der Dame und in der Handlung eine entscheidende Wende (zum Guten) herbei. Die entscheidende Wende (vgl. ↗Wendepunkt) im Erzählverlauf ist sichtbar am Falken festgemacht; er ist das Dingsymbol (vgl. ↗Symbol), das stellvertretend für innere Vorgänge steht. Mit der sogenannten Falkentheorie, die auf Paul Heyse zurückgeht, wird angedeutet, daß zur Novelle solche Dingsymbole gehören, die leitmotivisch (vgl. ↗Leitmotiv) immer wieder in der Erzählung auftauchen und die Veränderung oder die entscheidende Wende in der Handlung verdeutlichen (z.B. die Pferde in Kleists *Michael Kohlhaas*, 1810, die Spinne in Gotthelfs *Die schwarze Spinne,* 1842, das falsche Gewicht in Bölls *Die Waage der Baleks*, 1961).

Familienroman, der

Die Bezeichnung wird für ↗Romane verwendet, deren Inhalt der gesellschaftliche Raum der Familie ist; er kann sich über mehrere Generationen erstrecken und in allen Schichten spielen. Charakteristische Beispiele für den bürgerlichen Familienroman und für die Konflikte zwischen Bürgertum und Adel sind die Romane Theodor Fontanes (vgl. auch die Nähe zum ↗Gesellschaftsroman).

fiktional

(lat. – Adjektivbildung zu Fiktion: Erfindung, Erdichtung)

Dieser Begriff wurde eingeführt, um zwischen Texten zu unterscheiden, die nur eine mögliche Wirklichkeit (fiktionale Texte) wiedergeben, und Texten, die sich auf reale Sachverhalte und wirkliche Ereignisse oder Personen (z.B. in der Geschichtsschreibung) beziehen. Literarische bzw. poetische Texte sind fiktionale Texte; ihre Inhalte und Aussagen sind nicht an die Wiedergabe eines realen, wirklichen Sachverhalts gebunden; sie sind erfunden, von ihrem ↗Autor „ausgedacht". Das heißt aber nicht, daß sie sich nicht auf unsere Wirklichkeitserfahrung beziehen. Eine Romanhandlung (vgl. ↗Roman) oder eine Bühnenhandlung mag zwar frei erfunden sein, aber der Ablauf und die auftretenden Personen stellen sich – wenn es sich nicht gerade um absurde und phantastische Geschichten (vgl. ↗Phantastische Literatur) handelt – dem Kriterium der Wahrscheinlichkeit. Erich Kästners Roman *Emil und die Detektive* (1928) ist zwar eine Geschichte, die der Autor sich ausgedacht hat, sie ist aber nicht unwahrscheinlich, sie könnte sich so ereignet haben. Deshalb haben auch fiktionale Texte eine Wahrheit, d.h. sie sagen uns etwas; z.B. die Botschaft der Toleranz in Lessings Bühnenstück *Nathan der Weise* (1779) oder die Aufforderung, die demokratische Ordnung gegen Diktatur und Tyrannei zu verteidigen, in der Erzählung *Das Feuerschiff* (1960) von Siegfried Lenz.

Zwischen Fiktionalität und Realität stehen Erzählungen und Dramen, in denen historische Gestalten auftreten und historische Ereignisse behandelt werden. Der Autor kann sie nachzeichnen, wie sie aus dem Quellenmaterial überliefert sind; d.h. er hält sich an die Fakten. Er kann aber auch fehlende Lücken nach seiner Vorstellung ergänzen oder den historischen Stoff nur zum Anlaß für eine eigene (fiktionale) Geschichte nehmen; – z.B. Jakob Wassermann, *Caspar Hauser* (1908) oder Peter Handke in dem Sprechstück *Kaspar* (1968).

Fortsetzungsroman, der

Fortsetzungsromane gibt es, seit es Zeitungen und Zeitschriften gibt. Ein ↗Roman wird in kleinen Häppchen von Tag zu Tag, von Woche zu Woche abgedruckt. Man muß aber unterscheiden zwischen Romanen, die dem Leser im Vorabdruck noch vor Erscheinen der Buchausgabe von Kapitel zu Kapitel oder in kleineren Abschnitten zugänglich gemacht werden, und Romanen, die eigens als Fortsetzungsromane geschrieben sind. Im ersten Fall hat der Feuilleton-Redakteur sich darum zu kümmern, daß die einzelnen Fortsetzungen oder Abschnitte oder Ausschnitte richtig ausgewählt werden. Im zweiten Fall ist der Autor selbst für die Aufgliederung und für die Spannung von Folge zu Folge verantwortlich. Er muß eine Fortsetzung jeweils so enden lassen, daß der Leser mit Spannung darauf wartet, wie es weitergeht. Berühmte Romanschriftsteller wie Theodor Fontane und Wilhelm Raabe oder der Engländer Charles Dickens und der Franzose Honoré Balzac haben einzelne Romane in wöchentlichen oder monatlichen Fortsetzungen veröffentlicht. Das Gros der Fortsetzungsromane stammt aber aus dem Bereich der ↗Trivialliteratur und ↗Unterhaltungsliteratur.
Einen ähnlichen Aufbau wie die eigens als Fortsetzungsromane geschriebenen Texte haben auch die Heftchenromane, die wöchentlich oder monatlich unter einem festen Serientitel erscheinen. Gerade der Zwang der Wiedererkennung von Fortsetzung zu Fortsetzung verhindert, daß die Verhaltensweisen der Hauptakteure sich ändern; sie sind auf bestimmte Muster festgelegt, sie lernen nichts.

Gesellschaftsroman, der

Im Gesellschaftsroman (vgl. auch ↗Sozialer Roman und ↗Zeitroman) werden zeitgeschichtliche gesellschaftliche Zustände in einer vielsträngigen und komplexen Handlungsführung (vgl. ↗Erzählperspektive und ↗Erzählstruktur) kritisch dargestellt und untersucht. Die realistische und detaillierte Milieuschilderung, die bewußte Herausarbeitung von gesellschaftlichen Widersprüchen und Konflikten, – beides geschieht mit der Absicht, die Bedingungen der jeweils herrschenden Gesellschaftsstruktur, d.h. ihre wirtschaftliche Basis und ihr ideologisches Selbstverständnis in repräsentativen Ausschnitten zu dokumentieren. In den meisten Gesellschaftsromanen beschränkt sich der ↗Erzähler auf die Rolle des Beobachters und Protokollanten, d.h. auf die Erzählperspektive von außen her; aber diese distanzierte Haltung ist nur eine scheinbare Objektivität des Erzählers und ↗Autors. Die Auswahl der beobachteten Szenen und die Art, wie sie miteinander verbunden oder auch gegenseitig konfrontiert sind, lassen auf das Urteil, auf den Standort des Autors schließen. Das gilt für Theodor Fontanes Gesellschaftsromane zu Ende des 19. Jahrhunderts (vor allem für *Effie Briest*, 1895) genauso wie für Wolfgang Koeppens oder Heinrich Bölls Bestandsaufnahmen aus den fünfziger und sechziger Jahren unseres Jahrhunderts.

Geschichte, die

Das Nomen „Geschichte" geht auf das Verb „geschehen" zurück. Eine Geschichte ist eine „Erzählung von Geschehenem"; sie kann über wirkliche Ereignisse und Gestalten aus der Vergangenheit berichten (z.B. als Geschichtsschreibung), sie kann aber auch ↗fiktional sein, eine ausgedachte Geschichte sein. In dieser Bedeutung ist der Begriff mit ↗Erzählung gleichzusetzen.

Historischer Roman

Im historischen Roman greift der ↗Autor auf historische Ereignisse und Gestalten zurück und baut sie in eine Romanhandlung ein. Im großen und ganzen hält sich der Autor an die Quellen, aber er erfindet auch Szenen und Gestalten hinzu. Dies unterscheidet den historischen Roman von der Geschichtsschreibung; er gehört trotz der Darstellung verbürgter Einzelheiten zur ↗fiktionalen Literatur.
Großen Einfluß auf den historischen Roman in Deutschland hatte im 19. Jahrhundert der Schotte Walter Scott. In seinen Romanen hat er 500 Jahre englisch-schottische Geschichte dargestellt. Den Erzählrahmen bildeten jeweils die überlieferten Ereignisse, oder es standen historische Gestalten im Hintergrund. Die Handlung selbst oder die meisten Akteure waren frei erfunden. Die Beispiele aus der Geschichte wurden aber nicht um ihrer selbst willen erzählt, sie spiegelten jeweils auch das Geschichtsbild des Autors und sein Urteil über die Gegenwart vor dem Hintergrund der Vergangenheit.
Dazu zwei Beispiele: Gustav Freytag betonte in dem Romanzyklus *Die Ahnen* (1872–1880), einer Familienchronik (vgl. ↗Chronik) von der Zeit der Völkerwanderung bis in die Mitte des 19. Jahrhunderts, den Anteil der Handwerker und Kaufleute an der geschichtlichen Entwicklung. Er wollte den Deutschen nach der Reichsgründung gleichsam ein bürgerliches Nationalbewußtsein vermitteln, das in der Geschichte verankert war. – In den beiden Romanen *Die Jugend des Königs Henri Quatre* (1935) und *Die Vollendung des Königs Henri Quatre* (1938) entwarf Heinrich Mann vor dem Hintergrund der Hugenottenkriege im 16. Jahrhundert und mit Blick auf das Anwachsen des Faschismus in Deutschland ein staatspolitisches Programm der Toleranz unter den Völkern.
Zu den historischen Romanen gehören auch die sogenannten „Professorenromane". Das bekannteste Beispiel ist *Ein Kampf um Rom* (1876–1878) von Felix Dahn. Darin wird in einem farbenreichen Panorama die Geschichte der Ostgoten in Italien materialreich nacherzählt.

Höfischer Roman

Der höfische Roman entstand im Hochmittelalter nach französischen Vorlagen; er war eine idealisierte Selbstdarstellung der höfischen Feudalgesellschaft. Der bevorzugte Erzählstoff waren die Artussage und die Gralssage. Aus diesen Sagenkreisen stammten die meisten Helden; so auch *Parzival* in dem gleichnamigen ↗Epos von Wolfram von Eschenbach. Der Held hatte sich nicht nur in ritterlichen Kämpfen, sondern auch im Dienst an den Schwachen und Bedürftigen zu bewähren. Erst dann war er würdig, sein Amt als weiser und gerechter Herrscher anzutreten. Die höfischen Romane des Hochmittelalters waren Versepen. Gegen Ende der Mittelalters wurden sie für ein stadtbürgerliches Publikum zu Prosaromanen (vgl. ↗Roman) umgeschrieben.

Ich-Erzählung, die

In der Ich-Erzählung ist der ↗Erzähler Teil der Geschichte. Er erzählt in der ersten Person die Ereignisse aus seiner subjektiven Perspektive (vgl. ↗Erzählperspektive); d.h. der Ich-Erzähler ist zugleich auch Interpret. Der Leser erfährt alles durch die Brille dieses Rollenerzählers. Deshalb ist es sehr wichtig, mit welchem Bildungs- und Erfahrungshorizont der Autor seinen Erzähler ausstattet; denn der Ich-Erzähler ist eine bewußt eingesetzte Kunstfigur des Autors, auf die der Autor die Verantwortung für das Erzählte überträgt. Der Autor kann sich also immer darauf hinausreden, daß alles, was gesagt wird, nur die Meinung des Ich-Erzählers wiedergebe; er sei dafür nicht verantwortlich. Dies ist natürlich nur ein erzähltechnischer Trick; denn in der ↗fiktionalen Literatur ist auch der Ich-Erzähler ein Produkt des Autors (anders in der ↗Autobiographie). Aber in Zeiten der staatlichen Zensur war diese Zwischenschaltung eines „Sündenbocks" ein Mittel, um sich vor Vorwürfen zu schützen; der Ich-Erzähler als Be-

troffener in der Geschichte konnte ohne Umschweife erzählen, wie und – vor allem – warum ihm etwas widerfahren sei.
Eine Ich-Erzählung ist eine rückblickende ↗Erzählung. Sie wird von einem Erfahrungsstand aus erzählt, den der Ich-Erzähler erst am Ende besitzt; d.h. er läßt die Kette der Ereignisse nochmals Revue passieren und deutet oder kommentiert sie aus dem Wissen am Ende der Geschehenskette. Dies gilt für Heinrich Bölls ↗Kurzgeschichte *Wanderer, kommst du nach Spa ...* (1950) genauso wie für den ↗Schelmenroman *Der Abentheurliche Simplicissimus Teutsch* (1668) von Grimmelshausen.

Innerer Monolog

Der innere Monolog (vgl. ↗Monolog) ist eine Erzähltechnik (vgl. ↗Erzählperspektive), die der ↗Erlebten Rede verwandt ist. Er ist ein stummes Selbstgespräch, das allein im Kopf einer Gestalt abläuft. Ohne Vorankündigung, daß jetzt jemand sprechen werde wie bei der direkten oder indirekten Rede, wechselt die Erzählweise plötzlich in die Ich-Form; d.h. der ↗Erzähler zieht sich hinter eine Gestalt der Erzählung zurück. Auf diese Weise können Gedanken und Überlegungen unmittelbar sozusagen im Prozeß ihres Entstehens wiedergegeben werden, ohne daß sie vollständig ausformuliert sind, sondern in Gedankenfetzen und in unvollständigen Sätzen, – eben so wie der Bewußtseinsstrom der Gedankenbildung abläuft. Erzählte Zeit und ↗Erzählzeit gehen in eins. Diese psychologisierende Erzählweise, dieses Verlagern der Erzählung in das Innere einer Gestalt bietet ganz neue Möglichkeiten ↗fiktionaler Unmittelbarkeit.
Ein frühes Beispiel für der Verwendung des inneren Monologs ist die Erzählung *Leutnant Gustl* (1901) des Wiener Arztes und Schriftstellers Arthur Schnitzler. Daraus ein Auszug:

> Wie lange wird denn das noch dauern? Ich muß auf die Uhr schauen ... schickt sich wahrscheinlich nicht in einem so ernsten Konzert. Aber wer sieht's denn? Wenn's einer sieht, so paßt er gerade so wenig auf, wie ich, und vor dem brauch' ich mich nicht zu genieren ... Erst viertel vor zehn? ... Mir kommt vor, ich sitz' schon drei Stunden in dem Konzert. Ich bin's halt nicht gewohnt ... Was ist es denn eigentlich? Ich muß das Programm anschauen ... Ja, richtig: Oratorium? Ich hab' gemeint: Messe. Solche Sachen gehören doch nur in die Kirche. Die Kirche hat auch das Gute, daß man jeden Augenblick fortgehen kann. – Wenn ich wenigstens einen Ecksitz hätt' ! – Also Geduld, Geduld! Auch Oratorien nehmen ein End'!

Jugendliteratur, die

Häufig ist auch die Bezeichnung „Kinder- und Jugendliteratur“ zu lesen. Sie meint Texte jeglicher Art, die sich an Kinder und Jugendliche bestimmter Altersstufen richten. Es können originale Texte sein wie die Bücher von Erich Kästner oder Christine Nöstlinger, die eigens für Kinder und Jugendliche geschrieben sind. Es können aber auch Texte sein, die nachträglich für Kinder und Jugendliche bearbeitet worden sind; bekanntestes Beispiel dafür ist der *Robinson Crusoe* (1719) von Daniel Defoe.

Kriegsroman, der

Der Krieg ist leider ein altes Thema der Literatur, so als ob die Geschichte der Völker nichts anderes als eine Aneinanderreihung von Eroberungskriegen wäre. Homers *Ilias*, die am Anfang der abendländischen Literatur steht, besingt den siegreichen Feldzug der Griechen gegen das kleinasiatische Troja. Die feindlichen Gegner, die großen Helden beider Heere, sind Achilles und Hektor. Selbst die Götter, unter sich verfeindet, greifen auf beiden Seiten in die Kämpfe ein. Aber: Homer hat auch schon die Grausamkeit des Krieges dargestellt. Die Hel-

denlieder aus germanischer Zeit, eine Vorstufe der Geschichtsschreibung, berichten von den Kriegstaten der Stammesführer, so als ob der Krieg immer nur eine Sache der heldenhaften Heerführer gewesen wäre; von den Fußtruppen und von den Leiden der betroffenen Zivilbevölkerung erfährt man wenig. Der erste große Antikriegsroman der deutschen Literatur ist der *Simplicissimus Teutsch* (1668) von Grimmelshausen; er erzählt von den Greueln des Dreißigjährigen Kriegs, den der Autor als einfacher Soldat miterlebt hatte. Die Verherrlichung des Krieges als „Feuerprobe" für Kameradschaft und persönlichen Mut – und was noch alles mißbräuchlich angeführt wird – lebt aber auch nach zwei Weltkriegen noch weiter, z.B. in den „Landserheften", die als Serien an den Kiosken verkauft werden.
1929 erschien der Weltkriegsroman *Im Westen nichts Neues* von Erich Maria Remarque; er wurde einer der größten Bucherfolge. Im Vorwort schrieb Remarque, sein Roman sei der Versuch „über eine Generation zu berichten, die vom Kriege zerstört wurde – auch wenn sie seinen Granaten entkam". Die Nationalsozialisten verbrannten 1933 das Buch auf dem Scheiterhaufen; es habe „literarischen Verrat am Soldaten des Weltkrieges" begangen. Remarque hatte die nationale Kriegsbegeisterung mit der Wirklichkeit des alltäglichen Kriegsgrauens konfrontiert. Remarque stand nicht allein. Zur gleichen Zeit erschienen mehrere Antikriegsromane: *Der Streit um den Sergeanten Grischa* (1927) von Arnold Zweig; *Jahrgang 1902* (1928) von Ernst Glaeser; *Krieg* (1928) und *Nachkrieg* (1930) von Ludwig Renn. In diesen Romanen gibt es keine Helden, sondern nur Opfer, die von falschen Parolen verführt worden sind. Die Linie dieser desillusionierenden Kriegsromane, oder besser: Antikriegsromane, die den Leser zu einem betroffenen Nachdenken zwangen, wurde nach dem zweiten Weltkrieg von Theodor Plievier (*Stalingrad*, 1945) und Alexander Kluge (*Schlachtbeschreibung*, 1964) fortgesetzt. Den größten internationalen Erfolg nach dem zweiten Weltkrieg hatte der Antikriegsroman *Die Nackten und die Toten* (1948) des amerikanischen Schriftstellers Norman Mailer.

Kriminalgeschichte, die

(lat. *criminalis*, Adjektiv zu *crimen*: Verbrechen, Beschuldigung)

Kriminalgeschichten kann man in zwei große Gruppen untergliedern, in Detektivgeschichten und in Verbrechens- oder Verbrechergeschichten. Bei den Detektivgeschichten ist die Hauptfigur meistens ein Detektiv oder Kommissar, der einen Fall zu lösen hat. Das Verbrechen ist bereist geschehen. Durch die Rekonstruktion des Tathergangs, durch die Suche nach den Hintergründen verfolgt der Detektiv die Spur des Täters und erhellt nacheinander Einzelheiten, bis er den Täter einwandfrei identifizieren und überführen kann. Das spannende Moment für den Leser ist die Art, wie der Detektiv den Fall angeht und löst. Um die Spannung bis zum Schluß durchzuhalten, werden bewußt falsche Fährten für den Leser gelegt. Die einen Detektivgeschichten betonen die reine Aktion, die Suche nach dem Täter; die anderen gehen auch auf die Hintergründe ein und werfen die Frage auf, wie es zu der Tat kommen konnte (z.B. die „Maigret"-Romane von Georges Simenon), ob der Täter nicht selbst ein Opfer war.
Bei den Verbrechens- oder Verbrechergeschichten sind die Tat, die Umstände der Tat, ihre Hintergründe und die Tatmotive, sowie der Charakter des Täters und das Verhalten der Umwelt wichtige Erzählmomente (z.B. Friedrich Schiller, *Der Verbrecher aus verlorener Ehre*, 1786; Annette von Droste-Hülshoff, *Die Judenbuche*, 1842). Auch wird das Verbrechen nicht immer aufgeklärt.
Beide Gruppen der Kriminalgeschichten – die Detektivgeschichte, in der eine der Erzählung vorausgehende Tat aufgedeckt wird; die Verbrechens- oder die Verbrechergeschichte, in der die Tat Bestandteil der Erzählung ist – sind nicht immer scharf zu trennen; sie gehen ineinander über. Solche Mischformen sind die Kriminalromane von Friedrich Dürrenmatt, *Der Richter und sein Henker*, 1952; *Der Verdacht*, 1953; *Das Versprechen*, 1958.
Die Detektivgeschichte mit dem erwarteten Ausgang, daß der Verbrecher immer gefaßt wird und die Tat immer gesühnt wird, gehört eigentlich in das Reich der Märchen. In dem Krimi-

nalroman *Das Versprechen*, den Dürrenmatt ein „Requiem auf den Kriminalroman" nennt, unterhält sich ein Polizeikommandant mit einem Kriminalschriftsteller. Er bemängelt, daß in diesen Geschichten die Verbrecher immer „ihre Strafe finden. Denn dieses schöne Märchen ist wohl moralisch notwendig. Es gehört zu den staatserhaltenden Lügen, wie etwa auch der fromme Spruch, das Verbrechen lohne sich nicht – wobei man doch nur die menschliche Gesellschaft zu betrachten braucht, um die Wahrheit über diesen Punkt zu erfahren –".

Kurzgeschichte, die

Die Kurzgeschichte ist zwar nicht ohne weiteres mit der amerikanischen *short story* gleichzusetzen, aber ihre Autoren übernahmen doch viele Anregungen. Besonders die unterkühlte Erzählhaltung und die sparsame Szenengestaltung in Ernest Hemingways Texten hatten auch für die deutsche Kurzgeschichte einen gewissen Vorbildcharakter. Kurz nach dem Zweiten Weltkrieg und in den fünfziger und sechziger Jahren gab es kaum jemand von literarischen Rang, der nicht auch Kurzgeschichten geschrieben hätte.

Die Kurzgeschichte läßt sich als Gattung nicht einheitlich beschreiben. Einen wichtigen Wesenszug sah Wolfdietrich Schnurre, einer ihrer frühen Vertreter, allerdings darin, daß sie einer „der sensibelsten Seismographen der sozialen, politischen und allgemein menschlichen Verhältnisse" war. Die Gemeinsamkeiten lägen daher „im Stofflichen: in der Überfülle an peinigenden Erlebnisse aus den Kriegsjahren. Schuld, Anklage, Verzweiflung – das drängte zur Aussage. Zu keiner ästhetisch verbrämten, auch zu keiner durchkomponierten oder gar episch gegliederten; nein: zu einer atemlos heruntergeschriebenen, keuchend kurzen, mißtrauisch kargen Mitteilungsform." Schnurre nannte die Kurzgeschichte „ein Stück herausgerissenes Leben"; ihre Stärke liege im Weglassen, ihr Kunstgriff sei die Untertreibung.

Als Annäherung drei Beispiele:

1. Wolfdietrich Schnurre, *Das Begräbnis* (entstanden 1946)
   „Von keinem geliebt, von keinem gehaßt, starb heute nach langem, mit himmlischer Geduld ertragenem Leiden: Gott." Diese Traueranzeige findet der Ich-Erzähler plötzlich auf seinem Tisch. Er geht zur Beerdigung. Unterwegs fragt er, ob die Nachricht vom Tode Gottes nicht schon in allen Medien verbreitet worden sei, aber niemand weiß etwas davon, niemand ist überrascht; man wundert sich eher, warum er nicht schon längst gestorben sei. Selbst der Pfarrer waltet routinemäßig seines Amtes. Am Ende steht kein Kommentar, kein Urteil. Jeder geht seiner Wege. Es war eine Beerdigung wie jede andere, – nichts Erwähnenswertes. Der Ich-Erzähler bleibt mit seiner Betroffenheit allein.

2. Elisabeth Langgässer, *Saisonbeginn* (erschienen 1947)
   Die Geschichte beginnt unverfänglich. Drei Arbeiter haben den Auftrag, vor dem Ort ein Schild aufzustellen. Landschaft und Ort muten wie eine Idylle an. Das Dorf ist für seine Gäste gerüstet. Nur letzte Vorkehrungen werden noch getroffen; zu ihnen gehört auch das Schild, dessen Aufschrift erst am Ende genannt wird. Alles freut sich auf die Saison. Nur die Aufzählung der Schilder macht stutzig; neben Verkehrs- und Hinweisschildern ist unvermittelt auch von der Inschrift am Kreuze die Rede. Das neue Schild wird schließlich neben dem Kreuz aufgestellt; seine Inschrift lautet: „In diesem Kurort sind Juden unerwünscht." Das zentrale Thema der Erzählung ist der Beginn der Judenverfolgung in den ersten Jahren des Dritten Reiches. Die kleine Kurgemeinde steht stellvertretend für die Ereignisse in Deutschland. Vom Schluß her wird deutlich, daß die Anspielungen auf Golgatha bewußt gesetzt sind. Die drei Arbeiter stellen nicht einen Pfosten mit einem Schild auf, sondern bereiten symbolisch (vgl. ↗Symbol) eine zweite Kreuzigung vor. Die genau beschriebene Szene wird zum Gleichnis.

3. Heinrich Böll, *Wanderer, kommst du nach Spa ...* (erschienen 1950)
   Ein schwerverwundeter Soldat wird in ein provisorisches Lazarett gebracht. Er kommt in ein Gebäude, das er auf einmal als sein altes Gymnasium wiedererkennt, aus dem er vor kurzem an die Front entlassen worden war. Auf dem Transport, durch Gänge und über Stiegen, zum Zeichensaal wird er durch die Büsten und Bilder an den Wänden vom „Großen Kurfürsten bis Hitler", durch das Nebeneinander von griechischer Heldenwelt, Preußischer Geschichte und nationalsozialistischem Germanenkult schlaglichtartig an den Mißbrauch der humanistischen Erziehungsziele erinnert. Dieser Abriß zur Geschichte einer verführten und mißbrauchten Jugend läuft ohne große Kommentare ab. Das Beobachtete selbst, die Widersprüche zwischen der Erinnerung an die Schule und der Kriegswirklichkeit sprechen für sich. Auf der Tafel im Zeichensaal steht noch der Anfang des sinnlos zu Schönschreibübungen benutzten Spruchs über die toten Spartaner am Thermopylen-Paß (480 vor Christus).

Einen Idealtyp der Kurzgeschichte gibt es nicht, aber man kann doch einige formale und inhaltliche Merkmale nennen, die immer wieder zu beobachten sind:

- Die Kurzgeschichte ist, wie schon der Name sagt, kurz. Sie kann in Zeitschriften und Wochenendbeilagen abgedruckt werden.
- Sie ist einsträngig (vgl. ↗Erzählstruktur) und entwickelt sich geradlinig.
- Sie beschränkt sich meistens auf ein einzelnes Ereignis oder Geschehen.
- Der Erzählstoff ist meistens aus der Gegenwart, und er scheint zunächst sehr alltäglich zu sein.
- Die Handlung beginnt unvermittelt und ohne eine ausführliche vorbereitende Einleitung.
- Auch der Schluß ist meistens offen, er verläuft sich. Es sei denn, die Erzählung ist bewußt auf eine Pointe ausgerichtet, wie in Langgässers *Saisonbeginn.*
- Der Erzähler – auch der Ich-Erzähler (vgl. ↗Erzählperspektive) – hält sich zurück; er kommentiert nicht, er berichtet.
- Die Sprache – Wortwahl und Syntax – ist von der Alltagssprache bestimmt; sie ist nüchtern.
- Aber: Vom Schluß her zeigt sich, daß die zunächst vielleicht alltägliche Szene über sich hinausweist. Das Erzählte, die einzelne Szene, kann schlaglichtartig ein ganzes Leben oder gesellschaftliche Zustände einfangen und charakterisieren.
- Obwohl meist geradlinig und mit Beschränkung auf das Wichtigste und ohne ausführliche Kommentare erzählt wird, hat sich in der kurzen Erzählphase vom Anfang bis zum Schluß doch einiges geändert. Das Erzählte erscheint in einem anderen Licht; es steht plötzlich in einem größeren Zusammenhang.
- Diesen größeren Zusammenhang muß aber der Leser selber erkennen, er muß mitdenken. So begreift er, daß in der Geschichte auch seine eigene Situation sich widerspiegeln kann, daß es – genau genommen – auch um ihn geht und um die Welt, in der er lebt.

Leitmotiv, das

(lat. – vgl. ↗Motiv)

Der Begriff ist aus der Musikwissenschaft übernommen. In der Musik bedeutet das Leitmotiv eine charakteristische, immer wiederkehrende Melodie, die ein Thema, eine Person oder einen Gegenstand kennzeichnet oder ankündigt. In der Literatur können wiederkehrende Wortfolgen, Bilder und Handlungen oder immer wiederkehrende Gestalten und Gegenstände (vgl. ↗Symbol), die größere Zusammenhänge herstellen, die vorausweisen oder zurückweisen, ein Leitmotiv sein:

- Theodor Storm, *Im Schloß* (1861)
  Anna, die Tochter eines standesbewußten Schloßherrn, fühlt sich von klein auf zum *Bildnis eines zwölfjährigen Knaben* hingezogen, der in ärmlichen Kleidern abseits von den

reichgekleideten Kindern abgebildet ist. Später wird ihr bewußt, daß es der Protest gegen den Standesdünkel des Vaters war, der sie immer wieder das Bild betrachten ließ. Am Schluß heiratet sie ihre Jugendliebe, einen Bauernsohn, der es durch Fleiß bis zum Professor gebracht hat.

- Wolfgang Borchert, *Schischyphusch* (1947)
  Der Onkel des Erzählers hat einen *Zungenfehler*, aber der Onkel macht sich nichts daraus. Ein schüchterner Kellner mit dem gleichen Zungenfehler – „Bitte schehr? Schie wünschen?" – leidet darunter; er hat den Spitznamen Schischyphusch. Nach einigen Mißverständnissen gelingt es dem Onkel, dem Kellner sein Selbstbewußtsein zurückzugeben.
- Alfred Andersch, *Sansibar oder Der letzte Grund* (1957)
  Kurz vor dem Zweiten Weltkrieg kreuzen sich die Wege von fünf Personen in einem kleinen Ostseestädtchen; sie wollen nach Schweden fliehen. In ↗Inneren Monologen artikulieren sie ihre persönlichen Vorstellungen von Freiheit. Für den Schiffsjungen verbindet sich die Sehnsucht nach Freiheit und Ferne mit der *Insel Sansibar*.

Memoiren

(franz. – Denkwürdigkeiten, Lebenserinnerungen)

Memoiren sind in Buchform veröffentlichte Lebenserinnerungen. Sie können das ganze Leben umfassen wie in der ↗Autobiographie oder sich auf einen wichtigen Lebensabschnitt beschränken. Auch ↗fiktionale Literatur kann in Form von Memoiren abgefaßt sein.

Monolog, der

(griech. – Rede einer einzelnen Person, Selbstgespräch)

Monolog meint ein Doppeltes: allein reden, mit sich selbst reden. Er ist zu unterscheiden vom Dialog: Zwiegespräch, Gespräch mit mehreren Teilnehmern.
Es gibt bestimmte Situationen, in denen einer allein redet und die andern schweigen und zuhören; z.B. wenn jemand einen Vortrag hält oder etwas erzählt. Das Publikum möchte informiert oder unterhalten werden. Es kann jemand aber seine Mitmenschen auch nerven, wenn er das Gespräch an sich reißt und niemand mehr zu Wort kommen läßt.
Das Selbstgespräch als reale Situation hat kein Publikum: jemand denkt über etwas nach und versucht, seine Gedanken für sich selbst auszuformulieren, bevor er sie zu Papier bringt, oder er vertraut seine Überlegungen und Beobachtungen einem ↗Tagebuch an.
In der Literatur ist der Monolog eine Sprechweise, die immer mit einem Publikum rechnet. Im Theater sind es die Zuschauer, in der erzählenden Literatur sind es die Leser. In der ↗Erzählprosa sind drei Formen des Selbstgesprächs zu finden:

- Der ↗Erzähler leitet das Selbstgespräch einer Gestalt ein mit Formulierungen wie „Sie sagte zu sich" – „Plötzlich brach es aus ihm heraus" – „Ihre Gedanken verliefen ungefähr in folgende Richtung" – „Er war sich unschlüssig, er überlegte". Der Monolog selbst kann in wörtlicher oder indirekter Rede wiedergegeben sein. Bei der wörtlichen Wiedergabe herrscht zwar die Ich-Form vor (Er sagte zu sich: „Was bin ich doch für ein Tor!"), aber das Gespräch mit sich selbst kann auch in der zweiten Person stattfinden (Er sagte zu sich :„Was bist du doch für ein Tor!"). In diesem Fall steht der Sprecher sich selbst gegenüber (Schein-Dialog).
- In der ↗Erlebten Rede berichtet der Erzähler, ohne sich durch eine Einleitung einzumischen, in der dritten Person und meistens im Präteritum, was in einer Person vorgeht, was sie denkt, was sie plant.
- Der ↗Innere Monolog ist eine unmittelbare Wiedergabe noch nicht ausformulierter Gedanken und Vorstellungen, sozusagen ein Einblick in die Gedankenwerkstatt eines Ich, das mit sich selbst spricht (unvollständiger Satzbau, Sprach- und Gedankenfetzen, Pausen).

Montage, die
(franz. – Zusammenbau)

In der Industrie und im Bauwesen ist die Montage der Zusammenbau angelieferter Fertigteile, aus denen dann ein Ganzes, eine Maschine, ein Auto oder ein Haus entsteht; die einzelnen Teile stammen von verschiedenen Zulieferern. Auch Filme entstehen aus einzelnen Szenen, Ausschnitten und Bildern, die jeweils gesondert und an verschiedenen Orten gedreht werden und erst am Schluß zu einer zusammenhängenden Handlung montiert werden. Die Montagetechnik im Film erlaubt Rückblenden oder das gleichzeitige (simultane) Nebeneinander verschiedener Einstellungen oder Handlungsorte.

Die Möglichkeit, mit verschiedenen Einstellungen, Ausschnitten und Materialien zu arbeiten, einen Text aus ganz verschiedenen Einzelteilen zu montieren, wurde auch in die Literatur übernommen. In dem Gedicht *Reklame* (1956) konfrontierte Ingeborg Bachmann im Zeilenwechsel ihren eigenen Text, die bange Frage nach dem Sinn des Lebens, mit den banalen Sprüchen der Werbung. Diese unvermittelte und kommentarlose Gegenüberstellung von ernsten Fragen und billigen Sprüchen entlarvt die Reklame, die auf billige Weise Wunschdenken befriedigt. Bertolt Brecht setzte in seinen Theaterstücken die Montagetechnik ein, um sein Publikum wachzurütteln; es sollte sich nicht genießerisch in den Sessel zurücklehnen und die Handlung auf der Bühne einfach über sich ergehen lassen. Im Dokumentartheater seit den sechziger Jahren – z.B. in Heiner Kipphardts Stück *In der Sache J. Robert Oppenheimer* – arbeiten die Autoren mit authentischem Material, mit Protokollen, Interviews, Filmdokumenten usw.

Seit dem Roman *Manhattan Transfer* (1925) des Amerikaners John Dos Passos und seit Döblins *Berlin Alexanderplatz* (1929) ist die Montagetechnik auch ein Darstellungsmittel der ↗Erzählprosa. Der Roman *Tauben im Gras* (1951) von Wolfgang Koeppen spielt kurz nach der Währungsreform, mit der in Deutschland das sogenannte Wirtschaftswunder der Nachkriegszeit begann. Der Roman hat keine durchgehende Handlung. Die strukturierende Einheit ist die Zeit. Aus über 100 kurzen Erzählabschnitten mit mehr als 30 Akteuren entsteht in der Chronologie eines einzigen Tages ein großflächiges Mosaik der Nachkriegszeit; scheinbar isolierte Einzelschicksale sind Teil der gesellschaftlichen Gesamtsituation. Diese Montagetechnik – der schnelle Szenenwechsel, das kurze Aufblenden, der ständige Perspektivenwechsel (vgl. ↗Erzählperspektive und ↗Erzählstruktur), der Einbau von plakativen Schlagzeilen und aktuellen Nachrichten – d.h. die ständige Durchbrechung des ↗fiktionalen Erzählcharakters und die Konfrontation des Erzählten mit der zeitgeschichtlichen Wirklichkeit weist auf Döblin und Brecht zurück.
Durch die Montagetechnik kann der Erzählgegenstand aus ganz verschiedenen Richtungen beleuchtet werden. Die Montagetechnik hebt die Illusion auf, daß ein geschlossenes und abgeschlossenes Geschehen erzählt werde; sie zieht Verbindungen zur außerliterarischen Wirklichkeit, zur Wirklichkeit des Lesers; – und sie zwingt ihn, selbst den inneren Zusammenhang der montierten Teile zu finden und zu interpretieren.

Motiv, das
(lat. – Beweggrund, Antrieb)

Das Motiv meint in der Literatur eine Grundsituation oder ein Grundmodell, das Aufbau und Handlungsverlauf eines einzelnen Werkes bestimmt, aber auch in anderen Werken auftaucht; z.B. Freundestreue, die auf die Probe gestellt wird (Schiller, *Die Bürgschaft*, 1798; C.F. Meyer, *Das Amulett*, 1873). Die Grundsituation oder das Grundmodell ist der gedachte (abstrakte) Kern, der in den einzelnen Werken sehr unterschiedlich ausgestaltet werden kann (Personen, Zeit, Umstände). Es gibt zwei Gruppen:

- Handlungs- (Situations-) Motive:
  Eine Frau, die aus ihrem Rollenalltag ausbricht, um ihr eigenes Leben zu leben (Brecht, *Die unwürdige Greisin*, 1939; Christa Wolf, *Nachdenken über Christa T.*, 1968). – Vater-Sohn-Konflikt (Theodor Storm, *Hans und Heinz Kirch*, 1883; Franz Kafka, *Das Urteil*, 1913).

- Charakter- (Typen-) Motive:
  Gesellschaftliche Außenseiter (Marieluise Fleißer, *Fegefeuer in Ingolstadt*, 1926; Heinrich Böll, *Ansichten eines Clowns*, 1963; Ulrich Plenzdorf, *Die neuen Leiden des jungen W.*, 1972). – Künstlerexistenzen (Eduard Mörike, *Mozart auf der Reise nach Prag*, 1855; Gerhart Hauptmann, *Michael Kramer*, 1900; Thomas Mann, *Tonio Kröger*, 1903).

Novelle, die

(ital. – Neuigkeit)

Bei der Novelle ist es wie bei der ↗Kurzgeschichte; sie ist eine Gattung der ↗Erzählprosa. Was aber ihre wesentlichen Merkmale sind, läßt sich nur annäherungsweise skizzieren; denn im Einzelfall zeigt sich die Ausnahme vom Katalog der Merkmale. Ihren Höhepunkt hatte sie in Deutschland während des 19. Jahrhunderts.
Als „Väter“ der Novelle gelten der Italiener Boccaccio (*Das Dekameron*, um 1350) und der Spanier Cervantes (*Exemplarische Novellen*, 1613). Beider Namen stehen auch für eine erste Unterscheidung zwischen Handlungsnovellen (Boccaccio) und Charakternovellen (Cervantes). Goethe nannte die Novelle „eine sich ereignete, unerhörte Begebenheit“; d.h. die Handlung konzentriert sich meistens auf einen Einzelfall, der ungewöhnlich und deshalb als „Neuigkeit“ erwähnenswert ist. Dieses bestimmte Ereignis nimmt meistens eine ungewöhnliche Wende.

- In der Novelle treten Personen auf, die sich in einer schwierigen oder entscheidenden Situation befinden, die in einen Konflikt verwickelt sind, der ihnen unlösbar zu sein scheint: Der Schneider Wenzel in Gottfried Kellers Novelle *Kleider machen Leute* (1874) wird fälschlicherweise für einen Grafen gehalten. Am Anfang will er noch heimlich verschwinden, dann macht er mit und weiß nicht mehr, wie er aus der Sache herauskommen kann.
- Der Konflikt kann in einem einzigen Ereignis zusammengefaßt sein oder über mehrere Etappen laufen.
  Ein bestimmtes Ereignis: In Eduard Mörikes Novelle *Mozart auf der Reise nach Prag* (1855) spielt Mozart in einer Abendgesellschaft die letzten Stücke aus der Partitur seines *Don Giovanni*. Der Untergang des Helden, der Natur und Gesellschaft trotzen wollte, weckt in Mozart plötzlich die Ahnung seines eigenen frühen Todes.
  Eine Ereignisfolge über mehrere Stufen: Annette von Droste Hülshoff zeichnet in der Novelle *Die Judenbuche* (1842) die Lebensgeschichte des Friedrich Mergel in den wichtigsten Ausschnitten nach. Sie zeigt, wie auch die Gesellschaft eine Mitschuld an dem Mord hat, den Mergel schließlich begeht.
- Novellistisches Erzählen zielt auf einen Höhepunkt, auf einen ↗Wendepunkt; z.B. der Tod des Sohnes und der ausbrechende Wahnsinn des Vaters in Gerhart Hauptmanns *Bahnwärter Thiel* (1888) oder der plötzliche Abbruch einer Schachpartie unter der Last schrecklicher Erinnerungen in Stefan Zweigs *Schachnovelle* (1941).
- Der Höhepunkt oder Wendepunkt kann durch Dingsymbole (vgl. ↗Symbol) vorbereitet und augenfällig gemacht werden. Berühmt ist der ↗Falke aus einer Novelle des Boccaccio: Ein junger Ritter setzt seiner angebeteten Dame als Zeichen seiner Liebe das Letzte und Liebste, was er noch hat, einen Falken vor. Da erkennt die Dame, wie sehr er sie liebt, und heiratet ihn. – Ein solcher „Falke“ ist auch der Brief Heinz Kirchs an seinen Vater (Storm, *Hans und Heinz Kirch*, 1883). Der Vater verweigert die Annahme des Briefes,

weil er nicht richtig frankiert ist. Damit ist die Trennung zwischen Vater und Sohn endgültig beschlossen.

- In der Novelle wird nicht breit ausladend erzählt, sondern mit Blick auf das Wichtigste. Die Novelle steht dem Drama näher als dem ↗Roman; sie hat eine klare Szeneneinteilung; das Geschehen kann sich dramatisch zuspitzen.

Phantastische Literatur

(griech. – unwirklich, aus dem freien Spiel der Phantasie entstanden)

Die phantastische Literatur hält sich nicht an die Gesetze der Wirklichkeit oder Wahrscheinlichkeit. In ihr sind – wie schon im Märchen oder in der Sage – die Grenzen zwischen der erfahrenen Wirklichkeit und dem Wunderbaren oder Unwirklichen aufgehoben; Wunder und Wirklichkeit gehen ineinander über, sie bilden eine neue, eine phantastische Welt. Diese Welt kann in der Vergangenheit, in der Gegenwart, in der Zukunft und außerhalb unserer Zeitrechnung angesiedelt sein. Der englische Schriftsteller John R.R. Tolkien hat in seinem Werk *Der Herr der Ringe* (1954 ff.) eine phantastische Welt im Reich der Mythen und Sagen entworfen. Michael Ende hat in seiner *Unendlichen Geschichte* (1979) die Zeitbezüge und das Wechselspiel zwischen Wirklichkeit und Traum aufgehoben. Aber: Inhalt und Aussage dieser Texte stehen nicht außerhalb der Erfahrungswelt. In diesen phantastischen Handlungen werden Ängste, Konflikte und Sehnsüchte der Gegenwart verarbeitet; z.B. in Franz Kafkas Erzählung *Die Verwandlung* (1915) der verzweifelte Wunsch nach Mitmenschlichkeit, dargestellt an Gregor Samsas plötzlicher Verwandlung in ein ungeliebtes Ungeziefer.

Rahmenerzählung, die

Boccaccio, *Das Dekameron*, 1350: In Florenz wütet 1348 die Pest. Eine Gruppe von sieben jungen Damen und drei jungen Herren flieht vor der Pest auf das Land. Um sich den Tageslauf sinnvoll zu gestalten, erzählen sie sich über 10 Tage zu jeweils festgelegten Themen insgesamt 100 Geschichten.

Goethe, *Unterhaltungen deutscher Ausgewanderten*, 1795: Eine deutsche Adelsfamilie flieht vor den Truppen der französischen Revolutionsregierung auf ihre rechtsrheinischen Besitzungen. In Gesprächen werden die unterschiedlichen Einstellungen zu den Revolutionsereignissen deutlich. Um die Gemüter zu beruhigen, schlägt die Baronin vor, statt sich zu streiten sich lieber gegenseitig Geschichten zu erzählen: „Lassen Sie uns wenigstens an der Form sehen, daß wir in guter Gesellschaft sind."

In diesen beiden Beispielen sind die einzelnen Geschichten in eine Rahmenerzählung oder Rahmenhandlung eingebettet; es sind Geschichten in einer Geschichte. Die ↗Erzählperspektive ist doppelt abgestuft; es gibt einen Erzähler für das ganze Werk – und darin wieder mehrere Erzählerinnen und Erzähler, die jeweils für ihre Geschichte verantwortlich sind.

Neben dieser Form der Rahmenerzählung, die einen ganzen Erzählzyklus umfaßt, gibt es auch die Form der Rahmenerzählung für nur eine ↗Erzählung (vgl. auch ↗Novelle und ↗Roman).

Theodor Storm, *Aquis submersus*, 1876: Der Ich-Erzähler war schon als Schüler von einem barocken Kirchenbild mit einer rätselhaften Inschrift fasziniert. Nach Jahren entdeckt er vergilbte Blätter; in ihnen steht die Geschichte, die diesem Gemälde zugrundeliegt, von einem der Beteiligten selbst erzählt. Die Berufung auf eine Chronik, auf alte Akten oder Aufzeichnungen, die man gefunden habe, soll für die Glaubwürdigkeit des Erzählten werben. In Wirklichkeit ist die Rahmenerzählung natürlich genauso erfunden (vgl. ↗fiktional) wie die Binnenerzählung.

Thomas Mann, *Doktor Faustus*, 1947: Die Geschichte des Tonsetzers Adrian Leverkühn wird von seinem Freund, dem Gymnasialprofessor Dr. Serenus Zeitblom erzählt. Leverkühn war

1940 gestorben. Zeitblom endet seinen Bericht fünf Jahre später in den Wirren der letzten Kriegstage. So überlagern sich zwei zeitlich verschobene Erfahrungsebenen. Dazu kommt noch, daß Zeitblom die Biographie seines Freundes aus seiner Perspektive darstellt und beurteilt. Der Autor als der eigentlich Verantwortliche für die Erzählung zieht sich hinter einen dazwischengeschalteten ↗Erzähler zurück. Es sind im Grunde zwei Geschichten, die erzählt werden: 1. die Geschichte des Tonsetzers Leverkühn und 2. die Geschichte der Niederschrift dieser Biographie durch den Freund.

Robinsonade, die

Die Bezeichnung geht auf den Roman *Robinson Crusoe* (1719) von Daniel Defoe zurück. Diese Geschichte eines Abenteurers (vgl. ↗Abenteuerroman), der nach einem Schiffbruch 28 Jahre auf einer einsamen Insel verbringen mußte, bis ihn ein englisches Schiff wieder in die Heimat brachte, wurde zum Erfolgsmuster vieler Romane des 18. Jahrhunderts. Sie werden unter dem Begriff Robinsonaden zusammengefaßt.

Robinson mußte sich auf der Insel einrichten, um zu überleben; er mußte praktisch den Zivilisationsprozeß der Menschheit für sich wiederholen. Dies war aber auch die Chance, es besser zu machen. Vor allem dieser Gedanke, auf einer Insel fernab von der geschichtlichen und gesellschaftlichen Wirklichkeit (vgl. ↗Utopie) das Experiment einer besseren Welt zu wagen oder durchzuspielen, wurde zum wichtigsten Inhalt der Robinsonaden. Das bekannteste Beispiel in der deutschen Literatur ist die *Insel Felsenburg* (1731 ff.) von Johann Gottfried Schnabel. Zu diesem Experiment mußten aber mehrere Menschen auf die Insel verschlagen werden, um eine Gemeinschaft zu bilden. Eine literarische Vorlage zu dieser personellen Erweiterung war der Roman *Utopia* (1516) von Thomas Morus, der schon 200 Jahre früher entstanden war.

Roman, der

(altfranz. – ein Text in einer romanischen Sprache)

Das Latein war bis in das späte Mittelalter die offizielle Sprache der gelehrten Welt, obwohl sich in den ehemaligen Kolonien des antiken Imperium Romanum aus der Sprache der Eroberer im Lauf von Jahrhunderten eigene romanische Dialekte und schließlich Sprachen wie das Spanische oder Französische entwickelt haben. So meinte die Bezeichnung, daß etwas in der *lingua romana* geschrieben sei, zunächst einfach, daß es nicht in Latein geschrieben sei, sondern in der Volkssprache. Im literarischen Bereich war „Roman" bis ins 13. Jahrhundert eine Sammelbezeichnung für alle größeren ↗Erzählungen zunächst in Versform, dann auch in Prosa. Seit dem 14. Jahrhundert sind dann nur noch erzählende Prosatexte größeren Umfangs, d.h. Romane im heutigen Sinne, gemeint.

Der Roman stand zwar lange im Schatten der Verserzählung (vgl. ↗Epos und ↗Höfischer Roman), aber er hatte auch schon im Altertum (Heliodor, *Äthiopische Geschichten*) sein Publikum. In Deutschland begann seine Geschichte im Spätmittelalter mit den Prosabearbeitungen der höfischen Epen; es entstanden auch erste originale Prosaromane. Im 17. Jahrhundert verdrängte er endgültig das Versepos und gehört seitdem – neben der Lyrik und der Dramatik – zu den drei literarischen Grundgattungen.

Der Roman ist weder inhaltlich noch strukturell einheitlich zu bestimmen; denn er steht allen Themen und allen Möglichkeiten literarischer Gestaltung offen. Ein wichtiges Merkmal ist – mit Blick auf seine Geschichte – sicherlich die Erweiterung des gesamtgesellschaftlichen Panoramas. Im Unterschied zu antiken und mittelalterlichen Heldenepen stellt er nicht nur die Geschichte der „Großen" dar; sein Stoff und seine Gestalten kommen aus allen Schichten. Es werden nicht nur große staatspolitische Ereignisse erzählt, sondern auch ganz Privates; nicht nur große Gestalten ziehen vor dem Leser vorbei, sondern auch Leute, in denen und in deren Problemen er sich wiedererkennen kann; der Erzählstoff kann weit in die Geschichte zurückreichen, er kann aber auch aus der unmittelbaren Gegenwart stammen. Das, was erzählt wird, kann vielschichtig sein, über mehrere Handlungsstränge laufen, im ständigen Wechsel ganz verschiedener Perspektiven (vgl. ↗Erzählperspektive) wiedergegeben werden und nach einer eigenen Zeiteinteilung angeordnet sein (vgl. ↗Erzählstruktur und ↗Erzählzeit). Deshalb heben alle Untergliederungen zur Gattung „Roman" jeweils nur bestimmte, im Einzelfall vorherrschende Besonderheiten (Handlung, Gestalten, gesellschaftlicher Ort usw.) hervor.

Satirischer Roman

(lat. – Satire: eine mit verschiedenen Früchten gefüllte Schüssel)

Die satirische Darstellungsweise ist in allen literarischen Gattungen zu finden. Sie entlarvt und verspottet Mißstände, Fehler und Fehlverhalten. Ihre Mittel sind die Übertreibung und die Verzerrung des Geschilderten bis ins Gegenteil. Sie will aber nicht einfach nur verspotten, die Kritik soll auch helfen oder zumindest zum Nachdenken anregen.
Von einem satirischen Roman kann man sprechen, wenn ein überliefertes Erzählmuster und die inhaltliche Erwartung, die damit verbunden wird, nur als Vorwand dienen, in Wirklichkeit aber etwas ganz anderes gemeint ist. So hat der Spanier Miguel Cervantes mit seinem *Don Quijote* (1605–1615) der Form nach zwar einen Ritterroman geschrieben, wie sie zu seiner Zeit in ganz Europa sehr beliebt waren. In Wirklichkeit schrieb er aber einen Roman gegen diese literarische Mode. Sein Held verliert in der Begeisterung für die Ritterromane den Verstand; er will selbst wie ein edler Ritter in die Welt ziehen und große Taten vollbringen, aber er scheitert jämmerlich – und mit ihm auch, durch die satirische Verzerrung oder Umkehrung, das ganze Programm dieser ritterlichen Scheinwelt. – *Der Untertan* (1916) von Heinrich Mann gehört der Form nach in die Reihe der ↗Bildungsromane. Nur daß Heinrich Mann hier in der Lebensgeschichte seines Helden Diederich Heßling statt einer Persönlichkeitsentwicklung durch Bildung den Prozeß einer bedingungslosen Unterwerfung in satirischer Übertreibung nachzeichnet: Heßling, ein eher belangloser Zeitgenosse, möchte – im Rahmen seiner Möglichkeiten – ein würdiger Untertan seines Kaisers werden; er ist ein Paradebeispiel für einen Untertanengeist, der nach oben buckelt und nach unten tritt.

Schelmenroman, der

Schelm nannte man im frühen Mittelalter einen schlimmen Bösewicht und einen gefährlichen Unruhestifter; im weiteren Verlauf der Geschichte hat sich diese Wortbedeutung allerdings „entschärft". Der Schelm wurde sogar zu einem Zeitgenossen, der auf die Sympathie seiner Leser hoffen durfte. Er stand nicht auf der Sonnenseite des Lebens; mittellos und ohne fremde Hilfe, mußte er sich auf eigene Faust – wenn auch mit kleinen Betrügereien und Tricks – durchs Leben bringen: er wurde zum phantasiereichen Überlebenskünstler, der die gesellschaftlichen Spielregeln auf seine Weise – d.h. nicht immer genau nach dem Gesetzestext, aber mit einem sehr genauen Blick auf das Wechselverhältnis zwischen Anspruch und Wirklichkeit – für seine alltäglichen Bedürfnisse „ausprobierte". So wurde die Lebensgeschichte des Schelms zu einem zeitkritischen, oft satirischen (vgl. ↗satirischer Roman) Panorama aus der Perspektive „von unten".

Das Erzählmuster des Schelmenromans kommt aus Spanien. Die großen Vorbilder sind *Lazarillo de Tormes* (1554) von einem unbekannten Autor und *Guzmán de Alfarache* (1599 und 1604) von Mateo Alemán. Bestimmte formale und inhaltliche Merkmale dieser beiden Werke tauchen auch in den meisten späteren Schelmenromanen wieder auf:

- Der Schelm ist sein eigener ↗Erzähler. Er erzählt sein Leben in der Ich-Form (vgl. ↗Ich-Erzählung).

- Er erzählt sein Leben rückblickend aus der Warte eines weise gewordenen Beobachters, der die Wechselfälle des Lebens hinter sich hat, der für seine Fehler gebüßt hat, der seine eigene Lebensgeschichte anderen zur Warnung und Erbauung erzählt. Meist bleibt aber ein kritischer Bodensatz; die Welt ist nicht so, wie sie sein soll, und der Schelm ist oft nur ein Opfer der widersprüchlichen Umstände, die er entlarvt.
- Die Lebensgeschichte wird linear erzählt. Sie beginnt mit der Geschichte der Eltern und den frühen widrigen Lebensumständen, die ihn prägten und vorbelasteten. Meist aus Not verläßt er das Elternhaus und will sich auf eigene Faust durchschlagen. Bald erkennt er, daß er in der ihm feindlichen Welt allein steht. Er verdingt sich nacheinander bei mehreren Herren aus allen Gesellschaftsschichten, bis er deren kleine und große Betrügereien durchschaut und auf „eigene Rechnung" zu leben beginnt. Da er es mit Recht und Gesetz nicht so genau nimmt – wie er es eben bei seinen Herren gelernt hat – landet er schließlich entweder im Gefängnis oder zieht sich aus der Welt zurück. Als so „Geläuterter" läßt er sein Leben nochmals Revue passieren.

Deutliche Spuren dieses Grundmusters finden sich im *Simplicissimus* (1668) von Hans Jakob Christoffel von Grimmelshausen, aber auch in Schelmenromanen aus dem 20. Jahrhundert, z.B. in Thomas Manns satirischem Roman *Bekenntnisse des Hochstaplers Felix Krull* (1954) und in der *Blechtrommel* (1959) von Günter Grass.

Schlüsselroman, der

Der Schlüsselroman ist eine „verschlüsselte" Darstellung von Personen, die wirklich gelebt haben, oder von Ereignissen, die tatsächlich stattgefunden haben. Um der Zensur oder staatlichen Maßnahmen zu entgehen, verfremdet der Autor die Namen seiner Gestalten und die zeitlichen und örtlichen Umstände; er fügt aber doch genügend Anspielungen ein, damit der Leser die verfremdete Szene wieder „entschlüsseln" kann und weiß, worum es sich handelt. Ernst Jünger entwarf in seinem Roman *Auf den Marmorklippen* (1939) eine vermeintlich unverfängliche Geschichte. Die friedliebenden Uferleute werden vom Oberförster bedroht, der mit seiner marodierenden Bande im Wald lebt. Die Uferleute unterliegen, ihre Stätten werden niedergebrannt. Sie ziehen in ein anderes Land, wo man sie freundlich aufnimmt. Parallelen zu Ereignissen im Dritten Reich drängen sich nicht nur auf, was das Gesamtkonzept betrifft; auch Einzelheiten, wie die Folterlager oder innere Führungskämpfe unter den Waldleuten, geben leicht aufschlüsselbare Hinweise. In dieser Verfremdung konnte die kritische Auseinandersetzung mit dem Nationalsozialismus erscheinen. In direkter Form wäre es unmöglich gewesen; der Autor hätte um sein Leben bangen müssen. – Ein anderes Beispiel: In Klaus Manns *Mephisto* (1936), dem „Roman einer Karriere", wird die Geschichte eines großen Schauspielers erzählt, der sich von den nationalsozialistischen Machthabern hofieren ließ. Der Streit um das Buch hat in den sechziger Jahren sogar die Gerichte beschäftigt, weil man glaubte, in der Titelfigur einen bekannten Schauspieler wiederzuerkennen.

Science-fiction, die
(engl. – wissenschaftlich-technische Phantasie-Erzählung)

Unter dieser Bezeichnung werden ↗Romane, ↗Erzählungen oder kombinierte Bild-Text-Geschichten zusammengefaßt,

- die noch nicht verwirklichte, aber denkbare technische Möglichkeiten vorwegnehmen (Jules Verne, *Von der Erde zum Mond*, 1865),
- die ohne Rücksicht auf die tatsächliche und mögliche Wirklichkeit eine phantastische Welt (vgl. ↗Phantastische Literatur) des technischen Fortschritts im Rahmen einer Handlung entwerfen (*Perry Rhodan*-Serie seit 1961).

Daher ist zu unterscheiden zwischen der ernst zu nehmenden Science-fiction-Literatur, die sich mit dem beschäftigt, was eines Tages Wirklichkeit sein könnte, und der trivialen (vgl. ↗Trivialliteratur) Science-fiction-Literatur, die sich weniger um die zukünftigen wissenschaftlich-technischen Möglichkeiten und die damit verbundenen gesellschaftlichen und ökologischen (die Umwelt betreffenden) Veränderungen kümmert, sondern einfach auf „action“ aus ist (vgl. auch ↗Utopie).

Sozialer Roman

(lat. – auf die Gesellschaft bezogen)

Die industrielle Revolution im 19. Jahrhundert hat die Gesellschaft verändert. Traditionell gewachsene Strukturen lösten sich auf. In den Städten, in den industriellen Ballungszentren, entstand eine neue soziale Schicht, das Proletariat. Dies war auch ein neues Thema für die Literatur: die Arbeitswelt der modernen Industriegesellschaft und die damit verbundenen gesellschaftlichen Umschichtungen. In diesem Sinne ist der Begriff „Sozialer Roman“ (oder generell „Soziale Dichtung“) zu verstehen; man könnte auch vom Großstadtroman sprechen. Beispiele dafür sind *Berlin Alexanderplatz* (1929) von Alfred Döblin oder *Kleiner Mann, was nun?* (1932) von Hans Fallada. In der 1961 gegründeten *Gruppe 61* und im *Werkkreis Literatur der Arbeitswelt* schlossen sich Autoren zusammen, die ihre Erfahrungen aus der Arbeitswelt literarisch gestalten und verarbeiten wollten. Einer der Initiatoren war Max von der Grün (*Irrlicht und Feuer*, 1963).
Vom sozialen Roman oder von der sozialen Dichtung ist begrifflich die „sozialistische“ Literatur zu unterscheiden. Sie war keine literarische Milieustudie, die neue Erfahrungsbereiche darstellte; vielmehr unterwarf sie ihre Beobachtungen den Leitideen des Marxismus-Leninismus: die Wirklichkeit hatte sich nach der Idee zu richten – und nicht umgekehrt.

Staatsroman, der

Staatsromane sind zunächst die großen Staatsutopien (vgl. ↗Utopie) seit der *Politeia* des griechischen Philosophen Platon. Es sind Entwürfe einer idealen Staatsverfassung in Romanform (vgl. ↗Roman), d.h. die Erörterungen über die Staatsverfassung sind meistens in einen Erzählrahmen eingefügt. Dann aber wird der Begriff auch für die barocken Großromane des 17. Jahrhunderts verwendet. In diesen Romanen wird eine feudal-absolutistische Gesamtordnung dargestellt, deren Repräsentanten die Fürsten sind. Die Geschicke der Staaten hängen von den Fürstenhäusern ab. Nach vielfältigen Verwicklungen und Versuchungen tritt der Held seine Herrschaft zum Segen seiner Untertanen an. Diese Romane, mehrbändige Fortsetzungswerke, sind heute vergessen, vielleicht bis auf *Die asiatische Banise* (1689) von Heinrich Anshelm von Zigler und Kliphausen, mit rund 500 Seiten der kleinste dieser Gattung.

Symbol, das

(griech. – Merkmal, Wiedererkennungszeichen)

Ein Symbol besteht als Wiedererkennungszeichen aus zwei Teilen, die zusammenpassen müssen – wie zwei Teile eines zerbrochenen Ringes oder Geldstücks. Der eine Teil des Symbols ist ein Bild, etwas Anschauliches oder Vorstellbares. Seinen Sinn, seine Bedeutung erhält dieses Bild aber erst, wenn es auf etwas bezogen wird, das es verdeutlichen oder erklären soll. Dieser andere Teil ist ein Gedanke oder eine Aussage, die durch das Bild „versinnlicht“ wird. Das Symbol weist über sich hinaus, es ist mehr als das nur Dargestellte. Der ↗Falke in Boccaccios Novelle steht für die bedingungslose Liebe. Die Buche in der *Judenbuche* (1842) von Annette von Droste-Hülshoff ist ein Zeichen der sühnenden Gerechtigkeit. *Die Waage der Baleks* (1961) in der gleichnamigen Kurzgeschichte von Heinrich Böll läßt mit ihren falschen Gewichten das Unrecht an den Dorfarbeitern erkennen (vgl. auch ↗Leitmotiv, ↗Motiv).

Tagebuch, das

Das Tagebuch ist eine chronologisch geordnete Sammlung von Aufzeichnungen über Eindrücke, Erlebnisse, Ereignisse, Beobachtungen und anderes mehr. Die einzelnen Eintragungen haben jeweils ein Datum; sie sind fast immer in der Ich-Form geschrieben. Tagebücher können nur für die eigene Erinnerung, für den eigenen Gebrauch geschrieben sein. Sie können aber von Anfang an auch für eine spätere Veröffentlichung konzipiert sein; dann sind sie nicht nur Selbstgespräche, dann haben sie den Leser als Adressaten. Beispiele dafür sind die Tagebücher von Friedrich Hebbel, Thomas Mann oder Max Frisch. Tagebücher als eine Erzählform (vgl. auch ↗Autobiographie, ↗Chronik, ↗Memoiren) sehr persönlicher Art können schließlich auch Bestandteil literarischer Erzähltexte (vgl. ↗Ich-Erzählung) sein: Johann Wolfgang Goethe, *Die Wahlverwandschaften*, 1809; Wilhelm Raabe, *Die Chronik der Sperlingsgasse*, 1856; Max Frisch, *Stiller*, 1954.

Trivialliteratur, die

(lat. und franz. – am Kreuzungspunkt dreier Wege gelegen, breit ausgetreten, abgedroschen)

Trivial nennt man Texte, die ohne besonderen literarischen Anspruch meist serienmäßig produziert werden, die sich an Gemeinplätze halten und wenig oder gar keine Anregung zu kritischem Nachdenken bieten, die oft sogar billige Vorurteile und ein simples Schwarz-Weiß-Schema an den Leser weitergeben. Es wäre aber zu einfach, die Trivialliteratur mit den Groschenromanen und den nach jeweils gleichem Muster „gestrickten" Serien über Ärzte, Landser, Abenteurer usw. ausschließlich gleichzusetzen; Trivialität kann man durchaus auch in der sogenannten „hohen" Literatur finden. Trivialität ist eine unkritische Erzählhaltung, die sich mit einfachen Lösungsmustern begnügt, die – wie das Wort schon sagt – auf breit ausgetretenen Bahnen verläuft.

Unterhaltungsliteratur, die

Es ist wichtig, zwischen ↗Trivialliteratur und Unterhaltungsliteratur zu unterscheiden. Unterhaltungsliteratur braucht nicht trivial zu sein. Unbeschwerte Heiterkeit, Witz, Spannung usw. sind auch literarische Qualitäten. Von dem römischen Dichter Horaz stammt der Satz: „Die Dichter, sie wollen nützen oder erfreuen oder zugleich das Angenehme mit dem Angemessenen verbinden." Unterhaltung kann auch anspruchsvoll sein. Auf dem Theater werden Tragödien und Komödien gespielt; beides ist Dichtung. Gleiches gilt für die ↗Erzählprosa. Das oft genannte Kriterium der hohen Auflagen ist kein notwendiges Merkmal für die Unterhaltungsliteratur. Was würdet ihr zur Entspannung als Lektüre in die Ferien mitnehmen? Die Antworten werden vielfältig sein, je nach den individuellen Interessen und Vorlieben.

Utopie, die

(griech. – Nirgendsland)

Thomas Morus nannte 1516 seinen Bericht von einem idealen Staatsgebilde auf einer fernen Insel *Utopia* (Nirgendsland). Schon der Name sagt, daß dieser ideale Staat nur als Wunschvorstellung in der Phantasie des Autors existierte. Thomas Morus war nicht der erste, der einen utopischen ↗Staatsroman schrieb, aber er gab der Gattung den Namen. Eine Variante des utopischen Romans ist die ↗Robinsonade, die auf Daniel Defoes *Robinson Crusoe* (1719) zurückgeht. Auch hier wird das positive Gegenbild zur zeitgenössischen Wirklichkeit auf eine ferne, nicht näher lokalisierbare Insel verlegt. In der Abgeschlossenheit der Insel, unberührt von den Machtkämpfen im alten Europa, entwickelt sich eine neue, gerechtere Gemeinschaft.

Die Insel-Utopie war eine räumliche Alternative zur gesellschaftlichen Wirklichkeit – und zugleich auch das positive Gegenbild zu den herrschenden Verhältnissen. All diesen Entwürfen lag der Optimismus zugrunde, daß das Ideal wenigstens teilweise verwirklicht werden könnte. Eine andere Art der utopischen Verfremdung ist der Vorgriff auf eine ferne Zukunft. Diesmal aber nicht mehr, um eine bessere Welt vorwegzunehmen, sondern um vor den Entwicklungen zu warnen, die der ungehemmte Fortschrittsglaube der modernen Industriegesellschaft in sich birgt. In diesen utopischen Romanen wurden die negativen Entwicklungen in die Katastrophe (Totalitarismus, Zerstörung der Lebenswelt) zuende gedacht. Das utopische Endprodukt wurde nicht – wie in den alten Insel-Utopien – als Hoffnung auf eine bessere Welt, sondern als Angstvision beschrieben, die es zu verhindern galt. Das berühmteste Beispiel für diese Angst-Utopien vor zukünftigen Entwicklungen ist *1984* (1949) von George Orwell. Durch die geschichtliche Zeit ist es bereits eingeholt und in Einzelheiten durch die Wirklichkeit übertroffen. Diese negativen Utopien nennt man nach einem griechischen Kunstwort auch „Mätopien", d.h. Erwartungen, die nirgends Wirklichkeit werden sollen. Diese Mätopien (Walter Jens, *Nein – Die Welt der Angeklagten*, 1950) haben die traditionellen Utopien, die Hoffnung auf eine bessere Welt, verdrängt.

Wendepunkt, der

Der Wendepunkt ist die Stelle in einer ↗Erzählung oder in einem Drama, an der die Geschichte oder die Handlung eine entscheidende Wende nimmt, entweder zum glücklichen Ausgang oder zur Katastrophe. Dieser Wendepunkt kann durch das Ereignis selbst bedingt sein oder durch den Charakter der an dem Geschehen beteiligten Personen. In Gottfried Kellers Novelle *Kleider machen Leute* (1874) ist die entscheidende Wende Wenzels Entlarvung durch die Seldwyler während eines Maskenfestes. In Theodor Storms Novelle *Hans und Heinz Kirch* (1883) weigert sich der Vater, einen ungenügend frankierten Brief des Sohnes anzunehmen, und besiegelt damit endgültig die Trennung.

Zeitroman, der

Im Zeitroman werden keine historischen Ereignisse (vgl. ↗Historischer Roman) nacherzählt, sondern aktuelle Zeitereignisse kritisch untersucht, ähnlich wie im ↗Gesellschaftsroman. Der Autor setzt sich engagiert mit seiner Zeit auseinander. Beispiele für Zeitromane nach 1945 sind *Das Treibhaus* (1953) von Wolfgang Koeppen, *Halbzeit* (1960) von Martin Walser und *Ansichten eines Clowns* (1963) von Heinrich Böll.

Quellenverzeichnis

S. 16–17: Ursula Wölfel, *Hannes fehlt* aus: dies., *Die grauen und die grünen Felder*, Anrich Verlag, Mülheim a.d. Ruhr 1970, S. 29–31; S. 20–23: Peter Härtling, *Die Möhre* aus: Hans-Joachim Gelberg (Hg.), *Geh und spiel mit dem Riesen. Erstes Jahrbuch der Kinderliteratur*, Verlag Beltz und Gelberg, Weinheim und Basel 1971, S. 319–320; S. 26–27: Peter Bichsel, *Die Tochter* aus: ders., *Eigentlich möchte Frau Blum den Milchmann kennenlernen*, Walter Verlag, Olten 1964, S. 55–57; S. 31–32: Franz Kafka, *Der Nachbar* aus: ders., *Die Erzählungen*, S. Fischer Verlag, Frankfurt 1961, S. 293–94; S. 41: Paul Watzlawick, *Die Geschichte mit dem Hammer* aus: ders., *Anleitung zum Unglücklichsein*, R. Piper & Co. Verlag, München 1983, S. 35–36; S. 44–45: Ingrid Kötter, *Nasen kann man so und so sehen* aus: Hans-Joachim Gelberg (Hg.), *Augenaufmachen. Siebtes Jahrbuch der Kinderliteratur*, Beltz Verlag, Weinheim 1984, S. 84–85; S. 48–51: Richard Wilbur, *Das Catch-Spiel* aus: *Jüngste amerikanische Kurzgeschichten*, dtv zweisprachig 9011, Langenwiesche-Brandt Verlag, Ebenhausen bei München 1957, S. 7–15; übers. von Maria Schweinitz; S. 53–55: Wolfgang Borchert, *Die drei dunklen Könige* aus: ders., *Das Gesamtwerk*, Rowohlt Verlag, Hamburg 1949, S. 185–187; S. 59–61: Elisabeth Langgässer, *Saisonbeginn* aus: dies., *Der Torso*, Verlag Claassen und Goverts, Hamburg 1947; S. 15–17; S. 64–69: Heinrich Böll, *Die Waage der Baleks* aus: ders., *Erzählungen – Hörspiele – Aufsätze*, Verlag Kiepenheuer und Witsch, Köln 1961, S. 54–61; S. 80–96: Auszüge aus Gottfried Keller, *Kleider machen Leute*, zit. nach: *Reclam Universal-Bibliothek*, Nr. 7470; S. 103: Artikel über Stefan Zweig aus: *dtv junior Literatur-Lexikon*, Nr. 79013, S. 196; S. 104–116: Auszüge aus Stefan Zweig, *Schachnovelle*, zit. nach: Fischer Taschenbuch, Nr. 1522; S. 120–128: Auszüge aus Renate Welsh, *Johanna*, zit. nach der rororo rotfuchs Sonderausgabe des Romans (Nr. 719); S. 131–146: Auszüge aus Friedrich Dürrenmatt, *Das Versprechen*, zit. nach ders., *Werkausgabe in dreißig Bänden*, Band 22, Diogenes Verlag, Zürich 1986; S. 148: Artikel über den Roman aus: *dtv junior Literatur-Lexikon*, Nr. 79013, München 1986, S. 66–67.